LK7/9184

L

HISTOIRE

DE LA VILLE

DE SANCERRE.

Ayant rempli les formalités voulues par la loi, je poursuivrai les contrefacteurs ou débitans d'éditions contrefaites. Sera réputé contrefait tout exemplaire non revêtu de ma signature.

HISTOIRE

DE LA VILLE

DE SANCERRE;

CHEF-LIEU

DU PREMIER ARRONDISSEMENT COMMUNAL
DU DÉPARTEMENT DU CHER.

Admiranda tibi levium spectacula rerum.
VIRGILE, Georg., lib. IV.

COSNE,

HE...GORDET, LIBRAIRE-ÉDITEUR.

1826.

LISTE

DE MM. LES SOUSCRIPTEURS

A

L'HISTOIRE DE SANCERRE.

MM. Achet, Huissier, à Léré.
Adam, Adjoint à la Mairie, à Vinon.
Allaux, Propriétaire, à Saint-Thibault.
Arnaud, Docteur en médecine, à Sancerre.
Aubert (Mme. V^{e}.), Concierge du château, idem.
Avette, Percepteur et Chevalier de la Légion d'Honneur, idem.
Baltazar, Entreposeur des tabacs, idem.
Bardellot, Propriétaire et Marchand, idem.
Bardin, Propriétaire, à Bonny.
Baubry, Huissier, à Sancerre.
Bedu, Horloger, idem.
Bertheau, Propriétaire, à Saint-Amand.
Bertin (Jacques-Claude), Propriétaire, à Sancerre.
De Bignon, Maire, à Sully-la-Tour.
Bijotat (Mme.), Propriétaire, à Saint-Satur.
Blanchard, Propriétaire, à Sancerre.
Bongrand (Louis), Propriétaire, idem.
Bonin, Fournier, idem.
Bonnet (Louis-Fleury), Marchand, idem.
Boucher (René), Tailleur, idem.
Bothereau, Propriétaire, idem.
Boullay (François), Boulanger, idem.
Boullay (Sylvain), Tonnelier, idem.
Boullet (Étienne), à Sars.
Boutet, Juge de Paix, à Sancerre.

LISTE DE MM. LES SOUSCRIPTEURS

MM. Boyron, Apothicaire, à Sancerre.
Buchet-Martigny, Maire, à Sury-en-Vaux.
Cadeau (Louis), Propriétaire, à Sainte-Colombe.
Cassier (Michel), Marchand de bois, à Sancerre.
Cathernault (Mme.), Propriétaire, *idem*.
Cendre, Propriétaire, à Saint-Malo.
Chabin (Vincent), Matelassier, à Sancerre.
Chabin fils, Menuisier, *idem*.
Chabin (Antoine), Tisserand, *idem*.
Chapon, Taillandier, *idem*.
Charollois, Chef d'Institution, à Château-Chinon.
Chartenet, Clerc de Notaire, à Cosne.
Chassaigne, Huissier, à Sancerre.
Chazereau, Régisseur, *idem*.
Chomorot, Propriétaire, à Cosne.
Cluzel, Propriétaire, à Saint-Satur.
Combe (Mme, V^e.), Propriétaire, à Sancerre.
Couy, à Henrichemont.
Crochet (dit *Gravier*), Tonnelier, à Saint-Satur.
Darnault, Pharmacien, à Bourges.
Deguingand (François), Propriétaire, à Saint-Satur.
Deguingand (Alexandre), Propriétaire, à St.-Thibault.
Delante, Négociant, à Sancerre.
Delante fils, Négociant, *idem*.
Delarue, Substitut du Procureur du Roi, *idem*.
Delaunay, Cordonnier, *idem*.
Deriot (Mathieu), à Ménétréol.
Deron, Cafetier, à Sancerre.
Desmarquais père, Propriétaire, *idem*.
Destenay fils, Géomètre, *idem*.
Dethou fils, Notaire, à Saint-Amand.
Dion, Marchand, à Sancerre.
Diecksen, Receveur, *idem*.
Dubessey, Secrétaire de la Sous-Préfecture, *idem*.
Duc (Joseph), Vigneron, *idem*.
Dugenne (François-Élie-Xavier), Officier de Santé, *id*.
Dugenne (Louis-Némorin), Curé.

A L'HISTOIRE DE SANCERRE.

MM. Dogué, Pharmacien, à Cosne.
Feuillault, Bonnetier, à Sancerre.
Fournioux, Maçon, *idem*.
De Fussy (le Vicomte), Sous-Préfet de Sancerre et Membre de la Députation du Cher à la Chambre Législative, Chev. de la Légion d'Honneur.
Gérard fils, Secrétaire de la Sous-Préfecture, à Cosne.
Gobin fils, Confiseur, à Sancerre.
Grangier-Lamarinière, Propriétaire, à Cosne.
Gressin, ex-Colonel d'État Major, Chevalier de la Légion d'Honneur, à Sancerre.
Guérin (Pierre), Tonnelier, *idem*.
Gulliier de Montchamoy, Propriétaire, à Cosne.
Guillot, Boulanger, à Sancerre.
Habert (Louis), à Sars, près Boulleret.
Habert (Antoine), Capitaine en retraite et Receveur, à Pesselières, Chev. de la Légion d'Honneur.
Habert (Edme), Bourrelier, à Sancerre.
Habert (Jean), Menuisier, *idem*.
Habert, Aubergiste, *idem*.
Hocard (Etienne), à Sars.
Houel, Secrétaire de la Mairie, à Sancerre.
Jacques (Vincent), propriétaire, à Boulleret.
Jalaguier, Ministre protestant, à Sancerre.
Jarlat, Cafetier, *idem*.
Jabrouflet, Huissier, à La Charité.
Jolivet, Percepteur, à Sancerre.
Jongleux, Contrôleur de l'Octroi, à Sancerre.
Jousselin (François), Boucher, *idem*.
Lagarde, Concierge, *idem*.
Lauvebjat (François-Joseph), Boulanger, *idem*.
Leblanc, Principal du Collège, à Neuvy-St.-Sépulcre.
Leboeuf, Clerc d'Avoué, à Cosne.
Léchelon, M^d. de Bois, à Sancerre.
Lecler, Propriétaire, à Saint-Satur.
Leguay, Serrurier, à Sancerre.
Leguay, Aubergiste, *idem*.

LISTE DE MM. LES SOUSCRIPTEURS

MM. Lejay (Alexandre), Marchand, à Sancerre.
Lejay-Habert, Marchand, idem.
Lejay (Joseph), Boulanger, idem.
Lepêtre (Mme.), Aubergiste, idem.
Lerasle fils, Négociant, à La Charité.
Liévin, Huissier, à Cosne.
Malfuson, Avoué, à Sancerre.
Marion, Md. de Bois, à Sancerre.
Marois-Boullier, à Gien.
Maudry, aux Fouchards, près Boulleret.
Meunier, Maire, pour la ville de Sancerre.
Meunier, Sabotier, à Sancerre.
Midou fils, Propriétaire, à Pouilly.
Millien, Marinier, à Saint-Thibault.
Minot, Propriétaire, à Saint-Satur.
Moineau, Notaire, à Cosne.
Moreau, Marchand, à Sancerre.
Moreux aîné, Propriétaire, à Myennes.
Mouillon-Martial, Propriétaire, à Saint-Thibault.
Narcy (Louis), aux Fouchards.
Naudet-Raimbault, Marchand, à Sancerre.
Neveu, Propriétaire, idem.
Panseron (Luc), Coutelier, idem.
Panseron, Boucher, idem.
Paultre, Notaire, à Saint-Verain.
Philippe (Mme.), Propriétaire, à Sancerre.
Picard (Pierre), à Jussy-le-Chaudrier.
Picart, Receveur de l'Enregistrement, à Sancerre.
Pilavoine, Desservant, à Cosne.
Podot, Sellier, à Sancerre.
Poissonnier, Géomètre, idem.
Pouvesle, Tisserand, idem.
Préchiac, Tailleur, idem.
Quetin, Propriétaire, idem.
Raffetin, Tonnelier, idem.
Raimbault, Marchand de fer, idem.
Raimbault-Desvallées, propriétaire, à Saint-Satur.

A L'HISTOIRE DE SANCERRE.

MM. Rapin (Jules), ex-Procureur du Roi, à Sancerre.
Renaudet (Xavier), Desservant, à Boulleret.
Ricard (Hippolyte), propriétaire, à Charenton.
Ricard (Armand), Contrôleur des contribut. directes, à Sancerre.
Ricard (Joseph), Perruquier, *idem.*
Robert (Mme.) née F. Tressous, à Gien.
Roblin (Pierre), à Boulleret.
De Roquemont (Mme.), Maîtresse de Pension, à Sancerre.
Rouillé du Boucher (Mlle.), Propriétaire, *idem.*
Sabathier (Maurice), Propriétaire, à Léré.
Sabathier, Propriétaire, à Saint-Satur.
Sauvigny, Chef de Bataillon en retraite, Chevalier de la Légion d'Honneur, à Cosne.
Savignat (Gilbert), Maçon, à Sancerre.
Savignat (René), *idem.*
Sifflet, Orfèvre, Chevalier de la Légion d'Honneur, à Cosne.
Soyer, Marchand, à Saint-Satur.
Spault fils, Peintre en bâtimens, à Sancerre.
De Talhouet (le Marquis), Général, à Paris.
Theurier (Mlle. Hortense), Propriétaire, à Sancerre.
Thévenot, Huissier, *idem.*
Trévin, Maire, à Tracy.
Theyron, Officier de Gendarmerie, Chevalier de la Légion d'Honneur, à Cosne.
Thirot-Cassier, Cordier, à Sancerre.
Thuault (Frédéric), Propriétaire, à Ménétréol.
Turpin-Génieur, Vigneron, à Sancerre.
Vaillant de Guélis (Mme. V^e.), Propriétaire, *idem.*
Vailly, Tonnelier, *idem.*
Vailly, Huissier, à Aubigny.
Vallot, Guêtrier, à Sancerre.
Videux, Maire, à Boulleret.
Widmer, Propriétaire, à Saint-Satur.
Voillemier, Recev. des contrib. indir., à La Charité.
Zévort, Huissier près la Cour Royale, à Bourges.

INTRODUCTION.

« Je te salue, montagne de Sancerre, sur ton sommet paisible j'ai trouvé le terme de ma course vagabonde. Bons, joyeux et hospitaliers habitans de Sancerre, vous qui m'avez accueilli avec tant de cordialité, je vous salue. Qu'il est doux, loin du fracas du monde, des affaires, des intrigues de l'ambition, de respirer dans une atmosphère pure, de jouir d'un beau soleil, d'égarer ses regards dans un horison immense, au milieu des merveilles toujours renaissantes de la nature ! »

C'était ainsi que s'exprimait un habitant de la ville de Sancerre, assis sur un bloc de mur de l'ancien château, au point le plus élevé de la montagne.

Depuis plusieurs années je parcourais les différens départemens de la France et je visitais les anciens monumens de cet édifice monstrueux appelé *régime féodal.* En passant à Cosne, route de Lyon, la vue de la tour de Sancerre placée sur une montagne escarpée me frappa. Pouvais-je résister au désir de visiter ces ruines ?

Ma peine ne fut point perdue. Parvenu à l'esplanade de la porte César, je restai immobile et en extase. Quelle magnifique vue ! Quel horison enchanteur ! Je voyais, si je puis m'exprimer ainsi, sous mes pieds les villages de *Fontenai, Saint-Satur, Saint-Thibault, la Roche,* et le vaste bassin de la Loire inconstante. Dans mes voyages, je n'ai trouvé de perspective comparable à celle-ci que la perspective de la terrasse de Lausanne.

Mon extase redoubla, lorsque j'errai dans le parc de M. Roy, ancien ministre des finances. On ne peut pas dire de ce parc que *l'ennui naît de l'uniformité.* Rien de régulier. Les allées sont circulaires et suspendues, pour ainsi dire, les unes sur les autres. On ne peut faire un pas sans changer d'horison. Chaque banc a son point de vue particulier. Ici des escaliers gravissent au milieu d'énormes rochers, enfans de la nature et que l'art eut vainement tenté d'imiter. Là de véritables ruines, des fragmens de murs renversés, que les années loin de dissoudre ont au contraire pétrifiés; le tout surmonté par une haute tour dont les murailles de quatorze pieds d'épaisseur semblent défier les vents, la foudre, et l'action lente mais infailliblement destructive du temps. L'année était alors dans son printemps et parée de tous ses ornemens. Le zéphyr, chargé du parfum de l'accacia, agitait mollement le feuillage, dont l'épaisseur couvrait les allées d'un toit impénétrable aux rayons de l'astre du jour. Les chants plaintifs des rossignols retentissaient dans les angles des ochers, tandis que les colombes roucoulaient amoureusement dans leur asile solitaire. Si mon oreille eut été frappée par le bruit d'une cascade se précipitant du haut de ces rochers; si j'eusse aperçu un jet d'eau s'élançant du sein de ces masses de verdure, je n'eusse, dans mes voyages, rien trouvé de plus délicieux que le parc de M. Roy.

J'étais occupé à visiter les ruines du château, lorsque j'entendis les paroles que je viens de rapporter. Je m'approchai de l'habitant de Sancerre. Son abord me prévint en sa faveur. Sa conversation m'intéressa. C'était un homme instruit et qui avait mis à profit les longs voyages qu'il avait faits.

En visitant ensemble l'emplacement du château, je fus étonné de l'épaisseur des murs et de leur solidité; ces blocs gissant par terre depuis près de trois siècles sont aussi durs que le roc. Qu'elle force, m'écriai-je, a foudroyé ces fortifications redoutables, et renversé ces remparts que leur position rendait presqu'inexpugnables? Je pourrais satisfaire votre curiosité, me répondit-il, mais le récit serait un peu long. Qu'importe, répartis-je, mon occupation est de parcourir les fastes de la France; de recueillir les faits célèbres, les actions héroïques; d'intéroger les ruines, de consulter les anciennes chroniques. L'homme sage jouit du présent sans trop s'inquiéter de l'avenir. Mais le temps passé est-il donc perdu sans ressource! Que d'erreurs et de dangers on eut évité et on éviterait encore, si le passé n'était si vite oublié; si l'on se rappelait les écueils où l'on a échoué, et les précipices où l'on est tombé! L'histoire des siècles écoulés devrait être la leçon universelle de l'homme, et un fanal pour éclairer et guider sa conduite future.

Alors le Sancerrois me prit la main et me conduisit sur le roc qui est la pointe la plus élevée de la montagne, et d'où l'on découvre toute la ville; et, assis sur le gazon, il commença ainsi l'histoire de Sancerre.

HISTOIRE

DE

SANCERRE.

ORIGINE, NOMS

ET DESCRIPTION

DE LA VILLE DE SANCERRE.

En jetant les yeux sur la carte, vous verrez que Sancerre est à peu près au centre du royaume, à l'extrémité de l'ancienne province du Berry et à un quart de lieue de la Loire.

Par qui cette ville a-t-elle été fondée? Quelle est son antiquité? C'est ce qu'on ignore et c'est ce qui d'ailleurs est peu important. La tradition fait remonter son origine à Jules César, le conquérant des Gaules. Une des portes appelée *Porte César* semble accréditer cette opinion. Mais selon Jean de Lery cette porte s'appelait anciennement *Porte Feuhard*, et il est incontestable que les murs du château ne présentent aucun signe de construction romaine.

Cependant des médailles des empereurs qu'on découvre chaque jour, des vestiges d'une antique chaussée, attestent le séjour des Romains dans ce pays. D'un autre côté, peut-on croire que Jules César, dans sa guerre contre *Vercingentorix*, et dans son projet d'attaquer *Avaricum*, Bourges, un des principaux boulevards des Gaules, ait négligé un poste aussi important que la montagne de Sancerre, protégeant le passage de la Loire, qui, à cette époque, coulait à ses pieds ! Il est donc probable que cette position aura été occupée par une cohorte romaine qui s'y sera retranchée, et que par la suite une chapelle dédiée à Cérès, peut-être même à l'un des Césars, y aura été bâtie. Telle paraît être l'origine des noms de *Sacrum Cereris*, *Sacrum Cæsaris*, *Castrum Cæsaris*, que les anciens auteurs donnent à cette ville. Dès 1143 le nom de *Sacrum Cæsaris* était donné à Sancerre. *Philippe-le-Breton*, poëte sous Philippe-Auguste, soit qu'il suivît l'opinion vulgaire, soit qu'il agît en courtisan, appelle Étienne Ier., comte de Sancerre, *comes Sacri Cæsaris*. J'aurai occasion de vous rapporter quelques vers de ce poëte.

Suivant La Thaumassière, qui fonde son opinion sur les recherches de M. Chollet, avocat au parlement, Sancerre doit son origine et son nom aux Saxons. Charlemagne, n'ayant pu les réduire après trente ans de combats, se vit forcé de les disséminer dans son vaste empire. Une partie de ces malheureux guerriers fut, vers l'an 804, transportée dans le Berry. Les premiers habitans de Sancerre furent des Saxons. De : . les noms de *Saxia*, *Saxiacum*, *Saxiacus Vicus*, *Saxerre*, *Sancerre*. En effet, le plus ancien auteur, dans lequel il soit fait mention de notre ville, l'historien de la vie de saint Jacques l'ermite, qui vivait en 864, sous Charles-le-Chauve, et que cite La Thaumassière, appelle le pays Sancerrois *Saxiacum Vicum*, et le seigneur *Saxiaci Vici dominus*.

Il est difficile de se rendre à cette opinion. Comment concevoir en effet qu'un roi aussi politique que Charlemagne ait établi les Saxons au centre de son empire, sur une montagne naturellement fortifiée, où ces hommes désespérés auraient pu trouver un point de défense et un lieu de refuge ? Les Saxons furent disséminés, éparpillés, attachés comme des esclaves aux habitations, et non réunis sur une montagne sauvage et remplie de rochers.

Il est vraisemblable que les noms les plus anciens de Sancerre *Saxia*, *Saxiacum*, *Saxiacus Vicus*, *Saxerre*, sont dérivés des localités. Le château de Sancerre est bâti sur des rochers : le parc en est rempli. La montagne *du Roc* au nord, celles de *l'Orme-au-Loup* et de *Pierre-Compillière*, au midi, sont couvertes de rochers. Les environs de Sancerre sont jonchés de silex et de pierres calcaires. Les vignes sont encombrées de ces pierres. De là ces noms *Saxia*, *Saxiacum*, *Saxiacus Vicus* : pays, contrée de pierre.

Aucun monument antérieur à Charles II, dit le Chauve, ne fait mention de Sancerre. Son origine remonte sans doute à la conquête des Gaules par les Francs. Un des capitaines Francs aura eu pour son lot, dans le partage que se firent les vainqueurs, la contrée Sancerroise, le *Saxiacus Vicus*. Et c'est pendant la décadence de la race Carlovingienne que s'élevèrent les tours sourcilleuses d'un château presqu'inaccessible et dans lesquelles les comtes s'arrogèrent bientôt un pouvoir souverain : la chapelle des César fut changée en un donjon.

La montagne de Sancerre présente un cône élevé d'environ cent cinquante à cent soixante toises au-dessus du niveau de la Loire.

La ville est bâtie sur un plan incliné de l'est à l'ouest. Du point où nous sommes vous la découvrez tout entière. Elle est de forme ovale. Son circuit est d'environ quinze cents toises en y comprenant l'enceinte du château. Elle a quatre portes ou entrées : celle de porte *Oison* au sud-est en descendant au bourg de Ménétréol; celle de porte *Vieille* au sud-ouest; celle de *Saint-André* au nord-ouest, et celle de porte *César* au nord-est; la porte *Serrure* n'était qu'une poterne à laquelle on communiquait des remparts par un escalier.

La ville était entourée d'épaisses et hautes murailles flanquées de neuf tours. Ces murailles et ces tours sont remplacées, depuis la porte Vieille jusqu'à la porte César, par une belle promenade qu'on nomme les *Remparts*.

Du côté de Bourges, les maisons, construites en amphithéâtre, surmontées par le château, présentent un aspect agréable. Dans l'intérieur sont trois places principales : celle des Halles et Marché au Blé, celle du Marché aux Porcs, et celle de la Panneterie, ou Marché aux Légumes et Poissons. Plusieurs puits sont publics. Une fontaine a été construite, il y a quelques années, au bas de la grande rue de porte Vieille. Les rues sont en général tortueuses, étroites et quelques-unes extrêmement rapides, et assez mal pavées. Deux abreuvoirs, l'un placé au bas de la grande rue de porte Vieille, l'autre au bas de la rue Saint-André, sont destinés à recevoir les égoûts de la ville.

Reportons-nous maintenant par la pensée dans les siècles passés. Supposons debout ces constructions dont il n'existe plus que des ruines, et dont quelques-unes ont tout-à-fait disparu, soit sous les coups du temps, soit sous les coups des hommes.

Parcourons cet antique château.

Il est assis sur la pointe de la montagne et bâti sur le rocher. Comme une citadelle il domine la ville.

Le plan de ce château était un triangle dont le sommet était au midi et la base au nord. D'épaisses murailles à créneaux, flanquées de plusieurs tours l'environnaient. Au levant était la tour *Saint-Georges*, dont la base subsiste encore. En temps de guerre, on allumait sur la plate-forme de cette tour des feux qui pouvaient être aperçus de Nevers à Briare, et des montagnes du Morvan. Au sud-est s'élevaient la tour *Saint-Hilaire* et la tour *Dauphine*. Au sud-ouest paraissait la tour *Ovale*, à la pointe du triangle. Enfin au nord-ouest était placé la grosse tour des *Fiefs*, existant encore, flanquée elle-même de deux autres tours qui servaient d'escaliers. Entre la tour Saint-Georges et la tour Saint-Hilaire était située la chapelle Saint-Hilaire. Une terrasse crénelée régnait entre la tour Saint-Hilaire et la tour Dauphine; la tour Ovale était réunie à la tour des Fiefs par une galerie couverte et ouverte au rez-de-chaussée. Entre la tour Saint-Georges et la principale porte d'entrée du château, à l'angle septentrional du triangle, s'étendait un corps de bâtimens, dont le dessus était un jeu de paume et le dessous renfermait les cuisines. Au milieu de ces constructions était une esplanade, servant de cour, divisée en deux parties. Près de la tour Saint-Georges était *le Puits*, auquel on donne une profondeur de cinquante-deux toises et qui est maintenant comblé. Au-dessous du château, vers le midi, était un petit jardin ou seconde terrasse; plus bas, un bosquet appelé la *Garenne du Seigneur*. On prétend qu'il existait un souterrain dont l'entrée était à gauche de la tour des Fiefs et qui conduisait par dessous le château hors des murs de la ville; mais on n'en aperçoit plus aucun vestige.

Suivant un procès-verbal de visite fait en 1637,

par M. de Biet, lieutenant général de Bourges, le plan du château avait, du nord au midi, cinquante-une toises en longueur, vingt-cinq dans sa plus grande largeur, et douze dans sa moyenne largeur au midi vers Saint-Denis.

Le château avait deux entrées. L'une, la grande et principale porte au nord-ouest, communiquait avec la ville; l'autre au nord-est, appelée la *Porte de Fer*, communiquait avec la campagne. Mais, pour parvenir de ces portes à l'esplanade ou cour intérieure, il fallait nécessairement des escaliers. Vous voyez qu'en ce moment même et lorsque les fortifications n'existent plus, on ne parvient à cette esplanade que par des escaliers ou des pentes assez rapides.

Deux murs, l'un, partant de la tour de porte César, se dirigeant au midi sur l'emplacement occupé maintenant par la maison de M. Roy, et venant aboutir à la tour Saint-Georges, l'autre, partant de la tour de porte Oison, traversant la maison actuelle de M. Malfuson, formant le rempart Saint-Denis et se joignant à la tour Ovale, complétaient, avec les murs du château, l'enceinte de la ville.

Tel était, à peu de chose près, l'ancien et fort château de Sancerre. De toutes ces fortifications, de ces murailles immenses, élevées avec tant de frais, arrosées peut-être des sueurs des malheureux serfs, il n'existe plus que la tour des Fiefs. Voilà le seul monument de la puissance des comtes de Sancerre. Mais ces ruines sont éloquentes. L'épaisseur de ces murs nous rappelle les prétentions de ces rivaux altiers de la puissance royale. Ces chambres obscures, semblables à des cachots, nous retracent la barbarie de nos ancêtres. Ces débris nous enseignent que la force est éphémère, que l'oppression n'a qu'un temps, et que la justice et l'humanité seules sont éternelles.

Cette ville possédait plusieurs établissemens religieux et quelques-uns de bienfaisance : ce sont des ruines qu'il nous faut encore interroger.

Hors des murs étaient la *Léproserie*, la *Maladrerie*, l'Église et le Prieuré *Saint-Romble*, la Chapelle *Sainte-Catherine* et le *Temple protestant* de porte Oison.

I. La chapelle dédiée à *Sainte-Catherine* était placée au-dessous du rempart Saint-Denis, près du colombier des comtes. Elle fut en 1420 détruite de fond en comble par les Anglais.

II. La *Léproserie* était un établissement ancien, destiné sans doute au traitement de ces maladies immondes apportées de l'Orient à la suite des croisades. Suivant les archives de Saint-Satur, cet hôpital desservi par des religieux subsistait en 1254. On ignore l'époque de sa destruction. Aucune ruine ne nous en indique l'emplacement; M. Poupard le place sur le chemin de Sancerre à Saint-Thibault, dans un canton appelé *Boisverd*. Il s'est trompé, le canton de Boisverd est placé au bas de la montagne entre la Vauvire et le chemin de Ménétréol à Saint-Thibault. On apercevait encore, il y a quelques années, des débris de cette Léproserie.

III. La *Maladrerie* ou hôpital *Saint-Ladre* est un établissement plus moderne; sa fondation peut être fixée à l'époque de cette peste effroyable qui ravagea toute l'Europe, et qui commença, en 1348, sous Philippe de Valois. C'était un grand bâtiment placé au bas de la montagne, près de la route de Bourges, au champ que l'on appelle encore *Saint-Ladre*. Les bâtimens tombèrent de vétusté, et la chapelle fut ruinée en 1561 pendant les guerres civiles et religieuses. En élargissant le chemin qui conduit de la croix Saint-Ladre à porte Vieille, en 1816, on découvrit plusieurs tombes creusées dans un bloc de pierre et fermées par un couvercle également en pierre. Ces tombes renfermaient sans doute les cendres de personnages importans.

Les revenus de la maladrerie furent réunis à ceux de la fabrique de Sancerre en 1637.

En 1672, et par édit de Louis XIV, la maladrerie de Sancerre fut mise en la possession des chevaliers de Saint-Lazare du Mont-Carmel. Enfin en 1692, les revenus de cette maladrerie furent affectés à l'Hôtel-Dieu de Bourges, à la charge d'y recevoir un malade de Sancerre.

IV. Jetez les yeux sur cette ruine, à deux cents pas de nous, sur la pente orientale de la montagne, c'est le reste de l'église *Saint-Romble*, jadis église paroissiale de Sancerre.

D'après La Thaumassière, qui, à l'appui de

son opinion, cite le bréviaire de Saint-Satur, saint Romble, *sanctus Romulus*, était un solitaire fondateur d'un monastère à Subligny, à deux lieues de Sancerre. Il vivait vers l'an 463, époque de la bataille d'Orléans, où Égidius, général romain, et Childéric, roi de France, défirent Frédéric, chef des Visigoths.

Égidius, poursuivant les Visigoths, dont une partie s'était réfugiée au *Château Gordon*, aujourd'hui Saint-Satur, les y força, livra tout au pillage et jeta les habitans dans les fers. Saint Romble, instruit du malheur des habitans, sort de sa retraite; seul il vient implorer en faveur des captifs la clémence du vainqueur. Telle est la puissance de la vertu compagne de la piété, Égidius ne peut résister aux prières et aux larmes du vertueux cénobite : il donne la liberté aux prisonniers; il fait plus, il leur rend leurs maisons et leurs biens.

M. Poupard ne garantit pas l'authenticité de cette histoire. Cependant elle est consignée dans l'Office de Saint-Romble, au bréviaire de Saint-Satur. Il n'y a rien de surnaturel et de miraculeux dans ce fait historique, conservé par la reconnaissance et consacré dans les annales religieuses.

Saint Romble, fondateur du monastère de Subligny, avait choisi une cellule près de cette ruine qui porte son nom. Il venait souvent s'y livrer à la prière, au sein d'une solitude profonde. Le chemin qu'il suivait de Subligny à son ermitage

xiste encore, en plusieurs endroits, sous le nom
e *Chemin de Saint-Romble.*

Bientôt sur cette cellule s'éleva l'église de Saint-
omble. Il paraît même que son chef y fut ap-
orté, puisque M. Poupard assure, d'après les
rchives de la cure et de la fabrique de Sancerre,
ue cette tête y était encore en 1537. Le peuple
es environs se rendit en foule à cette église pour
onorer les reliques de ce saint. On bâtit des mai-
ons autour de cette église, première paroisse de
ancerre.

V. Près de l'église S^t.-Romble était un prieuré de
eligieuses de l'ordre de S^t.-Benoît, qui y avaient
été transférées du monastère de Subligny. L'église
de ce prieuré portait le nom de *Notre-Dame de
Sancerre.* Dans cette église furent enterrés Louise
de Bonnez aïeule, Louis de Sancerre et Béatrix de
Roucy père et mère du connétable de Sancerre, et
Robert et Marguerite de Sancerre ses frère et sœur.

Les guerres des seigneurs forcèrent ces religieuses à se retirer dans l'abbaye de Saint-Laurent
de Bourges, vers la fin du treizième siècle. Alors
leur église, plus voisine de la ville que celle de
Saint-Romble, en devint la paroisse.

En 1420, les Anglais, unis aux Bourguignons,
ruinèrent de fond en comble l'église de Notre-
Dame, et en partie celle de Saint-Romble, dont
il ne resta que la chapelle. Les habitans du faubourg, qui étaient près de ces deux églises, se
réfugièrent au sommet de la montagne, dans l'enceinte des murs, abandonnant leurs maisons qué

les ennemis saccagèrent et brulèrent. Ce faubourg n'a point été rebâti.

En 1561, pendant les guerres de religion, la chapelle Saint-Romble fut encore dévastée et l'on dispersa ses reliques. Depuis elle fut réparée, mais la révolution de 1789 acheva sa ruine. On la mit en vente, et un habitant de la ville, après s'en être rendu acquéreur, la détruisit entièrement.

Auprès de cette église était l'ancien cimetière de la ville. En 1669 il fut transféré dans l'enceinte des murs au lieu où était jadis la place de l'église Saint-Martin.

Peut-être serait-il à désirer que le cimetière fût de nouveau reporté à Saint-Romble. Le local actuel est trop petit et trop voisin des habitations. Pendant l'été, il s'en exhale des émanations putrides et une odeur cadavéreuse qui seraient funestes partout ailleurs que sur une montagne. Plusieurs habitans ont fait à ce sujet des réclamations que l'administration, je n'en doute pas, prendra en considération.

Vis-à-vis de la ruine de Saint-Romble était jadis le cimetière des Réformés. Ils l'avaient choisi eux-mêmes, et l'édit de Nantes le leur avait conservé. La révocation de cet édit les en priva, et ce cimetière fut donné par Louis XIV à la cure de Sancerre, le 24 août 1695. Depuis cette époque, jusqu'à la révolution, les Protestans, rayés de l'état civil, enterrèrent leurs morts où ils purent. Mais la liberté de conscience a été proclamée par les Augustes Descendans de Henri IV, et le cime-

ière de la ville est devenu le lieu commun du
epos de ses habitans.

Du cimetière des Réformés on communiquait à
eur temple de porte Oison par une rue qui pas-
ait au bas du colombier. Ce temple était situé
iors de la ville, entre la porte Oison et le colom-
ier. Il fut bâti en 1598, et, en exécution de l'é-
't de révocation de celui de Nantes, il fut démoli
n 1685.

L'emplacement de l'église Notre-Dame, celui
du cimetière des Réformés et de leur temple de
porte Oison sont actuellement, d'après divers
échanges dont j'aurai occasion de vous parler,
renfermés dans le parc de M. Roy.

Dans les murs de la ville étaient le Prieuré et
l'Église *Saint-Martin*, la Chapelle *Saint-Denis*,
la Chapelle *Saint-Hilaire*, au château, la Chapelle *St.-Georges*, l'Église *Saint-Père-la-None*,
la Chapelle *Saint-Jean*, le *Vieux Temple*, le
Couvent des *Augustins*, celui des *Religieuses de
la Miséricorde*, le *Collège* et l'*Hôpital*.

I. Le *Prieuré Saint-Martin* est fort ancien.
Les vieux titres le nomment *Prioratus de Sancto-
Cæsare*. Dans une bulle de Luce III, de 1184, il
est appellé *Ecclesia Sancti-Martini de Sacro-
Cæsare*. C'était une communauté de Bénédictins
dépendant de l'abbaye de Fleury (Saint-Benoît-
sur-Loire). Cet établissement fut ruiné pendant
les guerres civiles. Les religieux se retirèrent à
Saint-Benoît et de là à Notre-Dame de Bonne-
Nouvelle d'Orléans. La chapelle seule de Saint-

Martin fut respectée, et elle subsistait encore en 1690. Les habitans de la ville s'assemblaient dans cette chapelle pour y délibérer sur leurs intérêts communs.

Nous avons vu qu'anciennement le cimetière de la ville était placé près de l'église de Saint-Romble, et qu'à l'époque de la réformation les Réformés avaient établi leur cimetière vis-à-vis. En 1660, M. Gouru, curé de Sancerre, acheta des Bénédictins d'Orléans, qui possédaient les biens attachés au prieuré Saint-Martin, la place de l'église et du couvent et les ruines qui s'y trouvaient. Cet espace comprend le cimetière actuel.

En 1754, la chapelle et les ruines du prieuré Saint-Martin furent entièrement démolies et les débris servirent à la construction de l'église paroissiale actuelle.

II. La *Chapelle Saint-Denis* était placée entre la tour Ovale du château et la porte Oison. Entièrement ruinée pendant les guerres de religion, son nom seul existe.

III. La *Chapelle Saint-Hilaire du Château*. Les ruines vous indiquent que cette chapelle et le logement du chapelain existaient entre la tour Saint-Georges et la tour Dauphine.

IV. La *Chapelle Saint-Georges*. Les auteurs ne sont pas d'accord sur le lieu où existait cette chapelle.

Suivant La Thaumassière, elle était *in turre Comitis*, dans la tour Saint-Georges du château.

Suivant M. Poupard, elle était près du châleau, dans la Tour du Comte, autrement *le Trésor*, vers la porte César, et fut détruite avec les fortifications de la ville.

Aucune ruine n'indique la situation de cette chapelle.

V. Le *Prieuré de Saint-Père-la-None* était un des plus anciens établissemens de la ville. Tout porte à croire que c'était jadis un hospice. Dès 1144 ce prieuré était habité par des chanoines réguliers de Saint-Satur. En 1420, le Pape Martin V réunit ce prieuré à l'abbaye de Saint-Satur. En 1561, pendant les guerres de religion, l'église fut ruinée et les bâtimens fort endommagés. Ces bâtimens étaient devenus onéreux et presqu'inutiles aux religieux de Saint-Satur. Ceux-ci les cédèrent aux habitans de Sancerre en 1656, moyennant une rente annuelle de vingt-cinq francs, pour en faire l'habitation du curé. C'est actuellement l'hôtel de la Sous-Préfecture.

De l'église de Saint-Père il ne reste que la porte, que l'on voit tout entière dans le mur de clôture du jardin de la Sous-Préfecture.

VI. L'*Église Saint-Jean* n'était dans le principe qu'une chapelle dédiée à Saint-Jean. Elle était desservie par une société d'ecclésiastiques ayant pour chef un prieur, et connus sous le nom de *Communauté des Vicaires de Notre-Dame de Sancerre*. On n'en peut douter, puisque des délégués représentèrent en 1539 cette communauté au procès-verbal de la rédaction des Coutumes du Berry.

Dès 1420, lorsque les Anglais eurent détruit les églises de Saint-Romble et de Notre-Dame, la paroisse avait été transférée dans la chapelle Saint-Jean.

Nous verrons, en parlant du siège, que les Réformés occupèrent cette église et s'en servirent pour l'exercice de leur culte.

Ce local était trop petit et ne pouvait contenir les habitans. L'église menaçait ruine ; elle fut interdite en 1715, et, en 1725, le clocher renversé par un coup de vent tomba sur la voûte et l'écrasa.

L'église actuelle fut reconstruite sur un plan nouveau et terminée en 1762.

De l'ancienne chapelle Saint-Jean il n'existe plus que la tour de l'horloge.

VII. La *Chapelle Saint-André*, qui était située près la porte Saint-André, était encore un ancien établissement religieux, une vicairie dépendant de l'abbaye de Saint-Satur.

M. Poupard nous apprend qu'en 1561, les Réformés firent de cette chapelle un grenier à sel et un pressoir à huile.

En 1633, d'après l'approbation de Louis XIII, des religieux de l'ordre de Saint-Augustin y furent établis ; la révolution les supprima. La maison, le jardin et l'église furent vendus : une maison et boutique remplacent l'église.

VIII. Je n'ai que deux mots à vous dire par rapport au *vieux Temple*.

L'immortel Henri IV, aussi politique que guer-

ier, convaincu que l'unique moyen d'éteindre
les haines et les troubles religieux était de proclamer la liberté des cultes, avait rendu l'édit de Nantes du 2 mai 1598.

Le cinquième des articles particuliers de cet édit concernait la ville de Sancerre, il renfermait cette disposition : « Quant à Sancerre, l'exercice de la religion prétendue réformée sera continué comme il est à présent sauf à l'établir dans la ville, faisant apparoir par les habitans du consentement du seigneur du lieu ; à quoi leur sera pourvu par les commissaires que Sa Majesté députera pour l'exécution de l'édit. »

Les Réformés, conformément à cet édit, sollicitèrent de Jean de Bueil, sixième du nom, comte de Sancerre, et ils en obtinrent la permission de bâtir un temple dans l'enceinte de la ville en 1609. Les fondemens furent jetés et le temple bâti dans l'année même.

Cette permission fut renouvelée, en 1621, par Henri II de Bourbon, prince de Condé, alors gouverneur de Berry ; mais ce prince, ayant acquis le comté de Sancerre, révoqua la permission qu'il avait donnée, et le vieux temple fut fermé.

Ce bâtiment était situé sur la rue qui descend de la place de l'Orme-Saint-Père à l'église des Religieuses, et communiquait par une place à la rue de Porte-Serrure. Il éprouva le même sort que celui de porte Oison ; il fut démoli en 1685, en exécution de l'édit de révocation.

IX. Le *Couvent* et l'*Église des Religieuses*

étaient d'institution moderne. Ce ne fut que par lettres-patentes du 8 juillet 1686 que Louis XIV permit l'établissement à Sancerre d'une communauté de religieuses, sous le nom de *Notre-Dame de la Miséricorde*.

Le motif et le but de cette institution étaient l'instruction des jeunes filles et particulièrement des *nouvelles converties*.

Cinq religieuses de la *Miséricorde de Paris* se transportèrent à Sancerre. On leur assigna quelques rentes créées par les Réformés, et pour logement la maison de leur dernier ministre Pierre Gantois (c'est actuellement la maison de l'hospice), où elles ouvrirent une école.

Cet établissement ne prospéra point d'abord, et cela ne doit point étonner. On doit penser que les Réformés n'envoyaient pas leurs enfans à cette école. On peut démolir les temples, prohiber tout acte public de religion, mais il est difficile de forcer la conviction. Aussi en 1692 ces religieuses se plaignent que leur école est déserte, qu'elles languissent dans la misère, elles demandent à l'archevêque de Bourges, et obtiennent de lui la permission de se retirer à Aubigny.

Mais sur les représentations du prince de Condé, du curé, et des habitans catholiques, cette permission fut révoquée. Pour ranimer le zèle de ces religieuses on leur fournit les moyens d'acheter et d'arrenter plusieurs maisons et jardins dans la rue Basse-du-Rempart.

Cependant elles étaient encore fort pauvres

en 1709, puisqu'elles ne purent relever leurs murs de clôture écroulés, et que l'archevêque permit à plusieurs d'entr'elles de se retirer provisoirement dans leurs familles.

Les libéralités de Mme. la princesse de Conty, comtesse de Sancerre, permirent aux religieuses de faire de nouvelles acquisitions, d'augmenter leurs bâtimens, et les mirent dans cet état d'aisance où elles étaient au moment de la révolution qui les supprima.

Tous les bâtimens de ce monastère existent encore et renferment presque tous les établissemens publics de cette cité. L'aile méridionale sert de caserne à la gendarmerie royale. Le centre est occupé par les bureaux de la mairie. Au rez-de-chaussée de la partie du nord sont placées les prisons. Au premier étage de ce côté sont toutes les dépendances du tribunal de première instance. Dans le corps de bâtiment sur la rue sont la salle d'audience du juge de paix, le greffe du tribunal et les archives, et l'église a été concédée aux Réformés pour la célébration de leur culte.

X. Le *Collège de Sancerre* a été fondé par un prêtre nommé *Jean Libaton*. Du consentement de Perrette Matherat, sa mère, il fit don aux habitans, le 15 juin 1521, d'une maison qui lui appartenait et située place de la Paneterie. Puisse le nom de ce bon prêtre n'être jamais oublié ! Puissions-nous voir gravée sur la porte d'entrée de l'édifice cette inscription : *Jean Libaton, fondateur de ce Collège*. Peut-être cette institution eut été digne des anciens comtes de Sancerre. La construction d'une des tours du château a cent fois plus coûté que le modeste établissement destiné à propager les lumières, et que la ville doit à un digne serviteur de Jésus-Christ, zélé pour le bien public.

Cet édifice menaçait ruine. Par les soins de M. Meunier, maire actuel, la ville a fait reconstruire presqu'entièrement ce collège. L'acquisition d'un ancien bâtiment de l'hôpital a fourni les moyens d'augmenter les classes. Au centre est une belle cour. La ville accorde à l'instituteur une rétribution annuelle. Le pensionnat, qui est encore naissant, peut devenir important, et la ville ne néglige aucune occasion d'accroître cette importance.

XI. Quels sont les fondateurs de l'*Hôpital de Sancerre ?* Nous l'ignorons. La ville doit-elle cet établissement aux comtes de Sancerre ? L'histoire n'en dit pas un mot. M. Poupard assure que l'hôpital est de fondation royale, mais il n'indique pas le nom du fondateur.

On peut présumer que cet établissement a succédé à celui de Saint-Ladre, au commencement du seizième siècle.

L'hôpital de Sancerre consistait en un vaste bâtiment situé entre la place de la Paneterie et la rue des Degrés ; je vous ai dit que cet édifice avait été réuni au collège.

L'administration de cet hôpital se ressentit du malheur des temps et de la licence des guerres civiles. Les administrateurs songèrent plus à leur intérêt particulier qu'à celui des pauvres.

Un inventaire, dressé par Pierre Odry, administrateur en 1672, prouve que cet hôpital était alors meublé et garni de lits et de draps. Tout avait disparu en 1690. L'échevin Daride, dans sa requête à l'archevêque de Bourges, se plaint amèrement des rapines des administrateurs et en demande justice. Mais il est plus facile de faire le mal que de le réparer : les plaintes de Daride restèrent sans effet ; tout se borna à une ordonnance de soit-communiqué qui ne reçut aucune exécution.

En 1738, M. de La Rochefoucaud fit un réglement d'administration qu'on suivit.

En 1791, le bâtiment de l'hôpital était délâbré ; l'intérieur était une halle, sans meubles, sans lits, sans pharmacie.

Avant 1816, les revenus ne consistaient que dans une somme d'environ mille francs, provenant des fermages de quelques fonds ruraux échappés au torrent de la révolution.

Deux Sœurs de la Charité, dotées par la ville, visitaient les malades et portaient des secours à domicile.

Une personne, dont la bienfaisance fut inépuisable, et dont la mort récente a plongé les habitans de cette ville dans le deuil, la très respectable demoiselle *Rouillé du Boucher*, avait destiné, pour le service des pauvres, des matelas, draps et couvertures.

En 1816, quelques citoyens et notamment *M. le Comte de Pons*, alors Sous-Préfet de Sancerre, conçurent le projet d'un hospice permanent. Mais il fallait acquérir une maison, des meubles, des lits et tout ce qui est nécessaire à un établissement de ce genre, et ces objets exigeaient une première dépense de dix mille francs.

Une Ordonnance Royale du 7 mai 1817, autorisa M. le Maire à acheter la maison de M. Brazier, située rue de la Porte-Saint-André, au Marché aux Porcs. C'était l'ancienne maison de Pierre Gantois, ministre en 1685, et qui depuis, en 1686, avait été concédée aux religieuses de la Miséricorde.

M. le Maire fit alors un appel à la générosité et à l'humanité des personnes élevées en dignité, et de celles à qui leur fortune permettait des sacrifices.

Son Altesse Royale *le Duc de Berry* fit un don de mille francs ; de leur côté, *le Duc de Tarente* donna six cents francs, *M. le Comte Roy* trois mille cinq cents francs, *M. le Baron Hyde de Neuville* quinze cents francs, *Mademoiselle Rouillé du Boucher* trois mille francs, *M. le Vicomte de Houdetot* cinq cents francs, *M. Boin*, juge, deux cents francs.

Les actes des 23 juillet 1817, 3 janvier, 4 juillet et 9 décembre 1818 constatent l'emploi de ces sommes. Dès le mois de juin 1817, six lits étaient à la disposition des malades.

Depuis, *Madame la Duchesse de Melford*,

instruite que le service des deux Sœurs de la Charité était insuffisant, ainsi que le nombre des lits, prit la généreuse résolution d'y suppléer. Elle donna dix mille francs pour la dotation d'une troisième sœur et six mille francs pour l'établissement d'un septième lit.

Ces exemples de bienfaisance trouvèrent des imitateurs. *M. Dhuique* a légué à cet hospice une propriété rurale de trente mille francs. *Madame Boin*, *Madame d'Alligny*, MM. *Danjou*, *Brunet*, *Jolivet*, etc., ont ajouté de nouveaux dons.

Grâces soient rendues à ces personnes charitables ! Que leurs noms, accompagnés des bénédictions du pauvre, passent à la postérité.

L'indigent, quelque soit sa religion, est admis dans cet hospice, et il y trouve des soins et des consolations.

L'hospice, surveillé par un Conseil d'Administration, dont sont membres les deux Pasteurs catholique et réformé, est desservi par trois Sœurs. Deux sont occupées du soin des malades, et la troisième tient une école gratuite, où les jeunes filles reçoivent les premiers élémens de l'instruction.

La ville de Sancerre n'est pas plus grande aujourd'hui qu'elle l'était autrefois. Sa population est de trois mille cent trois personnes. Elle n'est ni belle ni bien bâtie. Cependant elle occupe une place dans l'histoire. Elle est à jamais célèbre par son siège, que La Thaumassière compare à ceux de Samarie et de Jérusalem, de Numance et de Leyde. N'a-t-elle pas donné naissance au connétable Louis de Sancerre et à Thaumas de La Thaumassière! N'a-t-elle pas vu élever l'enfance du maréchal Magdonald!

Elle jouit d'une autre célébrité, celle de ses vins excellens et source de l'aisance de ses habitans.

Les armes de la ville étaient une herse. En creusant le bassin de la fontaine de Porte-Vieille, on a trouvé parmi les débris de cette porte une pierre sur laquelle était gravée cette herse. Le choix de ces armes, par une ville placée sur le sommet d'une montagne escarpée, où la charrue et la herse sont absolument inutiles, paraît bizarre.

Jetez maintenant les yeux sur cette campagne si pittoresque, si naturellement aride, et que les bras de l'homme ont rendue si riche. Au couchant, vous apercevez dans des gorges profondes les hameaux d'Amigny et de Chavignol, comme des Oasis au milieu des vignes.

En tournant vers le nord, vous découvrez les villages de Verdigny et de Sury-en-Vaux entourés également de vignes.

Sous vos pieds, au nord, est le village de Fontenai, dont les belles fontaines sont si nécessaires aux habitans de la montagne. Au levant, Saint-Satur, plus ancien que Sancerre même, jadis le *Château Gordon*, possédait une célèbre abbaye dont j'aurai occasion de parler, maintenant rempli de jolies maisons de campagne. Plus loin, Saint-Thibault, vaste port de la Loire, image du mouvement et débouché du commerce de la contrée.

Au sud-est s'étend le riche et magnifique val de la Loire, couvert de villages et de domaines, et dont partie est arrosée par les rivières du Moule et de la Vauvire. Vous voyez le bourg de Ménétréol, où sont les moulins, autrefois bannaux de la seigneurie, les communes de Thauvenay, de Couargues, si souvent exposée aux inondations de la Loire, de Saint-Bouise, le *Jardin de Sancerre*, et, sur une éminence, le château de la Grange-Chaumont, dernière demeure de M. le comte de Montalivet.

A gauche de Ménétréol, vous apercevez des ruines, ce sont celles du château des *Eaux-Belles*. C'est un hexagone régulier, ayant une seule porte au levant. Ses murs, revêtus de pierres de taille, étaient entourés de larges fossés. Il est certain que ce château était bâti dans une île de la Loire. On lit, dans une charte de Saint-Étienne de Bourges, de l'année 1178, relative à une transaction entre ce chapitre et Étienne I*er*, comte de Sancerre, ces mots : *Actum in camerâ meâ, coram me, trans pontem Ligeris, propè Monastellum.* Alors un bras de la Loire passait entre le bourg de Ménétréol, *Monastellum*, et le château des Eaux-Belles, auquel on communiquait par un pont, *trans pontem Ligeris*. Ce bras de la Loire n'existe plus ; mais des anneaux de fer, qu'on voyait encore il y a cinquante ans, aux murs des Eaux-Belles, et destinés à l'amarre des bateaux, les couches de sable et de gravier, la direction que les eaux prennent encore pendant les inondations du fleuve, tout démontre qu'anciennement un bras de la Loire séparait Ménétréol du château des Eaux-Belles.

A quoi servait ce château ? Était-ce une maison de campagne des comtes de Sancerre, ainsi que l'assure M. Poupard ? On pourrait en douter. Le château des Eaux-Belles était situé dans une île formée, comme toutes celles de la Loire, par un banc de sable, dont l'étendue ne pouvait être considérable, exposée à des inondations continuelles. Le château, tel qu'il existe encore, mieux conservé que celui de Sancerre, fortifié avec plus d'art, ne renfermait qu'une petite maison, une petite chapelle, et une cour peu vaste. Des fossés profonds, des murailles très élevées, une seule porte d'entrée, en faisaient plutôt une prison qu'une maison de plaisance.

Il est probable que c'était un fort destiné à protéger le principal passage de la Loire entre Tracy, qui était un fief mouvant de Sancerre et Ménétréol, ou peut-être même à assurer la perception d'un péage sur la Loire.

La belle prairie des Arpens remplace ce bras de la Loire, et le château des Eaux-Belles devenu inutile tombe en ruines.

Mais laissons ces belles campagnes, ces riches coteaux cachés sous les pampres, cette vue si addurable et toujours nouvelle ; laissons également les ruines, ces débris de la puissance féodale, occupons-nous maintenant d'événemens politiques : parcourons l'Histoire des Comtes de Sancerre, et surtout de ce Siège mémorable, seul suffisant pour immortaliser notre ville. Mais le terme du jour approche,

Et jam summa procul villarum culmina fumant,
Majoresque cadunt altis de montibus umbræ.

Rendez-vous demain aux ruines de la chapelle Saint-Hilaire ; et là, au sein d'une tranquillité profonde, nous remonterons aux temps malheureux de la tyrannie féodale, et aux époques plus horribles, plus désastreuses encore des guerres civiles et religieuses. Puissions-nous, par la peinture des mœurs d'alors, apprécier davantage le bonheur de vivre dans un siècle éclairé, sous des lois justes et protectrices de la liberté et de la fortune des citoyens !

En effet, l'astre du jour s'était caché derrière le Mont-Damné, qui domine le village de Chavignol, ses derniers rayons doraient les sommets de l'Orme-au-Loup, de Pierre-Compillière, et les cimes lointaines du Morvan. Les quais, les maisons, les églises de Cosne, Pouilly et La Charité brillaient d'une couleur aurore. Aucun vent impétueux n'agitait l'air ; l'azur du ciel se réfléchissait dans les ondes paisibles de la Loire ; une brise légère apportait une fraîcheur délicieuse. Insensiblement la lumière décroissait et les objets disparaissaient dans l'ombre. Soudain un nouveau spectacle vient me frapper. La Loire se couvre des feux des pêcheurs et bientôt le cours de ce fleuve, de Nevers à Briare, dans un espace de vingt lieues, ne présente qu'une immense illumination.

NOTICE

SUR

LES COMTES DE SANCERRE.

Assis sur le banc près des ruines de la chapelle Saint-Hilaire, l'habitant de Sancerre commença ainsi l'histoire de son pays.

Une obscurité profonde couvre les premiers temps de cette ville. Je vous ai dit qu'il était probable que la contrée Sancerroise, le *Saxiacus icus* eut été le lot attribué à un capitaine Franc, après la conquête sous les premiers rois de la race Mérovingienne.

Il serait aussi possible que la contrée Sanceroise eut été un de ces bénéfices institués par Charles-Martel, et qu'il distribuait à ses capitaines pour les récompenser de leurs services, ou bien un de ces districts connus sous le nom de *Comtés*, gouvernés par des préposés choisis par le roi pour y rendre la justice et y commander les troupes.

Ces bénéfices et ces comtés n'étaient point héréditaires et restaient toujours à la disposition du roi, ils étaient concédés pour un temps limité et quelquefois pendant la vie du titulaire; mais toujours sous la condition d'être fidèle au prince et de servir sous ses ordres en temps de guerre.

Si les successeurs de Pépin et de Charlemagne eussent maintenu cet ordre de choses, ils eussent conservé la plénitude de la puissance royale, et les derniers rois de la race Carlovingienne n'eussent pas été rivalisés, quelquefois vaincus et emprisonnés, par des vassaux audacieux et trop puissans.

Charles-le-Chauve porta un coup fatal à la puissance royale, en rendant héréditaires les bénéfices amovibles de Charles-Martel.

C'est alors que commença ce qu'on appelle le *gouvernement féodal*.

En donnant en propriété ces bénéfices, le roi réservait cependant la souveraineté ou *suzeraineté*. Les possesseurs et ensuite les propriétaires de ces bénéfices étaient les *vassaux*, ou serviteurs du roi.

Charles-le-Chauve ne se contenta pas de rendre les bénéfices ou fiefs héréditaires, il adopta la même mesure par rapport aux comtés; ainsi les fonctions de juger les procès et de commander les armées devinrent un bien patrimonial, et transmissible par les successions.

Il est vrai que ces concessions étaient faites, avec la réserve de la souveraineté, à la charge par les donataires de reconnaître qu'ils tenaient ces fiefs du roi et de lui en rendre hommage. Ils juraient de lui être fidèles et de le suivre à la guerre, lorsqu'il les en requerrait : autrement ils étaient déclarés *félons* par le tribunal du roi leur suzerain, et leurs fiefs étaient saisis.

Les vassaux immédiats du roi imitèrent cet exemple. Ils inféodèrent ou donnèrent en fiefs à leurs parens ou à leurs serviteurs et officiers, soit partie de leurs biens propres, soit partie des bénéfices qu'ils tenaient des souverains. Ces concessions étaient faites aux mêmes conditions que celles des rois, c'est-à-dire, que ces nouveaux vassaux reconnaîtraient la suzeraineté des vassaux immédiats, leur rendraient hommage des fiefs, s'obligeraient de leur être fidèles et de les suivre à la guerre.

Il en fut ainsi des comtes. C'étaient dans le principe des officiers amovibles, à la nomination du roi ; mais, lorsque leurs charges devinrent héréditaires, à la condition de l'hommage et de la fidélité au roi, ils ne tardèrent pas à s'arroger la suzeraineté de tous les fiefs ou bénéfices particuliers existant dans l'étendue du comté.

Ainsi les titulaires des bénéfices héréditaires et les comtes étaient vassaux du roi, et en même temps seigneurs suzerains des petits fiefs.

Les cultivateurs, artisans, marchands, en un mot tous ceux qui n'étaient pas nobles, sous le titre de *roturiers* ou de *villains*, furent, pour ainsi dire, cantonnés, circonscrits comme sujets du seigneur. Toutes leurs terres relevaient du fief, et, par le fait, ils furent obligés de reconnaître le possesseur du fief comme leur seigneur et maître, de lui obéir, de lui payer des redevances, et de le suivre à la guerre sous sa bannière.

Ce bizarre gouvernement était une espèce de république aristocratique, dont le roi était le chef. Les roturiers ou *villains* étaient soumis aux nobles, possesseurs des fiefs, comme de véritables sujets. Ces possesseurs de fiefs étaient à leur tour *vassaux* ou subordonnés des suzerains de qui ils relevaient, et ces seigneurs suzerains de leur côté étaient *vassaux* ou subordonnés du roi. Dans cet ordre de choses, les rois n'avaient de véritables sujets que les habitans de leurs propres domaines.

Cette fausse politique de Charles-le-Chauve eut bientôt les résultats les plus funestes, et pour les rois, ses successeurs, et pour le peuple. En rendant les bénéfices héréditaires, il ne fit que des ingrats et se priva des moyens de récompenser ses serviteurs. En rendant les comtés inamovibles et héréditaires, il se priva d'officiers à sa nomination pour rendre la justice et commander les troupes.

Le malheur des temps accrut encore le désordre. Des hordes de Normands se répandirent comme des torrens dévastateurs sur la malheureuse France. Pour se garantir du pillage, les grands et petits vassaux s'empressèrent de fortifier leurs châteaux. Les uns les placèrent sur la crête de montagnes presqu'inaccessibles, les autres au milieu de marais inabordables.

Bientôt la France fut hérissée de vingt mille foreresses armées et capables de soutenir un siège. Il est difficile à l'homme puissant de ne pas substituer sa volonté arbitraire aux lois établies, lorsqu'elles gênent ses caprices et mettent un frein à ses passions, quand il a, ou la force de les violer, ou la facilité de le faire impunément. Et d'ailleurs, quel officier de justice aurait pu exécuter le jugement rendu contre un seigneur renfermé dans un château fort ? Il aurait fallu une armée.

Les rois confiaient à des envoyés royaux, *Missi ominici*, le soin d'inspecter et de surveiller la conduite des comtes, chargés de rendre la justice en leur nom. Lorsque les comtes eurent acquis la propriété des comtés, l'autorité de ces envoyés devint incommode : elle ne tarda pas à être méconnue. Les ordonnances des rois, les capitulaires dressés dans les Champs de Mai, les codes des lois Saliennes, Ripuaires, Bourguignones, les lois Romaines tombèrent sans force. Les lois générales ne furent plus les bases et les règles des jugemens des comtes, qui ayant usurpé la souveraineté, ne craignaient plus la révision royale.

De leur côté, les seigneurs érigèrent leurs justices en justices souveraines, et exemptèrent les jugemens qui en émanaient de l'appel aux comtes. Tout tomba dans le désordre, le cahos, et l'anarchie. Chaque fief eut sa loi particulière, sa coutume, son usage : ou plutôt il n'y eut d'autre loi que la volonté ou le caprice de ces petits souverains.

Enfin leur indépendance fut entière. Ils se moquèrent des obligations qui les liaient à leur souverain et foulèrent aux pieds leurs sermens. Ils usurpèrent les attributs de la royauté en frappant monnaie, en faisant rendre la justice en leur nom, en levant des troupes.

L'autorité royale n'était-elle pas un vain nom, avec des sujets aussi puissans que le roi, et assez forts pour lui faire la guerre, et souvent lui imposer des traités humilians ? Si l'histoire ne l'attestait, qui pourrait croire que Herbert, comte de Vermandois, retint pendant six ans Charles-le-Simple prisonnier dans le château de Péronne, où il mourut dans les fers ? Que Hugues-le-Grand fit la guerre à son roi, Louis IV, dit d'Outre-Mer, le retint également en prison et le força à lui céder le comté de Laon ?

Alors la puissance royale était absolument nulle.

Il était impossible que tous ces petits souverains vécussent en paix. L'ambition, la jalousie, des querelles particulières devaient exciter et excitaient en effet des guerres à outrance. La France était dans un état continuel de convulsions, et, comme tout était fortifié, jusqu'aux abbayes, le résultat de ces guerres partielles était l'incendie et le pillage des campagnes. En temps de paix, des bandes de brigands armés, que ne soudoyaient plus les seigneurs, infestaient les chemins et dévalisaient les voyageurs.

Alors la France entière fut plongée dans une effroyable barbarie. L'ignorance devint telle qu'à peine les seigneurs eux-mêmes savaient lire et crire, et qu'il était même deshonorant de le savoir.

Les belles routes des Romains, les chaussées de la reine Brunehaut se dégradèrent et disparurent entièrement. Les communications furent interrompues. Les relations de commerce entre les villes et les provinces cessèrent. Leurs habitans devinrent étrangers les uns aux autres. Abailard, abbé de Saint-Gildas, appelle la Bretagne un *pays inconnu et barbare*.

Et comment peindre l'état du peuple à cette époque ? Attachés à la glèbe, les habitans des fiefs, semblables aux nègres des Colonies, ne pouvaient sortir ni se marier hors de la seigneurie. Accablés de corvées, de tailles, de péages, de taxes de toutes espèces, imposées suivant la volonté de leurs maîtres; humiliés et avilis par des droits qui révoltaient la pudeur, à l'existence desquels on ne pourrait croire, si des monumens authentiques ne l'attestaient; dépouillés par les gens de guerres, rançonnés par les brigands, ils languissaient dans une misère profonde. J'essayerais vainement de vous retracer leur ignorance, leur abrutissement, leur superstition, leur barbarie. Partout on ne voyait que châteaux forts et autour des huttes renfermant la peuplade la plus infortunée du globe.

Il a fallu quatre siècles, l'adresse, la politique et les efforts constans des rois de la troisième race; il a fallu cette secousse terrible qui précipita l'Europe sur l'Asie, les croisades, pour abattre cette hydre qui semblait être éternelle, et dont la révolution de 1789 a extirpé jusqu'aux funestes traces.

O Français! qui as le bonheur de vivre sous l'empire de la charte, compare ton état avec celui de tes pères. Vois la royauté, usant de sa puissance, dégagée de toute entrave, s'occuper du bonheur du peuple, qui maintenant n'a plus de maître que le Roi et que la loi. Lis ce code admirable, qui proclame tes libertés civiles et religieuses, et l'égalité des droits. Considère ces routes commodes que parcourent nuit et jour et avec sécurité des milliers de voyageurs; ces canaux nombreux couverts du produit de ton labeur; l'instruction répandue partout; les arts perfectionnés; ton sol parsemé de maisons commodes, enrichi par toutes sortes de productions. O Français! rends grâces au ciel d'avoir permis que ton existence commençât dans le dix-neuvième siècle, et sous le règne des Petits-Fils du Grand Henri.

On peut reporter à la fin du neuvième siècle, la fondation du château et des murailles de Sancerre. Il n'est pas possible de leur donner une origine plus ancienne. Les guerres intestines et continuelles de ces temps ont détruit tous les titres historiques, et l'on est obligé de chercher dans les légendes quelques lueurs pour dissiper l'obscurité qui nous environne.

La Thaumassière, qui s'est livré à de grandes recherches pour son Histoire du Berry, n'a rien trouvé de relatif à Sancerre au-delà du neuvième

iècle. Il est certain, d'après le témoignage d'É-
inard, du Continuateur d'Aymoin et de quelques
autres, qu'en 834 vivait un comte puissant, issu
du sang royal, nommé *Robert*.

L'Historien du Berry, en consultant le manu-
scrit de l'histoire de saint Jacques l'ermite, trouve
qu'en 864 ce saint avait choisi sa retraite dans la
terre de l'illustre et magnifique Robert, issu de
la race des rois de France, seigneur du *Vicus
Saxiacus* et de la contrée voisine, et qui avait
épousé Agane, fille de Wicfred, comte de Bourges,
et il en conclut que ce Robert était seigneur de
Sancerre.

Le même historien ajoute que le fils de ce seigneur, nommé *Robert II*, eut d'Adelaïs, son
épouse, entr'autres enfans Richilde.

Ces faits sont possibles, quoique la preuve en
soit bien faible; mais ce qu'on ne peut révoquer
en doute, c'est que Richilde, fille de Robert, en
épousant Richard, comte de Troyes, transféra
dans la maison de Champagne la seigneurie de
Sancerre.

MAISON DE CHAMPAGNE.

Cette maison ancienne, puissante, et rivale
des rois posséda long-temps la terre de Sancerre.

Je me contenterai de vous rapporter les noms

des seigneurs de cette maison, en y joignant les faits historiques qui concernent notre ville.

Thibault Ier., surnommé le *Vieil et le Tricheur*, trouva dans la succession de Richilde sa mère la seigneurie de Sancerre. Il mourut vers l'année 973. Dès l'année 962 Thibault II, son fils, avait péri dans une bataille contre les Normands.

Eudes Ier., son frère, comte de Sancerre, mourut en 995. Le comté de Sancerre était échu à Roger, évêque de Beauvais, son fils. Celui-ci, en 1015, l'échangea avec Eudes II, *son frère, dit le Champenois.* Ce seigneur était très entreprenant. Il soutint plusieurs guerres avec ses voisins. Il osa suivre le parti de la reine Constance contre son fils Henri, roi de France, mais il fut battu et obligé de se soumettre. Peu de temps après, il entreprit de soutenir par les armes les droits qu'il prétendait avoir au duché de Bourgogne. Le succès ne couronna point cette entreprise. Eudes fut tué en 1037, dans une bataille, par Gouzelon, duc de Lorraine, général de Conrad-le-Salique, empereur.

Un ancien auteur compare cet Eudes à Caton. Personne, dit-il, ne fut plus intègre, plus charitable que lui. Il fut l'effroi des méchans. Si l'on fait attention qu'il fut toute sa vie en guerre, même contre le roi, cet éloge paraîtra outré.

Après sa mort, son fils Thibault III fut comte de Champagne et seigneur de Sancerre. Voilà encore un sujet en guerre avec son roi. Thibault et son frère Étienne, attribuant au roi Henri la mort

Eudes leur père, refusent de lui rendre hommage. Ils font plus, ils se joignent à Eudes, frère du roi qui s'était révolté, et déclarent la guerre à leur souverain. Elle ne fut point heureuse. Henri disperse leur armée, met les comtes de Champagne et de Sancerre en fuite et les force de se soumettre. Thibault mourut en 1085.

Henri, surnommé *Étienne*, succéda à son père Thibault III. Ses richesses étaient immenses et sa valeur et sa prudence remarquables.

La voix de Pierre l'ermite avait retenti en Europe; ses peintures énergiques des maux et des vexations éprouvés par les chrétiens qui visitaient les lieux sanctifiés par la naissance et la sépulture de leur Sauveur, avaient touché les cœurs et électrisé les esprits. En 1094, le concile de Clermont avait résolu la première croisade.

Tous les États de l'Europe, et particulièrement la France, s'armèrent. Les rois les premiers prirent la croix : les seigneurs suivirent leur exemple. Des armées innombrables inondèrent l'Asie Mineure.

Personne n'ignore quels furent les résultats de ces expéditions lointaines. Qui aurait cru que ces entreprises désastreuses auraient tourné au profit de l'humanité ? Qui aurait pensé que les prédications fanatiques d'un ermite picard auraient été la première cause de l'affranchissement des serfs, de l'émancipation des communes, de la ruine du pouvoir des seigneurs féodaux et du rétablissement de la puissance royale ? Vous trouverez, dans l'histoire générale de ces temps, le développement des causes et des résultats de cette grande révolution.

L'an 1096, le comte de Champagne et de Sancerre se croisa et se rendit en Palestine. Sa prudence, son courage et sa prévoyance furent tels que les chefs de l'armée le nommèrent *le Père du conseil*.

Il périt à la bataille de Ramès, le 11 juillet 1102.

Il laissait Adèle ou Adelaïs, sa veuve, tutrice de ses enfans. D'après le témoignage des anciens auteurs, cette veuve administra la succession de son époux avec une extrême modération et une prudence singulière. Cette femme humaine fit goûter à ses vassaux et sujets les douceurs du repos que leur avait rendu l'absence de maîtres ambitieux et inquiets.

On assure qu'elle aimait, protégeait et encourageait les savans et gens de lettre.

Sa piété fut fervente : elle fit des dons considérables à divers monastères. En 1104, elle assista à la dédicace de l'église de l'abbaye de Saint-Satur, que fit Léger, archevêque de Bourges. Elle confirma les privilèges dont cette abbaye jouissait, et lui accorda une foire annuelle, le jour de la dédicace, et exempte de tous droits au profit des seigneurs de Sancerre. Cette foire n'a point subsisté.

On vit alors une étrange conséquence du régime féodal. Philippe Ier., roi de France, acquéreur du vicomté de Bourges, fit rendre hommage à la comtesse Adèle, pour les terres qui relevaient de la seigneurie de Sancerre. Ainsi le roi se reconnaissait vassal d'un de ses sujets; et, par le fait, dans ces temps d'ignorance, la royauté était dégénérée en simple suzeraineté.

La douce, pieuse, sage et prudente Adèle mourut en 1137, entourée des larmes, des regrets, de l'amour et de la vénération de ses vassaux et sujets.

Le bonheur des Sancerrois finit avec la bienfaisante Adèle. THIBAULT IV, son fils, n'hérita d'aucune des vertus de ses père et mère.

Mézerai et Velly nous le représentent comme ayant un caractère remuant et inquiet, et ses actions s'accordent avec ce caractère.

Il était fier, superbe, malin et intriguant. Il remplit la France de trouble, et attira sur ses propres domaines la ruine et la dévastation. Non content de faire la guerre à ses voisins, il osa la déclarer à Louis-le-Gros, à l'occasion d'un château dont le roi lui défendait la construction sur sa frontière, et se liguer contre lui avec le roi d'Angleterre.

Ses démêlés avec Louis-le-Jeune eurent des suites plus fatales. Le pape Innocent II avait, contre la volonté du roi, élu et sacré Pierre de La Châtre, archevêque de Bourges. Les habitans de cette ville respectèrent les ordres du roi qui leur avait défendu de recevoir cet archevêque. La Châtre se retira dans les terres du comte de Sancerre, qui lui donna un asile. Le pape, de son côté, avait jeté l'interdit sur les domaines du roi. Le monarque, irrité contre Thibault, qui regardait comme l'auteur de ces désordres, entra en Champagne, la ravagea, prit d'assaut la ville de Vitry-le-Vieux, passa les habitans au fil de l'épée, et mit le feu à l'église, où périrent plus de treize cents personnes qui s'y étaient réfugiées.

On sait que Louis-le-Jeune, troublé par le remords que lui causait cette action barbare, et, en expiation, entreprit la seconde croisade, et qu'à son retour il fit casser son mariage avec Éléonore de Guyenne.

D'après les archives de Saint-Satur, plusieurs seigneurs du Berry, firent à cette époque la guerre à l'abbaye de ce lieu et brûlèrent son église.

Fatigué de ses excès, peut-être touché du malheur de ses vassaux et du sort épouvantable de la ville de Vitry, Thibault forma le projet de se retirer dans un cloître. Il offrit à saint Norbert tous ses biens que celui-ci refusa, ne voulant point partager avec son pénitent la haine du roi. Thibault mourut l'an 1152.

C'est cependant ce seigneur, qui fut presque continuellement en guerre avec les rois Louis VI et Louis VII, ses souverains, qui causa la ruine de ses peuples et l'effroyable catastrophe de Vitry, que La Thaumassière surnomme *le Grand, le Libéral, le Père du conseil, le Tuteur des Pauvres et des Orphelins, le grand Justicier;* et cet éloge il le tire de Robert, moine de Saint-Marien d'Auxerre. On cessera d'être étonné des louanges de ce religieux : pour calmer les remords de sa conscience, Thibault avait fondé l'abbaye de Pontigny, doté richement celle de Clervaux et fait des dons considérables à d'autres églises et couvens.

MAISON DE SANCERRE,

PROPREMENT DITE.

La seigneurie de Sancerre avait toujours fait partie des domaines de la maison de Champagne; les aînés de cette maison faisaient pour le tout hommage au roi de France de qui ils relevaient.

A la mort de Thibault IV, il s'opéra entre ses enfans un partage des domaines de Champagne. Étienne, un de ses fils, eut dans son lot la terre de Sancerre; mais il ne la posséda que comme un fief relevant du comté de Champagne.

Ainsi Henri, comte de Champagne, aîné des enfans de Thibault IV, continua de prendre le titre de comte de Troyes, *seigneur de Blois, Chartres et Sancerre*, et Étienne, son frère, lui rendit, en cette qualité, hommage pour sa terre de Sancerre.

C'est ce qu'on appelait *droit de frèrage*. D'après le répertoire de jurisprudence, le *frèrage* était une espèce de tenure, qui avait lieu lorsque le propriétaire d'un fief ou de plusieurs, qu'il reportait sous un seul hommage, décédait laissant des fils, et que ceux-ci partageaient, à la charge de tenir leur portion de leur aîné, qui rendait hommage pour le tout au seigneur dominant.

Par suite de ce droit de *frèrage*, Étienne fit hommage de la terre de Sancerre à son frère aîné, et non au roi, qui était le seigneur dominant, parceque le comte de Champagne rendait hommage du tout au souverain ; et, par une conséquence de ce droit, le puîné ne pouvait disposer du fief ou des prérogatives attachées au fief sans le consentement du seigneur suzerain.

Mais, vers l'année 1234, Saint Louis, ayant acquis du comte de Champagne les droits de fief des comtés de Chartres, Blois et Sancerre, le *frèrage* cessa, et les comtes de Sancerre n'eurent plus d'autre seigneur suzerain que le roi.

ÉTIENNE Ier. commença la maison de Sancerre, proprement dite, il quitta son nom de famille et prit celui de *Comte de Sancerre*, titre qui s'est perpétué dans ses successeurs.

Maître et propriétaire d'un château presqu'inexpugnable et d'une ville forte, possesseur d'immenses domaines, Étienne de Sancerre était dans le fait souverain. Il en usurpa les droits et les prérogatives.

Nous aurons occasion de parler de ses guerres avec ses voisins.

Il faisait rendre la justice en son nom

Il avait sa cour composée d'un chancelier, d'un maréchal et d'un Sénéchal.

Le droit de battre monnaie a toujours été regardé comme un droit et une prérogative attachés à la souveraineté, cependant Étienne se l'attribua et quelques-uns de ses successeurs imitèrent son exemple.

C'est un point historique indubitable, attesté par Chopin, d'après les anciens registres de la cour des monnaies, et que des titres authentiques confirment.

Ducange conserve la figure d'un solide ou sol frappé sous Philippe-Auguste par Étienne de Sancerre, et La Thaumassière assure qu'il a vu deux pièces de cette ancienne monnaie.

La première, frappée par Étienne et rapportée par Ducange, offrait d'un côté une tête couronnée avec ces mots *Julius Cæsar*, et de l'autre une croix avec ces mots *Sacrum Cæsaris*.

La seconde était de Guillaume de Champagne, archevêque de Rheims, frère d'Étienne, et tuteur de Guillaume de Sancerre son neveu. Elle représentait d'un côté l'effigie de cet archevêque en bonnet carré et une étoile à côté, et on lisait autour les lettres initiales, WL. C. T. T. SCE. S. A. R., c'est-à-dire, *Willelmus cardinalis tituli Sanctæ-Sabinæ, archiepiscopus Rhemensis*, et de l'autre côté on voyait une croix et ces mots autour *Sacrum Esari*. Cette monnaie était d'argent.

Différens titres confirment ce que je viens de dire. Nous nous contenterons d'en citer deux.

Le premier est du mois de mai de l'année 1198. Par ce titre, Guillaume de Sancerre fait au prieuré de Charnes un don de vingt-un sols, *monnaie* de Sancerre, par chaque dimanche : *ut singulis diebus Dominicis*, porte ce titre, *reddantur fratribus de Charnis viginti et unus solidi Sacri Cæsariensis monetæ*.

Ce prieuré de Charnes, de l'ordre du Grand-Mont, était situé au centre de la forêt de Charnes, dépendance du comté, dans un lieu sauvage. Ce monastère a été détruit par les Anglais et il n'en reste que des ruines.

Avant la destruction de ce prieuré, les habitans des villages circonvoisins venaient, chaque année le premier mai, visiter avec dévotion la fontaine de Saint-Eutrope, chercher dans ses eaux un remède contre la fièvre, et assister aux prières des religieux. Cet usage subsiste encore, mais il a changé d'objet. Chaque année, le premier jour du beau mois de mai, la jeunesse Sancerroise se rend encore à la chapelle de Charnes; mais la danse et les jeux ont remplacé les actes de dévotion, et les cris de joie et le son des instrumens font retentir les échos de cette solitude agreste.

Le second titre date de l'an 1211. Geoffroi de Concressault donne aux religieux de Louroy une rente de vingt sols, *monnaie de Sancerre*.

Les armes d'Étienne de Sancerre étaient d'azur à bandes d'argent, accompagnées de deux doubles cottices d'or, potencées et contre-potencées de treize pièces de chaque côté.

Le cri de guerre de la maison de Sancerre était : *Pass'avant le meillor, pass'avant Thiebaud.*

Pour vous donner une idée de la puissance de

la maison de Sancerre, il suffira de vous dire :

1°. Que les prévôtés et paroisses de Sancerre, Ménétréol, Saint-Bouise, Feux, La Roche, Bois-Tibault, Vinon, Haut-Fouillay, Verdigny, Bucy, Callognes, Groizes, et les prévôtés du Bannerois, qui comprend Bannay et Boulleret, et du Mèche, qui s'étendait dans les paroisses de Sainte-Gemme et Subligny, et partie dans celle de Savigny étaient dans la justice foncière et du domaine de Sancerre.

2°. Que la châtellenie de Sancergues, les justices d'Asnières, de Bucy, de Buranlure, de Charantonay, de Gardefort, d'Herry, du Jarrier, des Deux-Lions, de Marnay, du Pavillon, de Pesselières et de Précy ressortissaient au baillage de Sancerre.

3°. Que les justices et Châtellenies des Aix-d'Anillon, d'Anniou, d'Argent, d'Autry-le-Châtel, d'Autry-la-Ville et de Sardelles ; les châtellenies de Saint-Brisson, de Saint-Firmin, de Sancergues, de la Tour-de-Vesvres ; les justices et seigneuries des Anglets, des Barres, de Breviandes, de Bucy, de Buranlure, des Chaises, de La Chapelle-d'Angillon, de Charantonnay, de Deux-Lions, de Dame-Marie-en-Puisaye, d'Herry, de Marnay, du Pavillon, de Pesselières, de Précy, de Tracy, de Thauvenay, de la Vallée-Porée et de Vallières ; la terre et seigneurie du Briou et de Sennays ; les seigneuries de Chambertin et de La Grange-Chaumont ; le fief et seigneurie de Villegenon ; les fiefs de l'Asnerie, des Aulnois, des Barres, de Bauchetières, de Biternay, des Brosses, de Bessières, de Buisson-au-Roy ; de Clos-Boucard, de Chau-

5*

tercnne, de Chaumoy, de Chezeaux, de Chevaise, de Cordiaille, de Coudray, de Crolaye, de l'Épinette, de Feux, de la Foucaudière, de la Follière, de Glaire, du Grand et du Petit Jarrier, de Lugny, de Langue-d'Ane, de Maltaverne, du Mont-Baufroy, de Montfault, de Montigny, de la Motte-Falon, de la Motte-Vezin, du Moulin de la Forge Bureau, de Mousseraye, d'Oilon, de la Potelle, de Récy, de Régny, des Ruaux, des Roches, de Rosières, des Sardelles, de Savigny, de la Salle, de Sury-ès-Bois, de Vergneole, de Vesvre, de Villedon, de Villemonette et celui de Vreignon; les justices des Aulnes, et de Chez-de-Vau; les véheries de Bouloise, de Launay et de Poissons; la grande dîme et seigneurie de Clémont; les dîmes de Crézancy, des Cris, de Lassay, de Saint-Martin, des Deux-Oisis, de Pucelot ou de la Fontaine Saint-Martin, de Pallot, de Récy et de la Tarelle; les clos de Montfaucon et des Roches; le censif du Coupoy; le château de Cernoy; les étangs de Coiffard; le moulin de Cachon; le chezal de La Roche; la reusme de Régny étaient autant de fiefs mouvans du comté de Sancerre.

Sans doute cet ordre de choses n'existe plus; mais l'historien en doit conserver le souvenir, ne fut-ce que pour empêcher le retour de ces temps désastreux, où des familles puissantes avaient envahi la souveraineté dans leurs domaines, et pendant lesquels la France ne fut qu'une espèce de confédération de petits rois, au grand détriment de la monarchie et du peuple.

Jusqu'alors la seigneurie de Sancerre, confondue dans les possessions de la maison de Champagne, avait vu rarement ses seigneurs, mais Étienne et ses successeurs y firent leur résidence ordinaire.

Les comtes de Champagne avaient fait à l'abbaye de Saint-Satur de grands dons et lui avaient concédé différens privilèges. L'abbé était seigneur, avait sa justice haute, moyenne et basse, et recevait de l'archevêque et du chapitre de Saint-Étienne de Bourges. En prenant possession du comté de Sancerre, Étienne confirma ces dons et [p]rivilèges, termina différentes contestations qui [e]xistaient entre lui et l'abbé et les religieux et fixa [l]es limites des justices de Sancerre et de Saint-[S]atur.

Étienne épousa, en 1153, Alix, fille de Geoffroy, comte de Donzy, Gien et Saint-Aignan. [Le]s auteurs ne sont pas d'accord sur les causes et [l]es circonstances de ce mariage.

Le[s] uns, ce sont les plus nombreux et La Thaumassière est du nombre, prétendent qu'Alix avait [é]té accordée par son père à Ansel, seigneur de [T]rainel ; qu'Étienne, qui en était amoureux, l'enleva le jour même des noces, avant la consommation du mariage, la conduisit au château de [S]aint-Aignan où il l'épousa ; qu'Ansel se plaignit [a]u comte de Champagne de ce rapt ; que celui-ci énonça cette plainte au roi Louis VII ; que ce [r]oi et le comte de Champagne vinrent assiéger le château de Saint-Aignan, le prirent et forcèrent

Étienne à s'arranger avec Ansel, moyennant la cession de la dot d'Alix.

D'autres, et notamment le continuateur d'Aymoin, disent que le comte de Donzy était en guerre avec celui de Nevers; que le comte de Donzy, pour se défendre avec plus d'avantages, rechercha l'alliance d'Étienne, lui accorda sa fille Alix à qui il donna en dot la seigneurie de Gien, au préjudice de Hervé, son fils; que Louis VII, voulant réparer cette injustice, assiégea Gien, en chassa le comte de Sancerre et mit Hervé en possession de cette ville.

Il est certain qu'Étienne fut plusieurs années en guerre avec Guillaume, comte de Nevers, et qu'étant entré avec une armée en Nivernais, il fut battu et repoussé au combat de la Marche, proche de La Chari... qui eut lieu le 17 avril 1165, suivant l'oupa... et le 17 avril 1175, d'après Née de La Rochelle (Mém. du Nivernais et Donziais). Mais les Bénédictins de St.-Maur ont avancé que ce combat avait été livré en 1163. C'est en effet dans l'année suivante qu'Étienne fit fortifier La Charité, dont sa dernière défaite lui avait sans doute fait sentir l'importance.

La Thaumassière, et après lui Poupard, tous deux s'appuyant sur le martyrologe de Saint-Étienne d'Auxerre rapportent que Guillaume, comte de Nevers, irrité de l'alliance de Geoffroy avec Étienne, son gendre, fit une irruption dans le Sancerrois, prit le 7 mars 1157 la ville de Sancerre et la livra au pillage.

Ces deux historiens nous paraissent avoir adopté une erreur causée par la similitude des noms latins de Sancerre et de *Châtel-Censoy*, petite ville voisine de Donzy, *Castrum Cæsaris*, *Castrum Cæsarii*, Sancerre, et *Castrum Censorium*, *Castrum Censurium*, *Château-Sansois*, Châtel-Censoy, toutes deux bâties sur la cime d'une montagne. En effet, vers cette époque, Guillaume de Nevers attaqua, prit, et saccagea Châtel-Censoy (1). Aucune tradition n'a laissé le plus léger souvenir de cette prise de Sancerre. Aucun autre historien que le Continuateur d'Aymoin, et d'après lui La Thaumassière et Poupard, n'en parle, et cependant alors cet événement eût été assez remarquable. La position et la force de cette ville rendent le fait improbable. Et, si l'on considère que le Sancerrois était défendu du côté de Nevers par la Loire et par les châteaux fortifiés de Précy, Sancergues, Herry, Charantonnay, les Roches, Thauvenay et le fort des Eaux-Belles, il ne restera aucun doute que ces auteurs ont confondu Sancerre avec *Châtel-Censoy*.

Le comte de Sancerre avait des prétentions sur partie de la terre de Beaulieu-sur-Loire, appartenant au chapitre de Bourges, et il y fit creuser un étang et construire des moulins. Le chapitre soutint ses droits et s'opposa à cette entreprise. La lutte n'était pas égale, et le chapitre eut re-

(1) *Voyez* Dubouchet, Hist. de Courtenay. — Duchêne, Hist. de Vergy. — Valois, *Not. Gall.* — Née de La Rochelle, Mém. du Niv. et Donz.

cours à des armes, alors redoutables, il fit excommunier Étienne. Pierre de La Châtre, archevêque de Bourges, se rendit médiateur des parties ; et, par transaction de l'an 1158, le comte s'engagea à respecter désormais les biens du chapitre, et il fut stipulé que les revenus de l'étang et des moulins seraient à l'avenir partagés entre-eux.

A l'exemple de ses prédécesseurs, Étienne ne cessait de combler de bienfaits les religieux de Saint-Satur.

En 1160, il leur accorda *le droit de connaître des duels et des gages de bataille.* Telle était la barbarie de ces temps, que les procès se décidaient les armes à la main. Chaque plaideur avait son champion, et le plus fort ou le plus adroit gagnait son procès. Combien eussent-été plus louables les religieux de Saint-Satur, si, au lieu d'accepter le droit de connaître des duels et des gages de bataille, et, pour organiser cette étrange juridiction, d'établir un juge et un prévôt, ils eussent au contraire aboli cet usage sanguinaire et protégé le faible contre le fort ! Mais il appartenait à Louis IX de donner ce salutaire exemple cent ans après.

Il existait à Sancerre un autre usage aussi bizarre que dangereux. Chaque année, aux approches de Pâques, les habitans de cette ville déclaraient et faisaient une petite guerre à ceux de Saint-Satur. Cette guerre n'avait d'autre terme que la prise d'un habitant de Saint-Satur. Ce prisonnier était livré au prévôt de Sancerre, qui, à l'imitation de Pilate, lui rendait la liberté le jour

Pâques. Cet usage singulier pouvait avoir et ait souvent des conséquences funestes. Les religieux représentèrent avec énergie les suites d'un usage qui, chaque année, troublait le repos public, interrompait les travaux, occasionnait souvent des blessures et des meurtres, et Étienne l'abolit.

Les religieux de Saint-Satur obtinrent encore du comte le droit de suivre et par conséquent de saisir, quand il les aurait possédé pendant an et jour, leurs hommes, serfs qui se réfugiaient dans sa ville et dans ses terres. Ainsi des hommes, des chrétiens, étaient assimilés au cheptel des domaines et étaient la propriété d'un autre homme.

A la prière de ces mêmes religieux, il établit la liberté des alliances entre les habitans des deux seigneuries, sous condition de réciprocité et renonça à l'exercice du *for mariage*. « Le for mariage consistait en la perte que faisait la femme main-mortable, qui se mariait à un forain sans le consentement du seigneur, de tous les héritages qu'elle avait dans la terre de main-morte, lesquels étaient confisqués au profit du seigneur.

Ces différens actes en faveur des religieux de Saint-Satur avaient un but secret. Les prédécesseurs d'Étienne avaient toujours prétendu avoir le droit d'élire l'abbé de Saint-Satur. Étienne espérait que ces religieux, reconnaissans de ses bienfaits, lui accorderaient cette prérogative. Il fut trompé dans son attente. En vain il alléguait que ses ancêtres avaient joui de ce droit, qu'ils l'avaient exercé, les religieux soutinrent le contraire. Une contestation vive s'engagea sur ce point, et l'obstination des parties aurait pu les conduire à des extrémités fâcheuses, si l'archevêque de Bourges, Pierre de La Châtre, et d'autres personnes recommandables ne fussent parvenus à déterminer Étienne à renoncer à sa prétention.

La frénésie des croisades était encore dans toute sa force. Guidé par son esprit tout à la fois chevaleresque et religieux, Étienne, en 1171, se croisa. En partant, Louis VII lui confia l'argent qu'il avait destiné au soutien des croisés. L'absence du comte dura trois ans.

Son retour fut marqué par de nouvelles largesses envers les religieux de Saint-Satur et ceux du monastère de Charnes.

Ses contestations avec le chapitre de Bourges, au sujet de la terre de Beaulieu, recommencèrent. En 1174, il fit construire une métairie sur les bords de l'étang de Beaulieu. Nouvelle opposition de la part du chapitre, nouvelle transaction par l'intermédiaire de Guillaume, cardinal de Champagne, son frère. La métairie fut déclarée commune, et Étienne promit de nouveau de ne plus faire aucune entreprise sur les terres du chapitre.

Quatre ans après ce traité, il en fit un nouveau avec le même chapitre. Ce traité fut conclu au château des Eaux-Belles, en 1178. La terre de Beaulieu et de Santranges avait toujours été un sujet de contestations : ce traité les termina. Les principaux articles étaient ceux-ci : le comte fit remise au chapitre de tous les droits, impôts et servées qu'il exerçait sur ces deux communes ; il se réserva pour lui et ses successeurs que le droit de *chevauchée*, c'est-à-dire, celui de se faire fournir les chevaux et les voitures qui étaient nécessaires à son passage, et celui d'obliger les habitans à le suivre à la guerre contre les seigneurs de Gien, Sully, Decises et leurs villes. Dans le cas où les habitans refuseraient ce service, chaque refusant était passible d'une amende de soixante sols. De son côté, le chapitre s'engageait à lui payer une rente annuelle de quatre-vingts livres, et à célébrer, pour les seigneurs de Sancerre, un anniversaire à perpétuité.

Ne passons pas sous silence un acte de bienveillance de ce comte. En renonçant aux droits de justice dans la terre de Beaulieu et Santranges, Étienne imposa au chapitre l'obligation d'y établir des juges, et stipula que ces juges ne pourraient condamner les habitans à une amende excédant soixante écus, et que cette amende serait susceptible d'être réduite à douze deniers par ses envoyés. On voit avec satisfaction ce commencement d'intérêt envers les vassaux. Étienne imitait l'exemple d'Adèle, son aïeule. Et l'acte par lequel ce seigneur presque souverain, dans un temps où la force était sa seule règle, impose à des ecclésiastiques l'obligation d'établir des juges, de rendre la justice et de modérer les amendes, mérite d'être remarqué.

Alix de Champagne, sœur d'Étienne, avait épousé Louis VII, roi de France, et avait donné le jour à Philippe-Auguste. Ce prince n'avait que quinze ans, à la mort de son père. Baudoin, comte de Flandres, fut, à l'exclusion de la reine mère, nommé tuteur du jeune roi et régent du royaume. Ce comte proposa à Philippe de lui donner sa fille Isabelle en mariage. Alix, qui voulait empêcher ce mariage, et qui d'ailleurs voyait avec dépit entre les mains de Baudoin la tutelle du roi et la régence du royaume, dont elle se croyait privée injustement, se retira dans les domaines du comte de Champagne, son frère. Le comte de Sancerre, plus jeune et plus hardi que ses autres frères, leva le premier l'étendard de la révolte contre son souverain. Philippe, sans s'étonner, vole dans le Berry, s'empare de Châtillon-sur-Loire, détruit cette ville, porte le ravage dans les terres d'Étienne et revient ensuite épouser Isabelle.

La reine mère quitta alors les États de Champagne et se retira en Normandie, auprès du roi d'Angleterre, qui prit son parti. Les comtes de Sancerre et de Blois se réunirent à ce roi, et l'on se prépara à la guerre. Mais Philippe, ayant eu une entrevue avec sa mère, la réconciliation fut bientôt opérée. Alix revint à la cour, et son retour fut le signal de la disgrâce du régent. Cependant Philippe ne confia pas l'administration des affaires à la reine mère.

Baudoin en mariant sa fille Isabelle, lui avait assuré en dot le comté d'Artois et le Vermandois. Loin de tenir sa promesse, ce comte se souleva et se ligua avec le duc de Bourgogne contre Philippe. On est étonné de voir les comtes de Champagne et celui de Sancerre, oncles du roi, prendre part à cette querelle et se déclarer pour Baudoin. On ne peut assigner d'autres causes à cette conduite qu'un mécontentement secret de ce que l'administration des affaires ne leur avait pas été confiée ; mais cette ligue ne fut point heureuse. Philippe, à la tête de son armée, entra dans la Bourgogne, s'empara de Châtillon-sur-Seine ; fit prisonnier le fils du duc qui demanda la paix. Bientôt Baudoin fut contraint de se soumettre et de céder le Vermandois. Philippe irrité voulait réunir à la couronne le comté de Sancerre ; cependant le jeune monarque pardonna à son oncle, et celui-ci lui jura une fidélité qui ne s'altéra plus. Ces événemens se passaient en 1181.

Philippe-Auguste et Richard Cœur-de-Lion, roi d'Angleterre, s'étant croisés en 1190, Étienne suivit son souverain en Palestine.

Avant son départ, il affranchit les habitans de Sancerre, de Barlieu et de Saint-Brisson de toute espèce de servitude, et leur accorda les coutumes que le roi Louis-le-Gros avait données aux habitans de Lorris.

Étienne se couvrit de gloire dans cette croisade. Il trouva, en 1191, de nouveaux lauriers et un tombeau au siége de Saint-Jean-d'Acre.

On peut reprocher à ce seigneur d'avoir trop aimé la guerre, et surtout d'avoir pris les armes contre son souverain, ce qui manqua d'entraîner sa ruine. Il était humain et généreux. N'oublions point le traité de 1178 avec le chapitre de Bourges; l'abolition de la servitude des habitans de Sancerre et l'établissement de la coutume de Lorris, qui depuis a toujours été la loi civile du pays. Sa présence à Sancerre, l'abolition de la servitude rendirent bientôt cette ville populeuse. Étienne aimait les gens de lettre. Il accueillit Philippe et Guillaume le Breton, l'un poëte et l'autre historien, le premier ne l'oublia pas dans ses vers. Nous nous contenterons de citer ce passage :

> *Præcipuèque Comes Sthephanus qui mœnia Sacri*
> *Cæsaris, et ditis pro magna parte tenebat*
> *Prædia Bituriæ, generosum edentia Bacchum.*

Les vins de Sancerre étaient déjà, comme on le voit, renommés à cette époque.

GUILLAUME Iᵉʳ., encore mineur à la mort d'Étienne, son père, eut pour tuteur son oncle le cardinal de Champagne surnommé aux *Blanches Mains*. L'événement le plus remarquable de sa vie est celui qui causa sa mort.

Il confirma en 1198, par son tuteur, le traité que son père avait fait avec le chapitre de Bourges.

Étienne Iᵉʳ. avait aboli la petite guerre que les habitans de Sancerre faisaient à ceux de Saint-Satur, mais il avait laissé subsister un autre usage non moins bizarre. Chaque année, le lundi de Pâques, le *Roi des Jeux* (les historiens ne nous apprennent pas quel était ce roi des jeux), accompagné de la jeunesse de la ville, descendait à aint-Satur. Le but de cette expédition était d'assommer tous les chiens qu'on rencontrait dans es rues. C'était un sujet de tumulte, de rixes, et e voies de fait. A la prière des religieux, Guillaume défendit de renouveler cette coutume et aintint l'union entre les deux communes.

En 1209, il épousa Eustache de Courtenay, lle de Pierre de Courtenay, qui depuis fut élu mpereur de Constantinople.

Pierre de Courtenay, se disposant à prendre ossession de l'empire de Constantinople, engagea son gendre à l'y suivre, et celui-ci y consentit. Avant son départ, il céda à Étienne, son frère, es terres de Saint-Brisson et de Châtillon-sur-oing, mais avec réserve de la suzeraineté; il égla ensuite les affaires de sa succession, nomma obert de Courtenay tuteur de Louis son fils aîné, t lui confia l'administration de ses terres. Ces dispositions ainsi faites, il accompagna à Rome Pierre e Courtenay qui y fut couronné en 1217. Au ieu de s'embarquer et de se rendre directement à Constantinople, ils eurent l'imprudence de se fier la parole de Théodore Comnène et de traverser a Grèce. Ce perfide les fit arrêter dans la Thessalie, et les fit périr avec leur suite en 1218.

Jusqu'alors, le comté de Sancerre relevait directement de celui de Champagne, et Louis Ier., en succédant à son père, devait rendre foi et hommage à son suzerain, et demander la ratification des actes relatifs aux fiefs. Cependant nous voyons qu'il jura fidélité à Philippe-Auguste, et promit de le suivre dans ses expéditions, même contre le comte de Champagne, son suzerain. C'était une violation de la loi des fiefs; mais il était de la politique du roi de diminuer la puissance des grands vassaux, et particulièrement du comte de Champagne. La séparation de la maison de Sancerre de celle de Champagne fut entière, lorsque Thibault *le Chansonnier*, comte de Champagne, céda à Saint Louis ses droits de suzeraineté sur les comtés de Blois, Chartres et Sancerre, pour une somme convenue. Depuis cette époque, en 1229, le comté de Sancerre releva immédiatement du roi.

Louis renouvela la permission qu'Étienne, son aïeul, avait donnée aux habitans de Sancerre et Saint-Satur, de contracter mariage ensemble.

Par la transaction de 1178 avec le chapitre de Bourges, il avait été stipulé que les habitans de Beaulieu et de Santranges seraient obligés de suivre les comtes de Sancerre dans leurs guerres, sous peine contre chaque refusant d'une amende de soixante sols. Cette obligation donnait lieu à des exactions. Ces habitans, par l'organe du chapitre, représentèrent combien cette obligation était onéreuse; que souvent des vieillards, des pères d'une nombreuse famille étaient forcés de quitter leurs demeures, ou exposés à être ruinés par l'amende, et supplièrent le comte de les en décharger. Par acte de l'année 1230, Louis décida que celui qui prétendrait cause légitime serait exempté de l'amende, et qu'on s'en rapporterait pour la validité

e l'excuse au serment de celui qui l'alléguerait
t à l'affirmation de deux de ses voisins.

A mesure que l'autorité royale se relevait, la
uissance des seigneurs diminuait; les guerres
artielles cessaient; le droit de battre monnaie se
estraignait. Cependant les seigneurs de Sancerre
ouissaient encore de ce droit, puisque, dans une
ransaction entre Louis et le chapitre de Léré de
'année 1256, il est stipulé que la monnaie de
ancerre aura cours dans les dépendances de ce
chapitre.

L'établissement d'un parlement, ou cour sou-
veraine et royale contribua encore à l'abaisse-
nent de la puissance féodale.

Une contestation s'était élevée entre le comte
e Sancerre et les religieux de Saint-Satur. Ceux-
i vendaient publiquement leurs blés à S¹.-Satur,
même au préjudice des droits du marché de Sancerre. Louis voulant empêcher cette vente fit saisir les grains. La cause fut portée au parlement,
et par arrêt de l'année 1258, les religieux ga-
gnèrent leur procès.

Dans une autre contestation, il avait été cité au
baillage de Bourges. Il refusa d'y comparaître,
déclarant que suivant l'antique usage un noble
ne devait pas être jugé par des roturiers. Un arrêt
de la cour, de l'année 1259, renvoya les parties devant l'assise d'Aubigny, composée de chevaliers
de la province. Comme on devait s'y attendre,
l'affaire traîna en longueur. Les parties lésées ne
pouvant obtenir justice d'un tribunal composé de

parens, d'amis ou de vassaux du comte, portèrent leur plainte au parlement, et cette cour ordonna, par son arrêt de l'année 1261, que les actions personnelles de ce seigneur, ou contre lui, seraient portées devant le bailliage de Bourges, et celles qui concernaient les droits et prérogatives de la seigneurie devant le parlement.

Enfin Louis voulut, contre le gré des religieux de Saint-Satur, s'ériger en protecteur de cette abbaye, et avoir la garde de ses terres enclavées dans le comté de Sancerre. Mais cette prétention fut rejetée par arrêt de l'année 1266, et le roi déclaré seul protecteur de cette abbaye.

Ces arrêts étaient autant de conquêtes sur la puissance féodale. Quelques années auparavant, la force des armes eût décidé ces contestations. On commençait à sortir de l'anarchie. Le sort du peuple s'améliorait par les affranchissemens, et l'autorité royale, cessant d'être méconnue, était plus respectée. Un roi sage, bon, juste, pieux, qui ne craignait pas de saisir le temporel des ecclésiastiques coupables de vexations, Saint Louis, y contribua d'une manière efficace en donnant à ses sujets des lois générales, dont il eut la force et l'énergie de suivre l'exécution.

Louis de Sancerre mourut en 1268, laissant le comté à son fils aîné Jean Ier., qu'il avait eu d'Isabelle de Mayenne, sa seconde femme.

Jean Ier. avait épousé, avant la mort de son père, Marie de Vierzon.

L'acte le plus important de sa vie est l'affranhissement du Bannerois. Il mourut en 1283.

Étienne II, son fils, avait épousé Marie de Lusignan, dont il n'eut pas d'enfans. Une contestation avec le seigneur de Sully, qui refusait de lui rendre hommage de quelques terres, terminée par un arbitrage; une transaction avec les religieux de Saint-Satur, contenant réglement de pêche, ne méritent pas de fixer notre attention.

Étienne II, étant mort sans enfans, laissa, en 1307, le comté de Sancerre à Jean II, son frère. Passons également ses démêlés avec le seigneur de Sully par rapport à la mouvance.

Il eut de Louise de Bonnez Louis II, qui lui succéda au comté de Sancerre, en 1327. Il confirma les priviléges que ses prédécesseurs avaient accordés aux habitans de Sancerre. Mais ces priviléges se bornaient à l'affranchissement de la servitude, car les historiens nous disent qu'il se réserva son *banvin*, c'est-à-dire, le droit de vendre seul et à l'exclusion des habitans, pendant quarante jours, le vin provenant de ses vignes; *son crédit*, c'est-à-dire, le droit de se faire fournir les vivres et les denrées, qui lui étaient nécessaires, sans pouvoir être tenu de les payer pendant quarante jours; son *fouage*, c'était une espèce de capitation, et la banalité du four et du moulin; le droit d'obliger celui qui avait une charrette à lui faire des corvées à la distance de quatorze lieues, et enfin celui de forcer les habitans valides à le suivre dans ses expéditions guerrières.

Ce comte fut tué à la désastreuse bataille de

Crécy, en 1346. Il avait épousé Béatrix de Roucy, de laquelle il eut plusieurs enfans, entre-autres Jean III, son fils aîné, qui lui succéda et Louis de Sancerre, connétable.

Jean III, avait épousé fort jeune Marguerite de Marmande. La funeste bataille de Crécy avait ouvert la France aux Anglais. Celle non moins funeste de Poitiers, où le roi Jean avait été fait prisonnier, avait comblé les maux du royaume.

En 1364, les Anglais occupaient La Charité-sur-Loire; et peu s'en fallut qu'ils ne s'emparassent de Sancerre.

Chaumeau, dans son Histoire du Berry, rapporte ainsi ce fait.

Un capitaine anglais, nommé Émery, qui se rendait à La Charité, fut surpris par un parti de la garnison de Sancerre, fait prisonnier et conduit au château. Il ne fut relâché qu'en payant une forte rançon.

Émery jura de se venger. A cet effet, il engage plusieurs capitaines anglais, ses amis, à seconder sa résolution et soudoie un grand nombre de vagabonds. Il leur fait part de son projet d'attaquer Sancerre : il leur représente que l'entreprise n'est point difficile; que la garnison n'est composée que d'un petit nombre de seigneurs sancerrois; qu'elle est dans une sécurité complète; qu'on peut, en profitant des ténèbres de la nuit, aisément la surprendre; que si on réussit à faire prisonniers les deux frères du comte on doit s'attendre à une rançon immense ; que d'ailleurs le pillage

e la ville les dédommagera du péril où ils s'ex-
[p]oseront. Séduits par ces promesses brillantes,
[t]ous promirent avec enthousiasme de le suivre et
[d]e le seconder.

Le secret ne fut pas si bien gardé qu'un capi-
[t]aine Bourguignon nommé Guichard Albigon, qui
[c]ommandait dans la ville, sous les ordres des
[f]rères du comte, n'eut quelques avis de l'entre-
[p]rise d'Emery. Il était urgent d'en connaître les
[d]étails. Albigon avait un frère, religieux à l'ab-
[b]aye de Saint-Satur. Il l'envoie à La Charité, sous
[l]e prétexte apparent de racheter un prisonnier,
mais avec la mission secrète de découvrir si le
[p]rojet d'Emery était sérieux. L'arrivée du moine
à La Charité n'excita aucun soupçon. Il fut bientôt instruit de toutes les circonstances du projet de
l'ennemi, il vit les préparatifs, et vint en rendre
compte à son frère.

Albigon, connaissant le complot, se dispose à
le déjouer. Il assemble en toute hâte les chevaliers
et écuyers, vassaux du comte. Il place en embuscade au-dessus de Ménétréol, dans les Garennes,
[d]eux cents hommes sous les ordres des deux frères
de Jean III, et lui, à la tête du reste de la garnison, se prépare à recevoir les Anglais.

Ceux-ci, pleins de sécurité et profitant des
ombres de la nuit, traversent la Loire à Tracy. Ils
laissent sur le rivage les bateaux, leurs bagages et
chevaux, en confient la garde à une centaine de
soldats et ensuite marchent tranquillement et en
bon ordre sur Sancerre.

A peine sont-ils sortis de Ménétréol, que les deux jeunes frères du comte, quittent l'embuscade où ils étaient cachés, fondent avec les Sancerrois sur le corps ennemi qui gardait le rivage, l'écrasent et s'emparent du bagage et des bateaux.

Sans perdre de temps, ils montent sur les chevaux des Anglais, se mettent à leurs trousses et les atteignent au milieu de la montagne. De son côté, Albigon sort de la ville et les attaque de front avec impétuosité. Les Anglais, resserrés dans des chemins rapides et étroits, au milieu des vignes, opposent une résistance inutile. La plus grande partie est taillée en pièces, et le reste est fait prisonnier.

Émery, blessé dangereusement au moment de l'action, fut conduit dans une auberge de la ville. On lui prodigua vainement des secours : ses blessures étaient mortelles. Les prisonniers anglais furent traités avec douceur ; on n'exigea d'eux aucune rançon : on se contenta de leur imposer l'obligation d'évacuer La Charité et ils remplirent leur promesse.

Jean augmenta ses domaines en acquérant, en l'année 1383, la terre de Boisgibault, située sur la rive droite de la Loire, à peu de distance de Sancerre.

Il assista, en 1388, au contrat de mariage de Jean, duc de Berry, et de Jeanne de Boulogne.

En 1390, il suivit en Barbarie le duc de Bourbon. Il mourut sans postérité masculine, et en lui s'éteignit la maison proprement dite de Sancerre.

Cette maison posséda le comté de Sancerre pendant deux cent quarante ans. Elle mérite de fixer l'attention de l'histoire.

Puissante par ses domaines, descendant de la maison de Champagne, alliée à celles de Lusignan et de Courtenay, elle eut l'insigne honneur de donner une reine à la France, Alix, sœur d'Étienne I*er*., épouse de Louis VII, et mère de Philippe-Auguste.

Elle était presqu'indépendante, faisait battre monnaie, déclarait la guerre à ses voisins; elle fit plus, elle la fit à ses souverains.

Cette indépendance était la conséquence de la fausse politique de Charles-le-Chauve et de ses successeurs. En rendant les bénéfices et les comtés héréditaires, ils devaient en prévoir le résultat immédiat, la diminution de la puissance royale. Ils devaient prévoir que la concentration des richesses dans les familles pouvait les rendre entreprenantes et audacieuses; que l'ambition est innée dans le cœur humain; qu'infailliblement ces familles trop puissantes deviendraient rivales de la race royale : nos rois en ont fait une expérience fatale pendant plusieurs siècles.

Cette famille, proprement dite *de Sancerre*, régna, presque avec un pouvoir absolu, pendant les temps les plus barbares de notre existence politique. La terre et les habitans appartenaient aux comtes. Le droit du plus fort pouvait être impunément leur maxime, surtout dans le onzième et le commencement du douzième siècles.

Les comtes de Sancerre furent sans doute fiers et hautains : c'était une suite de leur éducation toute militaire, et une conséquence des principes du régime féodal. Mais on doit leur rendre la justice de dire, que l'histoire ne leur reproche aucun de ces actes de férocité et de barbarie alors communs.

En général, ils furent justes, bienfaisans et humains : nous les voyons abolir des usages bizarres et cruels.

L'administration douce et bienveillante de la comtesse Adèle ne sera point oubliée.

Rappelons-nous cette transaction de 1178, par laquelle Étienne Ier. oblige le chapitre de Bourges à établir des officiers pour rendre la justice dans la terre de Beaulieu, et se réserve la faculté de modérer les amendes.

N'oublions point qu'ils affranchirent leurs communes; que sous eux notre ville commença à avoir des administrateurs; et que des impôts et des droits onéreux et arbitraires furent anéantis.

Ils furent pieux : les nombreux dons qu'ils firent à l'église et aux monastères prouvent leur dévotion. Cependant, malgré la profonde superstition de ces temps, ils osèrent résister à la puissance ecclésiastique. Louis Ier. fit plus, il se plaignit au pape Grégoire IX de l'empiétement de la juridiction des prélats sur celle des seigneurs. Enfin ils accueillirent et encouragèrent les savans.

Passerai-je sous silence la gloire et l'éternel honneur de cette Maison et de la ville de Sancerre,

ouis, connétable de France, modèle de courage,
e modestie et de piété ? Non certes. L'histoire est
trésor où se conservent les actions vicieuses des
yrans et des scélérats pour leur opprobre éternel,
t les vertus des grands hommes pour les louer et
urtout pour les imiter.

Louis DE SANCERRE était fils de Louis II et de
éatrix de Roucy. Il naquit en 1342. Ami, com-
agnon et émule de Duguesclin, il fut un des
lus grands et des plus illustres guerriers de cette
poque. Toute sa vie fut employée au service de
es rois et à combattre les ennemis de la patrie.
l partagea les travaux et les victoires de Dugues-
lin. Les Anglais le rencontrèrent partout, en
aintonge, en Poitou, en Limousin. Ses diffé-
entes entreprises furent toujours couronnées du
uccès.

Il rendit de si grands services à Charles V, dans
es guerres contre Édouard III, que le monarque
econnaissant lui donna, en 1369, le bâton de
aréchal de France.

C'est aux services de Duguesclin, de Clisson et
de Louis de Sancerre que Charles V dut cette
trêve de 1374, par laquelle il conserva tous ses
avantages contre les Anglais.

La modestie de Louis égala son courage, et
Juvénal des Ursins, historien contemporain, nous
en a conservé un mémorable exemple. Duguesclin
avait payé le tribut à la nature pendant le siège
de Randon et le gouverneur avait apporté les
clefs de la place sur son cercueil. Ce héros avait

laissé vacante la place de connétable. Qui était digne de le remplacer? Tous les yeux se tournèrent vers Louis de Sancerre, et cette dignité lui fut offerte. « Comment oserai-je, repondit-il, ac-
» cepter l'épée que porta le grand Duguesclin?
» Mes faibles exploits peuvent-ils être comparés
» aux actions héroïques qui l'ont rendu immortel,
» et qui lui ont mérité la sépulture des rois ? Non,
» je ne suis pas digne de lui succeder », et il refusa.

Ce modeste refus augmenta encore la confiance qu'on avait en lui. Fidèle serviteur de Charles V, il ne le fut pas moins de Charles VI, son fils. Commandant l'armée française en 1381, il chassa les Anglais du Limousin. En 1382, il contribua avec Clisson, successeur de Duguesclin, à la victoire de Rosbec contre les Flamands.

Enfin, en 1397, à la mort du connétable d'Eu, successeur de Clisson, il ne put refuser l'épée de connétable, qui lui fut de nouveau offerte, et il reçut la récompense due à son courage, à ses services et à sa modeste vertu.

La mort l'avait respecté dans les combats, elle le frappa, à l'âge de soixante ans, en 1402, au sein de sa famille et au milieu de ses amis. La fin de sa vie fut aussi héroïque que les actions qui l'avaient illustrée. Juvénal des Ursins en rapporte les circonstances. Louis mourut en héros et en chrétien. « Que sont, disait-il, à ses parens et à
» ses amis, témoins de ses derniers momens, les
» biens périssables et terrestres auprès des biens

célestes et éternels! que de grâces n'ai-je pas à rendre à l'Auteur de toutes choses! Quelle reconnaissance ne lui dois-je pas de m'avoir fait naître dans une maison illustre, comblée d'honneurs et des dons de la fortune! Au milieu des dangers auxquels j'ai été exposé pour le service de mes rois, sa protection puissante m'a délivré de la main des ennemis, m'a procuré la victoire, m'a préservé d'une mort subite sur les champs de bataille. Bien plus, par sa bonté infinie, lorsque le flambeau de ma vie s'éteint, il me conserve la présence d'esprit, la mémoire et le jugement, afin que je puisse exprimer ma reconnaissance à mon souverain, en lui remettant l'épée de connétable qu'il m'a confiée, et à mon Dieu, en lui remettant l'existence qu'il m'a donnée. »

Par son testament, du 4 février 1402, il avait ordonné que sa dépouille mortelle fût transportée dans l'église Notre-Dame de Sancerre, sépulture de sa famille. Sa dernière volonté ne fut pas exécutée. Duguesclin était dans la sépulture des rois, Louis, son compagnon et son émule, y fut également placé. Charles VI, voulant récompenser les services que Louis de Sancerre avait rendus à Jean, son aïeul, à Charles V, son père, et à lui, fit transporter son corps à Saint-Denis, et le fit déposer dans le caveau de Charles V, avec une pompe et une magnificence royales.

MAISON D'AUVERGNE.

Jean III, comte de Sancerre, avait laissé une seule héritière, Marguerite, sa fille. Elle était veuve, lorsque ses parens la remarièrent à Beraud II, dauphin d'Auvergne.

A la mort de Jean III, Marguerite et son époux rendirent foi et hommage pour le comté de Sancerre à Jean, duc de Berry, en 1398.

Veuve de Beraud II, Marguerite contracta successivement différentes alliances. Elle avait eu du dauphin d'Auvergne trois enfans, Beraud III, Marguerite, qui épousa Jean de Bueil, et Robert, évêque d'Alby.

Avant sa mort, elle avait accordé à son fils tous les droits qu'elle avait à la succession de son oncle Louis de Sancerre, connétable de France.

Beraud III succéda au comté de Sancerre et épousa, en 1409, Jeanne de La Tour-d'Auvergne.

La France, si long-temps agitée par les guerres féodales, était alors la proie d'une calamité plus épouvantable encore. La sagesse de Charles V avait en partie réparé les maux causés par la funeste bataille de Poitiers et la captivité du roi Jean. Mais la minorité et plus encore la démence de son fils avaient plongé la France dans un nouvel abîme de maux. Les Armagnacs et les Bourguignons, deux factions puissantes et implacables ennemies, déchiraient le sein de la patrie. Jean, duc de Berry, du parti des Armagnacs, avait soulevé cette province. Le duc de Bourgogne, menant avec lui l'infortuné Charles VI, vint mettre le siège devant la ville de Bourges. Les Sancerrois s'étaient déclarés pour le duc de Berry; mais redoutant la colère du duc de Bourgogne, qui agissait au nom du roi, et calculant les suites que pourrait avoir leur conduite, ils éprouvèrent une telle alarme, que la plus grande partie des habitans abandonna la ville. La garnison du château capitula et le rendit au roi en 1412.

La convention connue sous le nom de *Paix de Bourges*, calma, pour un moment, l'agitation et la frayeur des habitans de Sancerre.

Les Anglais avaient profité de nos dissentions civiles et occupaient presque toute la France. L'œuvre d'iniquité d'Isabelle était consommé : l'inconcevable traité de Troyes, du 21 mai 1420, précipitait du trône les Valois; épouse et mère, elle avait trahi son époux et son fils. Le dauphin, depuis Charles VII, était forcé de se retirer devant un ennemi supérieur en forces. La Loire était la limite et Sancerre une place frontière du royaume qui lui restait. Les Anglais unis aux Bourguignons occupaient la rive droite, et les troupes du dauphin la rive gauche de ce fleuve.

Un corps considérable d'Anglais était stationné à Cosne. En 1420, ils traversent la Loire, attaquent le bourg de Saint-Satur, le forcent et le mettent à contribution. Leur cupidité n'est point rassasiée par le pillage et la ruine des habitans. Ils somment les religieux, réfugiés dans une tour, de leur donner une somme de mille écus d'or. En vain ceux-ci représentent qu'épuisés par les réparations de leur église, ils sont dans l'impossibilité de payer une contribution aussi considérable, ces barbares mettent le feu à la tour, et douze de ces infortunés religieux périssent dans les flammes. Ils font ensuite main-basse sur les meubles les plus précieux de l'abbaye, enlèvent les vases sacrés, chargent de fers le reste des religieux et conduisent le tout sur des bateaux, qu'ils contraignent les bateliers de descendre à Cosne. Et, en se retirant, ils mettent le feu à l'église et aux bâtimens du couvent.

Leur dessein, en emmenant prisonniers les religieux de Saint-Satur, était de tirer d'eux ou des habitans une forte rançon. Ils les gardèrent à cet effet pendant trois semaines; furieux de voir leur espérance déçue, les Anglais garottent ces malheureux, les jettent dans un bateau, dont le fond percé les submerge bientôt au milieu de la Loire. Huit seulement parvinrent à s'échapper, ils se réfugièrent d'abord au château de Buranlure, et de là à Sancerre, où ils trouvèrent un asile. La fin du dix-huitième siècle devait être souillée par de semblables horreurs!

Ce succès avait encouragé les Anglais. L'espoir d'un butin plus considérable les engagea à tenter une seconde expédition. Il ne s'agissait rien moins que de prendre et de piller Sancerre. Cette entre-

…aise avait le même but que celle de 1364, elle … le même résultat.

Les Anglais montent à Saint-Romble, pillent et … truisent la chapelle et l'église Notre-Dame, massacrent les prêtres, brûlent les habitations …oisines de ces églises et s'avancent sur Sancerre. …es habitans, loin d'être effrayés par cette dévas-…ation, se montrent impatiens au contraire de …irer vengeance de ces désastres. A peine les An-…lais sont-ils arrivés à porte César, que les San-…errois fondent sur eux avec impétuosité, les …ettent en déroute, leur tuent plus de trois cents …ommes, font un grand nombre de prisonniers, …oursuivent le reste, et forcent l'ennemi à re-…asser la Loire dans le plus grand désordre.

Charles VI était mort, et Henri V, roi d'Angle-…erre, en vertu du traité de Troyes, avait pris le …itre de roi de France. Charles VII, presque ré-…uit à la province de Berry, tâchait de s'opposer …ux Anglais et aux troupes du duc de Bourgogne. …n 1422, il s'empara de La Charité et mit le …iège devant Cosne. Le duc de Betfort avec une …armée anglaise accourt au secours de cette ville. …es deux armées étaient en présence et un com-…at paraissait inévitable; mais Charles VII, de l'avis de ses généraux, ne jugea pas à propos de cou… les risques d'une bataille, pour une ville si peu importante, et il leva le siège.

Les Anglais, enhardis par cette retraite du roi, passent la Loire et poursuivent son arrière-garde. Pour arrêter leurs progrès, le roi ordonne au comte de Boucan, connétable de France, de camper sous les murs de Sancerre avec un corps de Français et d'Écossais, afin de s'opposer aux incursions de l'ennemi et d'en garantir le pays.

Les Anglais s'approchèrent une seconde fois de Sancerre. Les deux armées étaient à peu de distance l'une de l'autre et allaient en venir aux mains, lorsque la nouvelle de la mort de Henri V parvint au camp. A cette nouvelle, les Anglais battirent en retraite ; mais ils furent poursuivis, harcelés, et on leur fit éprouver une perte considérable en tués et prisonniers.

Cependant, toujours maîtres de la rive droite de la Loire et de La Charité, les Anglais menaçaient continuellement le Berry. Il était important de couvrir Bourges, et surtout de prévenir la surprise de Sancerre, dont la position dominait le cours de la Loire. Les habitans ne suffisaient pas à sa défense, et dans tous les cas ne pouvaient s'éloigner de leurs murs ; une garnison devenait nécessaire. Charles VII engagea, en 1424, le comte Beraud à lui confier, pendant la guerre, la ville et le château de Sancerre et les autres places fortes du comté. Beraud s'empressa d'obéir aux ordres de son souverain, qui l'en récompensa généreusement.

Alors le roi plaça des garnisons dans le château de Sancerre, dans ceux de Mont-Faucon, Vailly, Charpignon et Sagonne. Cette sage précaution contint les Anglais, arrêta leurs incursions dans les provinces et mit un terme à leurs déprédations.

MAISON

DE BOURBON-MONTPENSIER.

Béraud III n'eut de son mariage avec Jeanne de La Tour-d'Auvergne qu'une seule fille, portant le même nom que sa mère.

Jeanne, comtesse de Sancerre, avait épousé en 1426 Louis de Bourbon comte de Montpensier; ille mourut à l'âge de vingt-cinq ans sans postérité.

Sa riche succession fut le sujet d'un procès entre les héritiers de cette jeune comtesse. Béraud de La Tour-d'Auvergne et le comte de Montpensier prétendaient que cette succession leur appartenait. D'un autre côté, Robert, évêque d'Alby, et les enfans de Marguerite, qui avait épousé Jean III de Bueil, la revendiquaient. Vous vous rappelez que Robert et Marguerite étaient enfans de Béraud II et de Marguerite, fille de Jean III, comte de Sancerre, et qui, par son mariage avec Béraud avait transporté le comté de Sancerre dans la maison d'Auvergne.

Un arrêt du 17 mai 1454 accorda cette succession aux sires de Bueil et de Saint-Georges, petits-enfans de Marguerite, épouse de Jean de Bueil; et, par le partage qu'ils en firent, le comté de Sancerre échut à Jean IV de Bueil.

MAISON DE BUEIL.

Jean IV de Bueil, surnommé le *Fléau des Anglais*, contribua à chasser ces Insulaires du royaume. Ils fuyaient alors devant nos guerriers, dont une jeune villageoise, Jeanne d'Arc, avait rallumé le courage, et Charles VII avait reçu l'onction sainte et était rentré dans Paris.

Le comte de Sancerre se signala dans l'entreprise contre la Normandie. Il assista aux sièges de Rouen, Bayeux, Caen et Cherbourg. En 1450, il fut nommé gouverneur de cette dernière ville.

Sancerre doit à ce comte la construction des halles et de la boucherie. Ces deux vastes bâtimens étaient situés sur la principale place du marché de cette ville. M. Roy, propriétaire de la terre de Sancerre, avait vendu ces deux édifices à plusieurs particuliers. Les halles, par les soins de M. Meunier, sont devenues une propriété de la ville. Des boutiques remplacent l'ancienne boucherie.

Cette même année 1456, date de la construction des halles, Jean de Bueil augmenta ses domaines en acquérant la seigneurie de Barlieu, et en réunissant au comté de Sancerre, pour être tenues en plein fief de la couronne, les seigneuries de Vailly et Charpignon et les prévôtés du Mèche et Bannerois.

En 1469, le comte de Sancerre fut décoré de
l'Ordre de Saint-Michel, que Louis XI venait d'instituer, et nommé amiral. Il avait mérité cette récompense par ses actions et les services qu'il avait rendus à Charles VII et à son fils.

Antoine de Bueil succéda à son père, et fit hommage, en 1498, du comté de Sancerre au roi Louis XII.

Dès 1466, il avait épousé Jeanne, fille naturelle de Charles VII et d'Agnès Sorel.

Rien d'intéressant pendant sa vie. Un règlement relatif aux boucheries de Sancerre, la concession de quelques arpens de pré aux religieux de Saint-Satur sont des événemens trop peu importans pour nous arrêter.

Il laissa le comté de Sancerre à Jacques de Bueil son fils. Celui-ci fit avec honneur la guerre d'Italie et mourut en 1513.

Il eut trois fils, dont deux furent successivement comtes de Sancerre, et le troisième, François de Bueil, fut élu, malgré l'opposition de François Ier., archevêque de Bourges.

Charles de Bueil, son fils, suivit François Ier. en Italie, se couvrit de gloire, et, combattant à côté de son roi, il trouva un tombeau sur le fameux champ de bataille de Marignan, en 1515.

Il eut pour successeur Jean V, son fils.

Les coutumes de Lorris furent rédigées en 1531; elles étaient la loi civile du comté de Sancerre. Le comte fut représenté à cette rédaction par Claude Arroust, gouverneur et capitaine du comté,

8

et les habitans y comparurent par Romble Clément, l'un des échevins. On peut voir, dans le procès-verbal de rédaction, les protestations et réserves que firent le seigneur et les habitans.

Jean V fut tué au camp d'Hesdin. Il mourut sans postérité, laissant pour héritier Louis de Bueil, son oncle.

Ce comte était grand échanson de France.

Il avait été blessé à la bataille de Marignan près de son frère qui y fut tué. En 1525, il avait éprouvé à la bataille de Pavie le même sort de François I".

Claude Arroust, gouverneur de Sancerre, représenta ce comte à la rédaction de la coutume de Berry en 1539; Noël Benier représenta à la même rédaction les habitans et le clergé de la ville. Ces délégués déclarèrent que la loi civile du Sancerrois était la coutume de Lorris; qu'ils entendaient la conserver, et que leur comparution ne pouvait préjudicier à leurs droits et usages. Les commissaires rejetèrent ces protestations et tentèrent d'assujétir le comté de Sancerre à la coutume de Berry; leurs efforts furent impuissans, ils éprouvèrent la plus vive résistance de la part du seigneur et des habitans. Cette contestation fut terminée par les lettres-patentes de Henri II, du 18 septembre 1557; depuis ce temps, jusqu'à la promulgation du Code Civil, la coutume de Lorris continua d'être la loi générale du pays.

De Thou et Brantôme font le plus bel éloge de Louis de Bueil. Il rendit de grands services aux rois François I"., Henri II, François II et Charles IX.

se trouva à toutes les actions éclatantes de ces règnes. Mais ces faits d'armes appartenant à l'histoire générale du royaume, je m'abstiendrai de vous en faire le détail.

Louis de Bueil mourut en 1565.

JEAN VI DE BUEIL était fort jeune lorsque son père mourut. Jacqueline de la Trimouille, sa mère et sa tutrice, rendit foi et hommage du comté en 1566.

Il se maria en 1582 avec Anne, fille de Guy de Daillon, comte du Lude, et mourut en 1638.

C'est pendant la vie de ce comte qu'eut lieu le siège de Sancerre. Ce serait ici l'instant d'en parler; mais les circonstances qui ont précédé, accompagné et suivi cet événement important sont dignes d'une narration particulière et à laquelle je me livrerai, lorsque j'aurai terminé cette notice sur les comtes de Sancerre.

RENÉ DE BUEIL, son fils, ne fit rien d'important. Cette maison, à la veille de s'éteindre, perdit le comté de Sancerre. Le seigneur Des Fontaines et Jacan, dont j'aurai occasion de vous parler étaient de cette famille.

MAISON
DE BOURBON-CONDÉ.

Les dettes contractées par la maison de Bueil forcèrent le dernier rejeton de cette famille à abandonner aux créanciers le comté de Sancerre. Cette terre fut vendue aux requêtes du palais et adjugée à Henri II de Bourbon, prince de Condé, le 5 mai 1628, pour la somme de trois cent vingt-deux mille livres.

Le comte de Sancerre et les créanciers interjetèrent appel du décret. Un des créanciers offrait de porter cette terre à la somme de huit cent mille livres, et présentait caution solvable. Mais la cour, sans avoir égard à cette enchère, par son arrêt du 5 mai 1640, confirma la vente faite au prince de Condé.

J'aurai occasion de vous parler de ce prince. Il naquit en 1588, fut baptisé dans l'église réformée de Saint-Jean-d'Angely, et son parrain fut Henri IV. Il quitta cette église, et, par une bizarrerie attachée à l'esprit humain, il devint un des plus zélés persécuteurs de ses co-religionnaires. L'histoire impartiale pourra ne point blâmer son changement de religion. Quand un homme a acquis la conviction d'avoir embrassé une erreur, son devoir est de revenir à ce qu'il croit être la vérité;

mais lui pardonnera-t-elle son intolérance? J'en doute. Il avait cependant un beau modèle sous les yeux, l'immortel Henri IV. Lui aussi avait quitté la religion réformée, mais persécuta-t-il ses sujets fidèles, parce que leur croyance religieuse n'était pas la sienne? Non sans doute. Il fit plus, il rendit en leur faveur l'édit de Nantes.

Du reste, ce prince eut toutes les grandes qualités de son illustre maison. Il prit, en exécution de l'arrêt, possession du comté de Sancerre en l'année 1641.

Louis de Bourbon, le Grand Condé, succéda à son père en 1646, et posséda le comté de Sancerre. Vous connaissez les grandes actions qui ont immortalisé ce prince.

Après lui le comté de Sancerre passa successivement :

A Henri-Jules de Bourbon-Condé.

A Louis de Bourbon-Condé.

A autre Louis de Bourbon-Condé.

Enfin à Louise-Elisabeth de Bourbon-Condé, princesse de Conty.

La mémoire de cette princesse est toujours chère aux habitans de cette ville ; le souvenir des actes de bienfaisance ne se perd jamais. En 1770, la famine nous pressait, la comtesse de Sancerre fit passer des sommes considérables, et adoucit les horreurs de la disette. Toute sa vie ne fut qu'une série continuelle d'actions de bienfaisance et de charité. Elle mourut en 1775, et sa générosité se perpétua, pour ainsi dire, au-delà du trépas; en mourant, elle légua aux pauvres de cette ville une somme de quatre mille francs.

En 1777, M. LE COMTE D'ESPAGNAC fit l'acquisition du comté de Sancerre.

Le comte d'Espagnac céda au roi, par échange, en 1785, la terre de Sancerre.

En 1791, l'Assemblée Constituante annula cet échange, et M. d'Espagnac, étant rentré dans ses droits, en fit, en 1794, la cession à M. ROY, pair de France.

Nous avons vu la maison de Sancerre jouir sous Étienne I*er*. et ses successeurs des prérogatives de la souveraineté. L'histoire de Sancerre présente alors un intérêt local et digne de l'observateur. Mais la puissance féodale diminue, l'autorité royale reprend la force qu'elle n'eut jamais dû perdre, la maison de Sancerre s'éteint, et des familles étrangères et plus puissantes lui succèdent. Nous avons vu le comté de Sancerre perdre peu à peu son antique splendeur et enfin devenir une propriété privée. Il n'eût plus été question de cette ville et la mémoire de son ancien lustre se serait perdue, comme celle d'une foule d'autres petites souverainetés, sans les événemens extraordinaires qui ont eu lieu dans son enceinte, et qui porteront son nom à la postérité la plus reculée.

M. Poupard, dans son Histoire, a cru nécessaire d'insérer d'assez longs détails relatifs à des familles sancerroises; ces détails pouvaient offrir quelqu'intérêt au moment où il écrivait ; aujourd'hui aucune de ces familles n'existe, leurs noms mêmes commencent à tomber dans l'oubli.

Cependant dans ces familles estimables quelques hommes ont honoré le pays qui les a vu naître, et je dois par conséquent vous les faire connaître.

David Perrinet, conseiller du prince de Condé, chevin, signa avec ce prince, au nom des habitans de Sancerre, la capitulation du 29 mai 1621. Il est auteur d'un Traité de Morale, intitulé *Raississement de l'Ame*, imprimé à Bourges en 1620.

Jean-Charles Perrinet d'Orval, arrière-petit-fils de David Perrinet, capitoul de Toulouse, écrit différens ouvrages sur la *Pyrotechnie*.

François-Marie Desbans était bailli du comté de Sancerre. Ce magistrat fut honoré de la confiance particulière de la princesse de Conty. Il a laissé dans ce pays une telle réputation de sagesse, de bienfaisance et de probité, que je n'ai pas cru devoir le passer sous silence.

Son frère, *Edme-Louis Desbans*, capitaine de cavalerie, est auteur d'une Description en vers des fontaines de Nîmes, de Montpellier et de Vaucluse.

Mais le citoyen qui, après le connétable de Sancerre, honora le plus notre pays est le célèbre de La Thaumassière.

Gaspard-Thaumas de La Thaumassière naquit à Sancerre, dans la maison de M. Macnab, place de la Paneterie. Il montra de bonne heure un goût décidé pour l'étude, et il y fit des progrès rapides. Il fut avocat et agrégé dans l'Université de Bourges. Les lois, les coutumes et les usages de la province fixèrent particulièrement son attention, et peu de personnes les connurent mieux que lui. Ses principaux ouvrages sont ses Commentaires sur les Coutumes du Berry, et l'Histoire de ce duché. Ce dernier ouvrage a nécessité de grandes recherches : c'est le nobiliaire complet de toute la province. En général, ses ouvrages annoncent des connaissances approfondies, une érudition rare et une lecture immense. Je ne parlerai point des défauts qu'on lui reproche; on n'aperçoit que trop en le lisant qu'il n'était point de l'école des Bossuet et des Fénélon. Il était entiché de la noblesse et des titres de sa famille, et sa vanité à cet égard excite quelquefois le sourire; mais l'historien et le jurisconsulte font bientôt oublier ces légers défauts.

Poupard, natif de Levroux, prit possession de la cure de Sancerre en 1763. Ce ministre respectable par sa tolérance évangélique, prêcha pendant cinquante ans la concorde et la paix, et sut maintenir l'union entre les Catholiques et les Réformés. Il est auteur d'une Histoire de la ville de Sancerre, imprimée à Paris, en 1777. Vous pourrez juger du mérite de cet ouvrage, qui commence à devenir rare. Peut-être désirerez-vous la suppression de faits peu importans, de circonstances peu dignes de l'histoire, et d'autres sur lesquelles il n'a pas porté un jugement aussi imrtial qu'on pourrait le souhaiter ; peut-être y marquerez-vous des animadvertances, des erurs ; quelle est l'œuvre humaine qui en soit empte ?

Demain, ajouta l'habitant de Sancerre, le urnal de Jean de Leri à la main, sur la base de tour Ovale, ayant sous les yeux les positions êmes, nous parcourrons les circonstances du ège mémorable qu'a soutenu notre ville.

SIÈGE DE SANCERRE.

ÉVÉNEMENS

QUI ONT PRÉCÉDÉ CE SIÉGE.

Je fus exact au rendez-vous. Les premiers chants des oiseaux saluaient l'astre du jour. Ce père de lumière, ce vivificateur universel s'élevait majestueusement au-dessus des coteaux de la Nièvre. L'herbe étincelait des perles de la rosée. L'air retentissait des cris des vignerons qui allaient à leurs travaux et de ceux des animaux que l'on conduisait aux pâturages. L'empire du sommeil et du repos avait cessé.

Assis sur la pointe du rocher qui servait jadis de fondement à la tour Ovale du château, mes yeux erraient sur les eaux, le bois et le vignoble qui entourent le château de l'Étang, propriété de M. Hyde de Neuville, et sur le cours de la Vauvise, qui serpente au travers des prairies alors fleuries de Guénetin, de S^{te}.-Marie et des Eaux-Belles et va se perdre dans le vaste bassin de la Loire. Des flottes nombreuses remontaient ce fleuve, et leurs voiles blanches se dessinaient agréablement au milieu des îles vertes et boisées dont son lit est parsemé. Quelle scène de vie et de mouvement!

Ces beaux lieux, me dit l'habitant de Sancerre, cette contrée si bien cultivée, n'ont pas toujours été aussi paisibles : les ruines qui nous entourent vous l'attestent. Les échos de nos montagnes ont répété l'horrible détonation des machines de guerre et les cris de fureur des combattans. Vous croyez peut-être qu'un étranger féroce lançait le fer et le feu sur nos maisons, et, le glaive à la main, escaladait nos murailles ? Non, c'étaient des Français acharnés les uns contre les autres ; et ce qui était le plus déplorable, la religion seule les rendait ennemis. Vous connaissez notre petite ville : les habitans, quoique divisés par leurs opinions religieuses ne forment pour ainsi dire qu'une seule famille ; les querelles et les procès y sont rares ; les citoyens sont en général bons, humains, bienfaisans, soumis aux lois, attachés à leur patrie et à leur roi. — Quelle cause les armait donc les uns contre les autres, ou les portait à résister à l'autorité légitime? — L'intolérance. — Et quelle est maintenant la cause de l'union, de la concorde admirable qui règnent entre des hommes dont l'opinion religieuse est différente ? — La liberté.

Deux Picards ont ébranlé l'Europe. A la voix de Pierre l'ermite, retraçant au milieu du concile de Clermont les malheurs de l'église chrétienne, vexée et opprimée dans les lieux saints, par les

Musulmans, le feu des Croisades s'alluma. Vous connaissez le résultat.

Calvin, peut-être aussi fanatique, aussi ardent, aussi intrépide que son compatriote, mais plus instruit, plus profond, osa s'élever contre la cour de Rome, entreprit de réformer l'Église et ébranla le trône pontifical.

Je ne puis omettre ces grands événemens, ils ont trop intimement liés à notre histoire. Je vais les examiner avec la plus sévère impartialité.

Léon X régnait dans Rome, et pendant son pontificat les beaux arts donnèrent à l'église chrétienne une pompe et un éclat bien différens de sa primitive humilité. Les monastères et en général le clergé jouissaient d'une telle opulence, que la discipline et les mœurs s'en ressentirent. Léon voulut achever ce monument, que Jules II son prédécesseur avait commencé, l'incomparable église de Saint-Pierre de Rome. Ses revenus, les dons de toute la chrétienté ne suffirent pas aux dépenses que nécessitait ce fastueux édifice. Il fallut avoir recours à un moyen extraordinaire, la distribution et la vente des Indulgences, au risque de corrompre la morale et de favoriser le crime par l'assurance du pardon céleste.

Cette vente fut confiée aux Dominicains et eut lieu dans toute l'Europe. La préférence donnée à ces religieux excita la jalousie des Augustins. Ceux-ci chargèrent Luther, un de leurs confrères, de prêcher contre le trafic des Indulgences. Telle fut l'origine apparente de cette grande révolution dans la religion chrétienne, et dans le système politique de l'Europe.

Je dis l'origine apparente, car les matériaux de cette révolution étaient accumulés depuis longtemps. On ne peut disconvenir qu'alors la religion chrétienne ne fût un peu éloignée de la simplicité des temps apostoliques et des premiers siècles qui suivirent l'ascension du Rédempteur des hommes.

Les prétentions subversives des droits des souverains, manifestées par les Grégoire VII, Innocent III, Boniface VIII et autres papes, et même plusieurs fois réalisées, devaient nécessairement alarmer les rois chrétiens. Le fréquent et abusif emploi des excommunications devait exciter le désir ou de le voir cesser ou d'en paralyser les effets. La royauté est comme un soleil au centre de son tourbillon : si comme cet astre elle dispense la lumière et la chaleur, comme lui elle ne peut avoir dans sa sphère ni rivale ni supérieure. Un souverain cesserait de l'être, si la stabilité de son trône ou sa légitimité dépendait de la parole d'un prêtre.

L'histoire conservait la mémoire des malheurs des comtes de Toulouse, de cet infortuné empereur, Henri IV, si indignement traité à Canosse. On n'avait pas oublié cette étrange bulle, par laquelle Innocent III déliait les sujets de Jean Sans-Terre du serment de fidélité ; la conduite de Clément IV envers le jeune Conradin, et les querelles de Boniface avec Philippe-le-Bel.

Les couvens s'étaient multipliés au-delà de toute
roportion avec la population. L'indolence et les
chesses des moines contrastaient singulièrement
vec la misère profonde du peuple.

Pendant cinq cents ans, les guerres des Guelfes
t des Gibelins, et les querelles de l'empire et du
cerdoce avaient inondé de sang l'Italie et l'Al-
magne. Un tribunal terrible, celui de l'inquisi-
on, avait organisé un système permanent de
ersécution et de violence.

L'ignorance était à son comble; les supersti-
ions les plus étranges abrutissaient l'esprit du peu-
le; et, ce qu'il y avait de plus déplorable, les
bjets sacrés de la religion étaient assimilés à une
archandise que l'on vendait.

D'un autre côté, la prise de Constantinople,
n faisant refluer les savans de la Grèce en Italie,
vait ranimé le goût de l'étude; la découverte de
'imprimerie rendait plus communs les livres et
ropageait l'instruction et les lumières. La lecture
es saintes écritures amenait nécessairement la
omparaison des premiers temps de l'Église avec
e siècle actuel, et cette comparaison ne lui était
oint favorable.

On reconnaissait partout la nécessité d'une ré-
orme dans l'église, et partout les souverains
omme les peuples la désiraient. Dès-lors un cer-
ain malaise, un murmure sourd, une divergence
ntre l'opinion publique actuelle et le système
u'on persistait à suivre, signes précurseurs des
cousses.

Il en est du monde moral, politique et religieux comme du corps humain. Lorsque dans celui-ci les humeurs prédominent, peu à peu le sang s'altère, se détériore et enfin survient la fièvre qui le guérit ou le tue. De même, dans le monde politique ou religieux, lorsque les abus ont anéanti les sages et anciennes institutions, lorsqu'il n'existe plus de règles fixes et certaines, que tout dépend des caprices de l'arbitraire, peu à peu le mal s'invétère, les crises se succèdent, et enfin arrive une révolution qui rétablit l'ordre ou le détruit en produisant l'anarchie.

En 1517, Luther prêcha donc contre le trafic des Indulgences. Le mal n'était pas sans remède. Il ne tenait qu'à Léon X d'arrêter cette vente, et le scandale de ce trafic eût cessé sur-le-champ. Si Luther avait attaqué le droit, il fallait lui opposer la réponse des théologiens, et la querelle eût dégénéré en question théologique; elle n'eût eu aucune suite, parce qu'on est bientôt las de discussions abstraites, et l'église chrétienne n'eût point été déchirée.

Léon excommunia Luther et le feu fut attisé. Luther, soutenu par plusieurs souverains d'Allemagne, alla plus loin qu'il ne voulut peut-être; il osa attaquer les dogmes de l'église catholique, et la moitié de l'Europe se sépara de la communion de Rome.

Les nouvelles doctrines furent accueillies en France et pénétrèrent jusqu'à la cour. Marguerite, reine de Navarre, contribua à leur propagation.

…es parlemens, les universités et particulièrement celle de Bourges, étaient remplis de partisans secrets de la réforme.

Jean Calvin suivait alors (1529) les cours de université de Bourges, et particulièrement le [c]ours de droit du docteur Alciat. Un professeur [d]e langue grecque, Melchior Volmar, remarquant [le]s dispositions heureuses de ce jeune enthousiaste, le prit en amitié. Partisan du Luthéra[n]isme, il enseigna à son élève les principes du [r]éformateur allemand.

Plus rigide, plus sévère encore, Calvin adopta [le]s croyances des Vaudois, jusqu'alors habitans [in]connus des vallées de la Provence. Ces hommes [s]imples ignoraient qu'il y eût un pape, ne con[n]aissaient ni la messe, ni aucune hyérarchie dans [le] clergé, et croyaient servir Dieu suivant les [p]rincipes de l'Évangile. Calvin osa prêcher ces [d]octrines, d'abord dans le Berry, ensuite à Paris [e]t fixa son séjour à Genève, qui fut regardée [c]omme la capitale de l'église réformée.

M. Poupard et plusieurs autres auteurs attri[b]uent les progrès des réformateurs à la suppres[s]ion de pratiques gênantes et onéreuses. C'est une [e]rreur que démentent l'histoire et les monumens [l]es plus authentiques. Il est incontestable que les [m]œurs de ces novateurs furent austères et même [f]arouches. Leurs discours portent l'empreinte de [l]a sévérité la plus excessive. Les disciplines des [é]glises réformées sont un code de Trapistes. Elles [d]éfendent les bals, les spectacles et tous les divertissemens mondains : elles recommandent l'observation scrupuleuse du dimanche et des jours de jeûne. Les réformateurs permirent, il est vrai, le mariage des ministres; ils le crurent autorisé par les décisions des apôtres. Les vraies causes de la réformation et de ses progrès nous les avons indiquées; elles existaient depuis plusieurs siècles: c'étaient les prétentions de la cour de Rome, le joug qu'elle voulait imposer aux rois, les abus nombreux introduits dans l'Église.

Mais une des grandes causes des progrès de la réforme fut la persécution.

On ne lit qu'avec horreur le récit des supplices affreux infligés aux sectaires, pendant les règnes de François I"., et de Henri II, et des massacres des habitans de Chabrières et de Mérindol. Les Réformés persécutés se crurent des martyrs et en eurent la constance et l'héroïsme. La cendre des bûchers multiplia les prosélytes. La tolérance les eût peut-être ramenés dans le sein de l'Église, la persécution les en écarta pour toujours.

Consultez l'histoire et vous verrez que telle a toujours été le résultat de cette mesure injuste, impolitique et impie.

Je dis cette mesure injuste et impolitique. La conscience de l'homme est un asile sacré, et son opinion une propriété inviolable. S'il dogmatise, laissez-le dogmatiser à son aise; que des théologiens lui répondent, et tout dégénérera en une controverse qu'on se lassera bientôt de lire. S'il veut se séparer du culte établi, pourquoi vouriez-vous le forcer à y rentrer? Laissez-le libre, [l]ui ou ses enfans se réuniront aux pratiques [c]ommunes.

Je dis cette mesure impie et j'appelle l'intolé[r]ance une impiété. En effet, suivant le principe [d]e Gamaliel, ou la nouvelle doctrine est divine [o]u elle ne l'est pas. Si elle ne vient point de Dieu, [p]ourquoi poursuivez-vous ce qu'il souffre et to[lè]re? Ce Père de tous les hommes ne fait-il pas [le]ver son soleil sur le Musulman, ennemi des [C]hrétiens, sur l'Indou, prosterné dans sa pagode, [le] Nègre, devant sa fétiche, et le sauvage habitant [d]u désert? Si Dieu, qui d'un souffle peut les ex[te]rminer, non-seulement les tolère, mais même [le]ur prodigue les richesses de la nature, de quel [d]roit les persécuteriez-vous, parce qu'ils n'ont pas [la] même croyance que vous? Et, si la nouvelle [d]octrine est divine, ne faites-vous pas, en la [p]ersécutant, la guerre à Dieu?

Ainsi en laissant libres ces opinions, on n'avait [r]ien à craindre. En les persécutant on les rendait [i]mportantes, on les propageait. Aussi, malgré les [e]ffroyables supplices infligés aux Réformés, leur [n]ombre augmenta. Les doctrines nouvelles eurent [d]e nombreux partisans dans toute la province de [B]erry, où la reine Marguerite les protégeait. Cal[v]in peut être considéré comme le fondateur im[m]édiat des deux communions réformées d'Asnière [p]rès de Bourges et de Sancerre, qui se sont con[se]rvées jusqu'à ce jour.

En 1548, le nombre des Réformés était si considérable dans notre ville qu'ils s'emparèrent de l'église de Saint-Jean et y établirent leur culte. Du reste, ils respectèrent le culte ancien, laissèrent tranquilles les ecclésiastiques catholiques, et les deux cultes eurent lieu simultanément dans Sancerre. Cet état de paix et de tranquillité dura treize ans.

Pendant que notre ville, presqu'oubliée, jouissait de cet état heureux, les feux de la persécution étaient partout allumés; mais plus on usait de rigueur, plus on enflammait le fanatisme, plus le nombre des sectaires augmentait. Les Réformés étaient assez nombreux pour se défendre, il ne leur fallait que des chefs et bientôt ils en trouvèrent. La politique allait exploiter à son profit leur zèle métamorphosé en fureur par les violences qu'on exerçait contre eux.

Sur la fin du règne de Henri II, lorsque les guerres d'Italie furent terminées, les grands, qui n'étaient plus employés à l'extérieur devinrent remuans et factieux dans l'intérieur; la fortune des Guises choqua leur ambition et excita leur jalousie. La défense de Metz, la prise de Calais, ses qualités personnelles avaient rendu François duc de Guise l'idole de la nation. Il jouissait, ainsi que son frère et leurs partisans, de la bienveillance exclusive du roi; dispensatrice des honneurs, de la fortune, des dignités, cette famille par le fait avait en main l'autorité royale. Le prince de Condé, non moins remarquable par ses qualités que par son ambition, l'amiral Coligny, Cha-

lon, plusieurs autres seigneurs puissans avaient
embrassé les nouvelles doctrines, par cela même
peut-être que les Guises se montraient défenseurs
des doctrines catholiques. La France était sur un
volcan.

Henri II pouvait encore tout calmer. La raison
et la politique indiquaient le parti qu'il fallait
prendre, c'était d'établir pleinement et sincèrement la liberté des cultes. Charles-Quint avait pris
ce parti pour l'Allemagne et l'Allemagne était tranquille. Depuis, Henri IV rendit l'édit de Nantes, et
pendant son règne la France fut paisible. Loin de
suivre ce sage parti, on prit au contraire la résolution barbare et insensée de redoubler la persécution contre les Réformés ; l'édit d'Ecouens, de
559, les condamna à mort.

Henri II survécut peu de jours à cet édit, et
François II son fils lui succéda. Ce jeune prince,
faible, valétudinaire, époux de Marie Stuart,
nièce des Guises, laissa entre leurs mains l'administration des affaires. Le système de persécution
continua. En 1560, une des victimes, Anne Du-
bourg, conseiller au parlement de Paris, fut pendu
à la Grève pour raison de ses opinions religieuses.
Les Réformés, soutenus par le prince de Condé,
le rival des Guises, et l'amiral Coligny, songèrent
enfin à se défendre. En 1560, il forment le hardi
projet de surprendre la cour à Amboise. Le but de
cette entreprise était de délivrer le roi de la tutelle
tyrannique des Guises et de chasser de l'administration des affaires cette famille ambitieuse ; ce

projet échoua. Les Guises, attribuant la haine que les Réformés leur portaient à leur attachement à la religion catholique, virent augmenter leur puissance : François duc de Guise fut nommé lieutenant-général du royaume

La découverte de la conspiration d'Amboise fut le signal de nouvelles persécutions; le prince de Condé fut arrêté et condamné à mort et le décès seul du roi le sauva. Les Réformés, poursuivis, assaillis de toutes parts, cherchèrent des lieux de retraite et se réfugièrent dans les villes fortes, où leurs co-religionnaires s'empressèrent de les accueillir.

En 1561, la ville de Sancerre était remplie de ces réfugiés. Parmi eux se trouvait un seigneur picard appelé de Mouchy, la persécution l'avait forcé de fuir de sa province; mais il avait été témoin des désastres de sa famille et de ses compatriotes. La cruauté des persécuteurs avait allumé en lui une haine implacable, et les Catholiques lui étaient en horreur. « J'ai vu, s'écriait-il dans
» les rues de cette ville, j'ai vu mes parens, mes
» amis, mes serviteurs livrés à d'affreux supplices,
» torturés, brulés à petit feu. Quels crimes avaient-
» ils commis? N'étaient-ils point des sujets du roi
» aussi fidèles que les Catholiques? Quelle con-
» fiance pouvez-vous avoir en des tigres qui n'at-
» tendent qu'un moment favorable pour répandre
» votre sang. Chassez, chassez ces barbares. »

Ces vociférations fanatiques ne produisirent que trop d'effet; les Sancerrois, égarés par ce forcené, vinrent eux-mêmes des persécuteurs. L'histoire leur reproche point d'avoir commis des excès [sur] les personnes. Mais, guidés par de Mouchy, ils [ab]olissent entièrement le culte catholique dans [la] ville. Ils détruisent de fond en comble l'an[ci]enne église paroissiale de Notre-Dame, proche [de] Saint-Romble, les chapelles de Saint-Romble, [de] la Maladrerie, de Saint-Denis, de Saint-André, [les] églises de Saint-Père-la-None et de Saint-Mar[ti]n. Ils chassent les chanoines de Saint-Père et [les] bénédictins de Saint-Martin. Dix-sept ecclé[si]astiques bannis se réfugièrent à Bourges. Un [se]ul prêtre resta à Sancerre et donna aux Réfor[m]és les titres des biens de l'église qu'ils brûlèrent. [T]el était le fruit des haines religieuses, et la France [al]ors en faisait un épouvantable essai. Les San[ce]rrois descendent la montagne et commettent les [m]êmes excès à Saint-Satur et dans les communes [e]nvironnantes. Ils ne conservèrent à Sancerre que [l']église de Saint-Jean, dans laquelle ils célébraient [le]ur culte depuis 1548.

François II avait fermé les yeux à la lumière et [la]issé le trône à Charles IX son frère. La reine [m]ère, Catherine de Médicis, à la suite des États-[g]énéraux tenus à Orléans, était à la tête du gou[v]ernement. Elle imagina un système de bascule [p]olitique qui consistait à balancer un parti par un [a]utre ou plutôt à détruire l'un par l'autre. Elle se [m]éfiait également des Guises et du prince de Condé [e]t de l'amiral Coligny. En écrasant le parti pro[t]estant, elle craignait d'être dominée par le parti des Guises. Il fallait terrasser l'un et l'autre parti en proclamant sincèrement la liberté des cultes. Elle ne prit que des mesures équivoques qui causèrent les effroyables catastrophes de ce règne.

Cependant la révolte était partout : un grand nombre de villes fortifiées s'étaient soustraites à l'obéissance du roi. Pour rétablir s'il était possible l'ordre, Charles IX, par son édit du mois de janvier 1562, accorda aux Réformés la permission d'avoir des temples hors des villes, et leur ordonna de rendre les églises et les biens dont ils s'étaient emparés.

Cet édit rétablit momentanément la tranquillité, et l'on avait dès-lors la preuve que le vrai moyen de ramener la paix et d'anéantir les factions c'était la liberté des cultes.

Observons que les habitans de Sancerre n'exécutèrent point l'édit. Ils conservèrent l'église de Saint-Jean et ne rendirent point les biens de la cure et de la fabrique dont ils s'étaient emparés. Il est probable que le petit nombre de Catholiques restés à Sancerre n'en réclama point l'exécution. Il est possible, comme le prétend M. Poupard, que, « ne reconnaissant le roi pour leur souverain
» et les comtes de Bueil pour leurs seigneurs que
» pour la forme, ils voulaient se gouverner selon
» les vues des habitans de La Rochelle et autres
» villes occupées par les Réformés qui résistaient
» aux ordres de la cour. » Et en effet nous verrons bientôt Sancerre agir comme une république ou un état indépendant.

Un événement imprévu troubla la paix. Le 1er. mars 1562, le duc de Guise revenait à la cour, accompagné d'une escorte nombreuse, en passant à Vassy, petite ville de Champagne, ses valets insultent les Réformés, occupés à célébrer leur culte ; des injures on en vient aux coups, l'escorte armée fond sur la foule : le massacre fut général : hommes, femmes, enfans, vieillards, tous succombèrent, personne ne fut épargné.

Le bruit de ce massacre, dont la cause fut volontaire ou involontaire, mais qui fut opéré par l'escorte du duc de Guise, retentit dans toute la France. Partout les Réformés prennent les armes ; partout la guerre civile éclate. Les édits favorables aux Réformés sont révoqués. Toutes les horreurs qui les avaient précédé se renouvellent avec des actes de cruauté qui font frémir, et dont seul est capable le fanatisme religieux.

Les Réformés s'emparent dans nos provinces de Bourges, Nevers, Entrains, La Charité-sur-Loire, Cosne, Neuvy, Bonny, Châtillon et Gien. Ces places ne restèrent pas long-temps en leur possession, l'armée du roi les reprit.

La ville de Sancerre seule ne fut point inquiétée. Sa position la mettait à l'abri d'un coup de main, et il fallait un siège pour la réduire.

Pour arrêter le cours de tant de calamités, le roi rendit, le 19 mars 1563, un second édit de pacification.

Le premier édit permettait aux Réformés d'avoir des temples hors des villes, celui-ci étendit cette faveur à l'intérieur des cités qu'ils occupaient avant le 7 mars : il ordonnait l'exécution du premier édit, quant à la restitution des biens de l'Église, et proclamait une amnistie entière. Cet édit rendait excusable la conduite des Sancerrois, qui, contre la teneur du premier, avaient maintenu l'exercice public de leur culte dans la ville ; mais ils ne mirent point à exécution ces deux édits en ce qui concernait la restitution des biens ecclésiastiques et le désarmement. Ils conservèrent la possession de ces biens et continuèrent à fortifier leur ville.

Cet édit aurait dû ramener les esprits à des sentimens d'union et de concorde ; mais le désir de la pacification n'existait que dans l'édit : la défiance était dans tous les cœurs. Si l'on consulte les mémoires du temps, on voit d'un côté que les Réformés se plaignent que les gouverneurs des provinces violent les dispositions de l'édit ; que, loin de les protéger, d'assurer le libre exercice de leur religion, ils saisissent toutes les occasions de les vexer ; que tantôt on leur ôte une liberté, tantôt une autre ; que les remontrances qu'ils font à la cour contre ces actes d'oppression restent sans réponse et sans effet ; que la cour, loin de réprimer la conduite de ces intendans et gouverneurs, semble au contraire l'approuver. « On » avait, dit Pasquier, plus ôté aux Huguenots, par » les édits pendant la paix, que par la force pen- » dant la guerre. »

De son côté, dit l'historien de Thou, Catherine

e Médicis se plaignait que les Calvinistes ne mplissaient pas les clauses de l'édit; qu'ils ne oulaient point recevoir les gouverneurs que le roi nvoyait dans les places de Montauban, La Rochelle, Sancerre et autres villes dont ils étaient n possession; que, loin de songer à remettre ces illes sous l'autorité du roi, ils continuaient à les rtifier.

Toutes ces circonstances prouvent qu'on n'était oint de bonne foi; que toutes ces apparences de acification couvraient une machination perfide. 'événement de la Saint-Barthélemy démontra ue la défiance des Réformés n'était point sans 1otifs.

Dès 1565, la guerre civile avait recommencé.

En 1567, le prince de Condé avait tenté d'enever le roi à Monceaux. Le connétable Anne de lontmorency, chef de l'armée Royale, avait terminé sa carrière à la bataille de Saint-Denis.

Une troisième paix fut conclue en 1568 à Longumeau, on l'appela la *petite paix;* elle ne dura ue six mois.

Au mois d'août de cette année, le prince de ondé, chef du parti Protestant, après la conlusion de la paix, s'était retiré à Noyers, une de es terres en Bourgogne, « où il ne songeait, dit Maimbourg, qu'à vivre en repos, et à jouir des plaisirs innocens de la campagne. » De son côté, 'amiral Coligny était allé passer l'été à Tanlay, hâteau de son frère. Tavanes est détaché secrètement avec quelques compagnies de cavalerie pour les surprendre et les enlever. Avertis à temps, le prince et l'amiral se sauvent et gagnent La Rochelle. Dans sa fuite, le prince passe la Loire à un gué près de Sancerre, et il avertit les habitans de se tenir sur leurs gardes et de fortifier leur ville.

Ce n'était pas sans fondement qu'il leur donnait cet avis et qu'ils le suivirent. Le gouverneur de Bourges avait résolu de soumettre Sancerre. À cet effet, un corps de soldats, avec quelques pièces de canon, vinrent camper à Chavignol. À cette nouvelle, les Sancerrois prennent les armes et attaquent ces troupes avec une telle impétuosité qu'elles sont mises en déroute. Un grand nombre demeura sur la place et le reste effrayé regagna Bourges en toute hâte.

Le gouverneur de Bourges, auteur de cette entreprise, et les autres gouverneurs des lieux voisins, ne cessaient de représenter à la cour combien il était dangereux de laisser au centre du royaume une ville fortifiée et dont les habitans étaient presqu'indépendans; que cette ville servait de refuge et d'asile à tous les Protestans des environs; que tant qu'elle serait entre leurs mains on chercherait vainement à extirper l'hérésie; que cette ville, située sur une montagne au bord de la Loire, les rendait maîtres du cours de ce fleuve; qu'on pouvait la regarder comme la clef du Berry, et que, cette forteresse n'étant point sous l'obéissance du roi, il leur était impossible de répondre de la sûreté de la province.

Si les édits de pacification eussent été exécutés e bonne foi, ces raisons étaient sans réplique, et était inouï qu'une ville fortifiée et placée au entre de la France, eût été hors de l'obéissance u roi. Nous avons vu que des deux côtés on se laignait réciproquement de la violation des édits, t que la défiance était dans tous les esprits. Il urait fallu attaquer Sancerre de vive force, mais 'était jeter l'alarme dans le parti et engager les hefs à recommencer la guerre. Pour parer à ces in- onvéniens et arriver au même but, on eut recours un moyen terme. On ordonna aux habitans de ette ville de recevoir garnison. Ils éludèrent cet rdre, dont ils sentirent les conséquences. Ils re- présentèrent qu'ils étaient extrêmement pauvres et hors d'état de nourrir une garnison; que du reste, étant éloignés des grandes routes, ils suffi- saient à la défense de leur ville, et que le roi pou- ait compter sur leur loyauté pour la conservation de la place. Alors on leur proposa de démolir les fortifications, mais ils éludèrent encore cette pro- position, en répondant qu'ils ne pouvaient le faire sans l'agrément des comtes de Bueil leurs sei- gneurs. Dans la réalité, les Sancerrois, prévoyant que la paix ne serait pas de longue durée, ne cherchaient que des retards; et la guerre civile ayant éclaté de nouveau ils restèrent possesseurs de la ville.

Les Sancerrois avaient donc repoussé l'attaque du gouverneur de Bourges. Celui-ci, outré de la défaite de ses troupes, ne cessait de renouveler ses instances et ses représentations à la cour. On résolut enfin de soumettre cette ville et le siège en fut ordonné.

On croyait, et avec fondement, que cette petite place, quoique forte par sa position et par ses murailles, mais qui n'était armée d'aucun canon, n'opposerait pas une grande résistance, et que, lorsque le canon aurait pratiqué une brèche dans ses remparts, les habitans craindraient de s'exposer à un assaut et capituleraient. On ne calculait point tout ce dont est capable le courage animé par le fanatisme religieux.

Deux hommes contribuèrent surtout à la résistance des Sancerrois, dans le premier et dans le second sièges : André Johanneau et le capitaine La Fleur. Il est nécessaire que vous connaissiez ces deux hommes.

Johanneau était natif de Sancerre. Il est probable qu'en suivant les cours de l'université de Bourges, il connut Calvin et adopta ses opinions religieuses. Revenu dans ses foyers, il se fit bientôt remarquer par ses connaissances en droit. Il s'exprimait avec grâce et avec éloquence. Son extérieur grave, sa conduite austère, comme celle des premiers Réformés, en imposaient à la multitude. Son sang-froid était imperturbable, sa présence d'esprit merveilleuse et son courage inébranlable. Dans le conseil, il était difficile de résister à la force et à l'énergie de son raisonnement. Il saisissait sur-le-champ avec une sagacité admirable le point de la question qu'on discutait sur laquelle il fallait délibérer. Ces éminentes qualités lui acquirent l'estime et la confiance de tous les habitans, sur lesquels il conserva jusqu'à la fin de sa vie la plus grande autorité. Aussi, dans les deux sièges, fut-il nommé à l'unanimité gouverneur de la ville, et l'expérience prouva qu'il en était digne; quelques défauts cependant paraissent comme de légers nuages entre ces qualités. Trop entier dans son opinion, il supportait difficilement la contradiction, et ne faisait pas assez de cas de l'avis des autres. Quoique saisissant avec promptitude l'utilité d'une mesure, il n'apportait plus la même vivacité dans l'exécution. Il traitait les affaires de la guerre comme une procédure, et il discutait ou délibérait, lorsqu'il fallait agir. « Aussi, pour me servir des expressions de Jean de Leri, les capitaines lui disoient-ils souvent que Mars ne se manioit pas à la façon de Barthole. » J'aurai occasion de vous parler des actions et de la mort tragique de cet homme célèbre, et dont la mémoire durera autant que celle du siège de cette ville.

Je n'ai pu découvrir si le capitaine *La Fleur* était originaire de Sancerre. Cet homme n'avait pas toujours été militaire, et il est probable qu'il ne prit les armes qu'à l'époque des guerres religieuses. On ne peut lui refuser les talens du guerrier, et il ne lui a peut-être manqué qu'un plus grand théâtre pour développer ses moyens et être compté au nombre des grands capitaines de ce temps. Il était également propre au service de la

cavalerie et à celui de l'infanterie. Rien n'égalait son courage et son sang-froid pendant l'action. Infatigable, il était jour et nuit sur pieds. Habile à soutenir et à repousser les assauts, il ne l'était pas moins à harceler l'ennemi par des sorties ou à prévoir et déjouer ses desseins. Il savait entretenir l'ordre et la discipline, si nécessaires dans la troupe. Il ne trouva pas la mort ni sur la brèche, ni sur le champ de bataille ; le destin lui réservait une fin plus malheureuse. Député en Languedoc, pour y demander des secours, il fut arrêté et conduit au quartier de M. de La Châtre. Mené ensuite à Bourges, il fut, par ordre du lieutenant-criminel, Antoine Fradet, torturé, étranglé et jeté encore palpitant dans une fosse aux prés Fichaux. « N'ont pas acquis, dit Jean de
» Leri, grand honneur ceux qui le cognoissant
» tel et si brave soldat l'ont faict traitter et mou-
» rir de cette façon. »

Le siège de Sancerre ayant été résolu, dans les premiers jours de janvier 1569, les ordres de soumettre cette ville sont donnés au comte Sciarra Martinengo, noble vénitien, commandant à Gien les troupes du roi, à François Balzac d'Entragues, gouverneur d'Orléans et à Claude de La Châtre, gouverneur du Berry. Martinengo devait commander le siège.

Ces trois seigneurs s'empressent d'exécuter les ordres qui leur sont donnés. Ils concertent leur plan d'attaque, et jugeant à propos de profiter de l'absence d'un gentilhomme protestant, nommé d'Aventigny, dont ils redoutaient les talens, affectionné aux Sancerrois, qui avaient en lui la plus grande confiance, ils réunissent leurs troupes et s'avancent sur Sancerre par la route de Bourges avec huit pièces de canon, trois mille hommes d'infanterie et quelques compagnies de cavalerie. Ils établissent leur camp sur ce plateau situé à l'ouest, au bas de la montagne, au-delà du champ Saint-Ladre, en face de cette partie de la ville entre la porte Vieille et la porte Serrure, actuellement connue sous le nom de *Rempart des âmes*.

De leur côté, les Sancerrois, suivant l'avis que leur avait donné en passant le prince de Condé, s'apprêtent à opposer la plus vive résistance. Ils choisissent pour gouverneur de la ville le bailli Johanneau, et pour commander ceux qui doivent la défendre le capitaine La Fleur. La Fleur, ayant sous ses ordres le capitaine Laurent, tandis que Johanneau maintient l'ordre parmi les citoyens, désigne à chaque corps son poste, dirige et fait exécuter les travaux qu'il croit nécessaires à la défense de la place.

Cependant le canon tonne contre le rempart de porte Vieille. En peu de temps, une partie de la muraille croule et une brèche assez large est ouverte. Johanneau et le capitaine La Fleur avaient prévu cet événement et remédié à ses conséquences. Un fossé profond et bordé de retranchemens avait été creusé derrière cette muraille, et rendait l'approche difficile et dangereuse.

Les Assiégeans, jugeant la brèche praticable, ordonnèrent l'assaut. De Vieux-Pont, fils du baron de Neubourg, jeune homme plein de courage, à la tête d'un corps choisi, s'élance avec cette impétuosité qui caractérise le Français de toutes les époques, et tente l'escalade. Arrivé à la brèche, il est arrêté par le fossé et par un feu d'arquebuse des Sancerrois retranchés de l'autre côté du fossé. De Vieux-Pont repoussé se retire et laissé sur la place un grand nombre des siens.

Martinengo après cet échec jugea nécessaire de changer son plan d'attaque. Il fit transporter sa batterie à l'orient de la montagne, du côté de Saint-Satur. On ne peut concevoir les motifs de ce nouveau plan. Martinengo choisissait pour la nouvelle attaque qu'il projetait l'endroit le plus escarpé de la montagne, dont l'accès était le plus difficile, et où par conséquent la défense des Assiégés était plus avantageuse. Une brèche fut bientôt faite vers la porte César. De Vieux-Pont, encore irrité d'avoir échoué au premier assaut s'exposa de rechef aux chances d'un second. Mais cette entreprise fut encore plus malheureuse que la première. Les Sancerrois, favorisés d'ailleurs par la position des lieux, reçurent leurs ennemis avec une telle vigueur qu'ils les enfoncèrent et les culbutèrent au bas de la montagne. De Vieux-Pont et un grand nombre des siens trouvèrent le trépas auprès de porte César.

Johanneau profite de ce second succès, et fait fortifier les endroits des murailles que le canon avait endommagés. De son côté, le capitaine La jeur, secondé par le capitaine Laurent, prend à son tour l'offensive, fait de fréquentes sorties, attaque et harcelle continuellement les troupes du roi et plus d'une fois jette l'effroi et la confusion dans leurs rangs.

Pendant que ces choses se passaient et que le siége traînait en longueur, le duc de Nemours vient avec de nouvelles troupes renforcer les Assiégeans et ranimer leur courage. Le fameux baron Des Adrets accompagnait ce duc. Vous connaissez cet homme peut-être plus célèbre par sa férocité que par ses exploits. Il avait alors quitté la religion réformée et il poursuivait ses co-religionnaires avec la même fureur qu'il avait exercée auparavant contre les Catholiques.

Martinengo et La Châtre voulaient continuer le siège avec une nouvelle énergie; mais le baron Des Adrets les en dissuada. Il leur représenta qu'il était difficile d'escalader une place située sur une montagne aussi escarpée; qu'ils en avaient fait une funeste expérience par deux assauts inutiles et dans lesquels avaient péri leurs plus braves soldats; que les troupes employées au siège n'étaient pas assez nombreuses pour en former le blocus; que dans ce moment l'armée Royale et celle des Réformés étaient en présence; qu'une bataille paraissait inévitable; que Sancerre suivrait nécessairement la loi du vainqueur; que la prise de cette ville ne pouvait compenser la perte de tant de vaillans soldats; qu'il était d'avis qu'on levât le siége.

Cet avis prévalut et le siège fut levé dans le courant de février 1569. Il avait duré cinq semaines, et plus de cinq cents hommes y avaient péri.

La bataille prévue par le baron Des Adrets eut effectivement lieu dans les plaines de Jarnac, le 13 mars 1569. Personne n'ignore que le prince de Condé y fut tué par Montesquiou. Les Réformés perdirent la bataille ; mais le parti fut loin d'être abattu, il lui restait et Coligny et le jeune prince de Béarn. La guerre civile continua avec plus de fureur que jamais.

Les Sancerrois, débarrassés de leurs ennemis, fiers de leurs succès et de plus en plus confians en leurs forces, ne restèrent pas oisifs dans leurs murailles ; ils en sortent, et, conduits par les capitaines La Fleur et Laurent, ils mettent à contribution les pays circonvoisins. Ils ne se bornent point à ces expéditions, ils s'emparent du port de Saint-Thibault, le fortifient et y placent une garnison.

Maîtres de ce poste, ils l'étaient du cours de la Loire. De là ils couraient sus aux bateaux qui descendaient ou remontaient le fleuve, rançonnaient les marchands et entravaient le commerce. Ainsi les guerres civiles avaient replongé la France dans l'état d'anarchie où elle était sous le régime féodal. Des partis Catholiques ou Protestans désolaient tour à tour le pays. Une ville était prise aujourd'hui par un parti et quelques jours après par un autre ; et les habitans étaient pillés et ruinés.

Le poste de Sancerrois établi à Saint-Thibault, et les déprédations que la garnison comettait sur la Loire étaient particulièrement préjudiciables aux habitans du Nivernais. Le commerce des villes de Nevers et La Charité était entravé, gêné, interrompu ou exposé à des contributions exorbitantes et d'ailleurs vexatoires. Il leur importait de déloger les Sancerrois de cette position. Pour y parvenir ils eurent recours à un stratagème que facilita l'absence du capitaine La Fleur, alors à Paris, et qui réussit.

Ils pontent de longs bateaux, cachent dans l'intérieur un grand nombre de soldats bien armés et chargent le pont de marchandises. Un corps de cavalerie descend le long de la rivière et doit se trouver devant Saint-Thibault au même instant que les bateaux. Les Sancerrois trompés donnent dans le piège. Les sentinelles, voyant ces bateaux chargés en apparence de marchandises, ordonnent aux mariniers d'aborder. A peine les bateaux sont à bord, que les ponts se lèvent, les soldats s'élancent sur le quai et se précipitent sur les Sancerrois étonnés. Les clairons et les cris de la cavalerie augmentent leur trouble et leur effroi. Ils n'opposent qu'une faible résistance. Cinquante hommes restent sur la place, et le reste fuit et regagne la ville en désordre. Les vainqueurs détruisirent sur le champ les retranchemens de Saint-Thibault et furent délivrés des vexations auxquelles ils étaient exposés.

Cette même année, 20 mai 1569, le comte de

Deux-Ponts, à la tête de dix mille Allemands, s'empara de La Charité et l'abandonna au pillage. Il y mit ensuite une garnison dont il confia le commandement à Guarchy et Briquemaut. Le 6 juillet suivant, Louis de Sansac reçut ordre de reprendre cette ville : mais Guarchy et Briquemaut lui opposèrent une telle résistance qu'après un mois de siège il fut obligé de se retirer avec perte de douze cents hommes. Guarchy, soutenu par l'amiral Coligny, non-seulement se maintint à La Charité, mais se rendit maître d'une grande partie du Nivernais.

L'échec que les Sancerrois avaient essuyé à St. Thibault n'était pas assez grave pour ébranler leur courage, et en effet ils prirent une grande part au projet que les Protestans formèrent de s'emparer de la capitale du Berry. Ici je suis obligé de rétrograder vers des faits antérieurs.

La réforme avait fait de grands et rapides progrès dans Bourges, et toute la population du village d'Asnière, qui en est une dépendance, avait embrassé la nouvelle doctrine. Leur nombre était si considérable en 1562 que, par leur moyen et de concert avec les habitans d'Asnière, le comte de Montgommeri s'empara de cette ville le 27 mai, et le culte réformé fut établi dans la cathédrale.

Ce succès fut éphémère, car au mois de septembre suivant, le roi mit le siège devant Bourges, et, après quinze jours de tranchée, força la ville à capituler. Les Réformés ou se cachèrent ou prirent la fuite : une grande partie se réfugia à Sancerre.

De 1562 à 1568, les Réformés de Bourges, connus par la persécution, restèrent cachés et ne remuèrent point. Vous avez vu que la paix de Long-Jumeau n'avait duré que six mois; et en effet, à cette époque même, l'archevêque de Bourges, Jacques le Roy, et deux cent trente-six habitans catholiques avaient signé une espèce de ligue. La Thaumassière rapporte l'acte de cette association dans son histoire du Berry, et le gouverneur de Bourges avait tenté cette infructueuse entreprise dont je vous ai parlé.

Après la levée du siége de Sancerre par Martinengo, et le sac de La Charité par le comte de Deux-Ponts, le parti Protestant, qui avait pris de la consistance dans le Nivernais et le Berry, résolut de s'emparer de la capitale de cette dernière province. Les Réformés avaient des intelligences dans la ville. La brèche faite par l'armée Royale en 1562 n'avait pas été réparée, elle pouvait faciliter une surprise. La grosse tour de Bourges seule présentait des obstacles : on tenta de séduire le lieutenant du gouverneur. Ce lieutenant, appelé Ursin Palus, avait un frère nommé Guillaume, qui probablement avait quitté Bourges à raison de ses opinions religieuses et demeurait à Sancerre. La Grange, un des conseillers de Bourges, qui s'était réfugié à Sancerre, fit offrir à Palus, par l'entremise de Guillaume, une somme de deux mille écus d'or s'il voulait livrer la grosse tour. Palus découvrit tout à son commandant nommé Marin de La Châtre.

Ceux-ci engagent Palus à accepter les propositions qui lui sont faites, afin de mieux déjouer l'entreprise. Les Réformés trompés convinrent du jour et de l'heure où ce dernier devait leur ouvrir les portes de la grosse tour. La nuit du 22 décembre 1569 fut choisie pour l'expédition.

La Châtre et Marin, instruits de toutes les circonstances de cette entreprise, s'apprêtent à recevoir les Réformés de manière à les faire repentir de leur témérité. Ils garnissent de canons les deux côtés de la brèche et placent des barils de poudre amorcés de distance en distance. Pour ôter tout soupçon, ils passent la journée du 22 décembre en divertissemens et courses de bagues.

Cependant Lespau, La Rose, Renty et Des Essarts, capitaines sancerrois, et Briquemaut, gouverneur de La Charité, à la tête de douze cents mousquetaires et treize compagnies de cavalerie, profitent des ombres de la nuit et se trouvent à l'heure convenue sous les murs de Bourges. La ville paraissait ensevelie dans le sommeil. Les Sancerrois se rendent à la grosse tour et les mousquetaires de Briquemaut s'avancent vers la brèche.

Palus donne le signal : les Sancerrois hésitent; un secret pressentiment semble les avertir du sort qui les attend. Palus étonné de ce retard va au-devant d'eux, les encourage, les assure qu'ils n'ont rien à craindre. Pour leur donner l'exemple Palus entre le premier dans la tour; les Sancerrois rassurés le suivent l'épée à la main au nombre d'environ quatre-vingts. A peine sont-ils entrés que les portes de la tour se ferment; la garnison les enveloppe, tue ceux qui veulent se défendre, fait prisonniers les autres.

De leur côté, les mousquetaires escaladent la brèche et pénètrent dans la ville; mais tout à coup la garnison embusquée les accueille à coups de mousquet : le canon les foudroie, les barils de poudre éclatent et les écrasent : ils sont forcés de se retirer avec une perte énorme.

Les officiers de la garnison de Bourges voulaient mettre à mort les prisonniers comme rebelles, mais surtout les transfuges de la ville. La Châtre, non-seulement s'y opposa, mais encore traita favorablement les capitaines sancerrois : il leur accorda la liberté après en avoir exigé une rançon.

La Châtre ne put profiter de ce succès ; il n'avait pas assez de troupes pour prendre l'offensive ; et même, pour éviter une nouvelle surprise, il donna ordre de réparer la brèche faite en 1562.

Les Sancerrois et Briquemaut à La Charité, encouragés par le succès de l'amiral Coligny à Arnay-le-Duc, continuèrent la guerre.

Pendant que ces choses se passaient dans le Berry, la guerre civile étendait de plus en plus ses ravages. Figurez-vous l'état de notre malheureuse patrie : les citoyens étaient armés les uns contre les autres : la moitié d'une famille combattait dans un parti, l'autre moitié combattait dans un autre, et ce spectacle était d'autant plus hideux, que les entr'actes du carnage étaient consacrés à la dévotion. Les villes étaient ruinées, les campagnes dévastées, le commerce et les communications interrompus.

Les Réformés s'étaient aguerris dans une multitude de combats, dont les chances ne leur avaient pas toujours été défavorables; mais ils étaient sans vêtemens, sans argent et pour subsister les soldats se livraient au pillage, que les chefs, qui ne pouvaient les solder, étaient obligés de tolérer.

De son côté, l'armée Royale n'était pas en meilleur état. Le trésor était vide et les ressources épuisées. La guerre civile est un incendie qui consume non-seulement l'imprudent qui l'alluma, mais encore ses voisins tranquilles et soigneux.

La paix et une paix sincère était le seul remède à tant de maux. La cour, la ville, l'armée, le peuple, tous les Français, à l'exception des personnes intéressées au désordre, tous la désiraient; tous éprouvaient le besoin du repos. Le roi donna à Saint-Germain, le 8 août 1570, un quatrième édit de pacification.

Cet édit accordait aux Réformés liberté pleine et entière de religion. Il leur était permis d'avoir des cimetières dans les villes; ils avaient droit à tous les emplois publics; leurs enfans étaient admis dans les écoles et leurs malades dans les hôpitaux; en un mot, ils étaient assimilés en tout aux Catholiques. L'édit leur accordait en outre quatre places de sûreté, La Rochelle, Montauban, Cognac et La Charité, que les chefs des Réformés s'obligeaient par serment de remettre au

oi deux ans après. Les Protestans juraient fidélité
t obéissance au roi, et toutes les villes qu'ils te-
aient rentraient sur-le-champ en son pouvoir.

Si cette paix eut été sincère, la guerre civile et
eligieuse était éteinte à jamais. Chaque Fran-
ais eût célébré en paix son culte : tous eussent
ublié leurs querelles passées, et rivalisé d'amour
t de fidélité envers leur souverain. Malheureuse-
ient l'histoire nous apprend, et les événemens
onfirment, que l'édit ne fut accordé qu'à l'im-
érieuse nécessité et que ce n'était qu'un piège
u'on tendait à des malheureux, dont on avait
uré la perte.

L'édit fut exécuté. Toutes les places que les
rotestans avaient en leur possession rentrèrent,
à l'exception des quatre villes de sûreté, sous l'o-
éissance du roi. Cependant la ville de Sancerre
ne reçut pas de garnison. Nous en ignorons les
motifs.

Les Réformés se reposant sur la foi des traités
étaient donc paisibles. Après tant de troubles, la
France jouissait enfin de la paix, si long-temps
bannie de son sein. Les Réformés étaient reçus
avec bienveillance à la cour. Séduits par cet ac-
cueil, ils songeaient à remettre avant le temps
fixé les places de sûreté. L'amiral Coligny, long-
temps défiant, et une grande partie de ses anciens compagnons, pleins de sécurité, s'étaient
fixés à Paris.

Qui n'aurait été trompé comme eux ? Quel Français se défie de son souverain ? Les Réformés pou-

vaient-ils penser que cette manifestation de la bienveillance royale n'était qu'une perfidie ? Tout concourait à les égarer et à les entraîner dans le précipice. Une guerre étrangère allait porter à l'extérieur cette ardeur inquiète, qu'avait fait naître l'habitude des camps. Une double union projetée, celle du roi de Navarre, Henri IV, avec Marguerite de Valois, sœur de Charles IX, et celle du duc d'Anjou, son frère, avec la reine d'Angleterre Elisabeth, semblait allier les deux cultes et rendre la paix inébranlable. Les Réformés confians marchaient sur un brasier dévorant que recouvraient des cendres trompeuses.

Des avis secrets parvinrent néanmoins à l'amiral Coligny et aux autres anciens chefs des Réformés. On les avertissait de se tenir sur leurs gardes, qu'un complot contre leur vie se tramait dans l'ombre. Ils méprisèrent ces avertissemens qu'ils crurent dictés ou par un excès de zèle ou par la timidité. Ils furent victimes de leur confiance.

Ces avis n'étaient que trop fondés. La mort des Réformés était résolue : un même coup devait les frapper à la fois, le même jour et dans toute la France.

Des deux unions projetées, celle du roi de Navarre avec Marguerite de Valois fut seule réalisée, et ce fut, pour ainsi dire, au milieu des fêtes occasionnées par ce mariage qu'eut lieu l'exécution de cette horrible trame.

Le 24 août 1572, jour de la Saint-Barthélemy, est écrit dans notre histoire en caractères de sang.

e jour d'éternelle et exécrable mémoire vit ouvrir
tombe de soixante-dix mille Français, d'après
s Mémoires de Sully, et de cent mille, suivant
réfixe, massacrés par leurs concitoyens en pleine
ix.

On allègue en vain, pour couvrir l'atrocité de
t attentat de quelqu'apparence de justice, une
nspiration que tous les historiens démentent,
ue toutes les circonstances rendent invraisem-
lable, et surtout celle qui attirait ou retenait
ors à Paris les anciens chefs des Réformés. Et
uand bien même il y aurait eu une conspiration,
fallait juger et punir les conspirateurs, et non
natiser une partie de la population pour lui faire
gorger l'autre.

Le massacre ne se borna pas à Paris; des ordres
onnés d'avance le propagent dans les provinces,
à ces ordres trouvent des exécuteurs.

La terreur est à son comble. Partout le sang
oule : à Orléans, Bourges, Gien, Nevers et dans
os environs. Ceux qui se dérobent à la fureur
es assassins, se sauvent presque nus, dénués de
out, et gagnent Sancerre, où les habitans leur
onnent un asile et leur prodiguent tous les soins
t les secours dus à l'infortune.

La Charité n'est pas épargnée. Le 26 août, les
endarmes de Louis de Gonzagues, duc de Niver-
ais, entrent dans cette place, où les Réformés
aient sans défiance. Le signal de la mort sonne,
e massacre commence, vingt pères de famille
uccombent sous le poignard des meurtriers. Les

ministres Jean de Leri et Pierre Meletin, protégés par la troupe du capitaine Paquelon, échappent au carnage et se réfugient à Sancerre.

Je dois vous faire connaître ce Jean de Leri, que sa relation du siège a rendu célèbre. Il naquit à la Margelle, village de Bourgogne. Ses parens, ayant remarqué ses heureuses dispositions, le destinèrent au ministère et l'envoyèrent à Genève à l'effet d'y terminer ses études. Il suivit le cours de théologie sous les fameux ministres de cette ville Pierre Richer et Guillaume Chartier, dont il mérita l'estime et l'amitié.

L'amiral Coligny avait conçu et fait agréer au roi le projet d'une colonie au Brésil. Cette colonie devait au besoin servir de refuge aux Réformés alors violemment persécutés. Villegagnon, chevalier de Malte, fut chargé de commander l'expédition et aborda, en 1555, avec trois vaisseaux à Rio-Janeiro.

Richer et Chartier s'embarquèrent en 1556 pour cette colonie. De Leri, encore jeune, actif, courageux, avide d'instruction et curieux de voyager, demanda à les accompagner et fut agréé.

La division des chefs et le défaut de secours firent échouer cette entreprise, qui promettait de grands avantages. En revenant en France, ils éprouvèrent une famine affreuse, dont Jean de Leri fait la description dans la relation de son voyage d'Amérique.

Jean de Leri avait l'esprit orné de diverses connaissances. Il s'exprimait avec éloquence et facité. Admis auprès du prince de Condé, de l'amiral Coligny et des autres seigneurs, chefs du parti protestant, il avait acquis et conservé cette souplesse de manières, cette élégance de conversation, ce ton d'urbanité qui lui assurèrent l'estime et la considération des grands, et qui captivèrent La Châtre lui-même.

Le style de ses ouvrages ressemble à celui d'Amyot : il en a la grâce et la naïveté.

Quoique moins austère que ses confrères, qualité qu'il devait au commerce des grands, sa conduite fut exempte de tout reproche, sa piété fut sincère et son courage et sa constance inébranlables. Ses vertus le firent respecter du vainqueur irrité d'une trop longue résistance, et à laquelle il avait puissamment contribué.

Il était également propre aux affaires et aux négociations. En 1572, il assista au synode de Nîmes. C'est après son retour de ce synode à La Charité, où il exerçait le ministère, qu'il faillit l'être assassiné, et que, protégé par le capitaine Paquelon, il se réfugia à Sancerre. Il y demeura pendant le siège. La considération qu'avait La Châtre pour lui fut telle, qu'après la prise de cette ville, craignant qu'il ne lui arrivât quelque accident, il lui accorda un sauf-conduit et lui donna une escorte. Jean de Léri se retira en Suisse, et mourut à Berne en 1611. Nous aurons occasion de parler souvent de cet homme célèbre.

L'arrivée de ces réfugiés à Sancerre y répandit une consternation générale. C'était un spectacle effroyable que ces malheureux échappés au carnage, les uns pleurant leur père, les autres leurs enfans, presque tous mal vêtus et en désordre, quelques-uns blessés et sanglans. Les rapports qu'ils faisaient des meurtres et de la cruauté impitoyable des assassins, du pillage de leurs maisons augmentaient encore l'alarme. Les Sancerrois n'avaient-ils point à redouter un pareil sort, eux qui les premiers avaient embrassé la réforme, donné asile aux persécutés, et repoussé deux fois les attaques dirigées contre leur ville? Ces craintes n'éteignirent point en eux les sentimens d'humanité, ils ne fermèrent point leurs portes à leurs co-religionnaires : ils prodiguèrent les secours qui dépendaient d'eux à plus de cinq cents de ces infortunés.

Cependant ils délibérèrent entre-eux sur les mesures à prendre dans une circonstance aussi importante et aussi critique. Il fut résolu de se conformer exactement à l'édit de pacification de 1570; mais en même temps de mettre en usage les moyens d'empêcher toute surprise : des gardes furent placées aux portes, et, afin d'ôter toute apparence d'hostilité, elles ne furent point armées. Nous verrons que ces précautions étaient nécessaires.

En effet, dès le 9 septembre 1572, les habitans du Sancerre reçurent de La Châtre, gouverneur de Berry, l'injonction de cesser à l'instant le culte public de leur religion. C'était un ordre arbitraire et en contradiction avec l'édit de pacification de 1570, que le roi avait déclaré perpétuel et irrévocable, mais même avec les lettres dont nous allons parler et dont il est probable que La Châtre était alors porteur. Aussi les Sancerrois répondirent-ils que l'édit existant, et n'étant point révocable, ils avaient le droit de profiter de ses dispositions favorables. Ils continuèrent en conséquence l'exercice public de leur religion, cependant il cessèrent de sonner les cloches.

La Châtre, qui avait déjà échoué deux fois dans ses entreprises contre Sancerre, avait toujours à cœur la soumission de cette ville, et, depuis la Saint-Barthélemy, il ne cessait de solliciter la cour de le charger de cette mission. Des lettres furent expédiées en conséquence, et, le 13 septembre, La Châtre en donna connaissance aux habitans.

Ces lettres sont curieuses et en voici la teneur :

« A nos chers et bien aymez les Maire, Eschevins, Conseillers et Habitans de nostre ville de Sancerre.

» De par le Roy,

» Chers et bien aymez, nous estimons appartenir à l'affection de bon Roy, de tenir nos subjets bien advertis de nostre intention, afin qu'estans bien informez de la syncerité d'icelle, ils sachent ce qu'ils doyvent ensuyvre, et ne soyent abusez par inadvertance ou autrement. D'autant moins en occasion d'importance, comme celle qui s'est présentée ces derniers jours. Sur quoy

» encores que ne doutions de vostre obéissante
» volonté, et que n'ajousterez foy aux rapports,
» si aucuns vous estoyent faicts autrement qu'à la
» vérité. Nous avons bien voulu vous faire la pré-
» sente expresse, pour vous faire sçavoir que le
» feu admiral, et autres ses adhérans, estant en
» cette ville, avoyent certainement et évidem-
» ment conspiré contre nostre personne, celle de
» la Royne, nostre très honorée dame et mère, de
» nos très chers frères les Ducs d'Anjou, d'Alançon
» et Roy de Navarre et autres princes et seigneurs,
» et estoyent prests à exécuter leur malheureuse
» entreprise, lorsque moins nous y pensions et
» que moins ils en avoyent occasion. Ce qu'ils
» eussent faict n'eust esté, que Dieu nous in-
» spirant et nous faisant toucher au doigt ceste
» conjuration par preuves plus certaines que ne
» désirions, nous n'avons peu et deu moins que
» de les prévenir, et les faire tomber au lieu qu'ils
» nous avoyent préparé : de quoi nous rendons
» grâces à nostre Seigneur, et nous asseurons que
» tous nos bons et loyaux subjets en recevront
» merveilleux bien et contentement.

» Les advisans au surplus, et vous en particu-
» lier, que cela n'a esté faict à cause ou pour haine
» de la religion prétendue réformée, ni pour con-
» trevenir aux édicts de pacification, lesquels nous
» avons tousjours entendu, comme entendons,
» observer, garder et entretenir inviolablement,
» ains pour obvier à l'exécution d'icelle conspira-
» tion, déclarans à tous nos subjets quelconques

de ladite religion prétendue réformée, nostre
» intention estre qu'en toute seureté et liberté ils
» puissent vivre et demeurer avec leurs femmes,
» enfans et famille en leurs maisons, sous la pro-
» tection de nos édicts. Ne voulans que pour raison
de ce il leur soit meffait, ny attenté à leurs personnes et biens, sous peine de la vie des délin-
quans et coulpables. Voila l'interieur de nostre
intention, que nous ferons très estroitement
garder, estans asseurés que nosdits subjets en
seront très aises et contens : et que vous portans
empreinte au cœur toute naturelle affection
et obéissance envers nous, ne vous lerrez aller
à croire autre chose que la vérité cy-dessus dite
» dont nous serions très marris : moins permettrez
» aucune émotion, prise d'armes, ny violence
» contre les concitoyens et autres de la ville. Mais
au contraire, vous admonestans que surtout le
service que vous désirez nous faire, et pour éviter tous inconvéniens, vous receviez les gens de
» guerre qu'avons ordonné au sieur de La Chastre
» gouverneur et nostre lieutenant-général au pays
» de Berry mettre en vostre ville et chasteau d'i-
» celle, pour vostre garde et conservation, sans y
» faire difficulté ny user d'excuse, que si devant
» n'en avez eu, ny n'auriez à présent besoin, ny
» autre quelconque excuse ou délay, que ne pour-
» rions ouyr de bonne part, attendu que tel est
» nostre vouloir pour nostre service et pour vostre
» bien et conservation. Ayans ordonné lesdits gens
» de guerre estre payez et entretenus, afin qu'ils

» ne vous tournent à foule, ains seulement pour
» vostre conservation. Et au surplus, vous main-
» tiendrez tousjours en nostre obéissance et pro-
» tection, comme nos bons et loyaux subjets,
» vivans unis et en bonne amitié les uns avec les
» autres, sous l'observation de nos édicts qui est
» le plus grand contentement et plaisir que nous
» sauriez donner : et soyez très certains que trou-
» verez de tant plus nous vostre Roy enclin et
» disposé à vous conserver et favoriser de tout ce
» qui sera en nous, ains que plus particulièrement
» et au long vous sçaurez par ledit sieur de la
» Chastre et déclarera de nostre intention, au-
» quel adjousterez entière foy et créance et lui
» obéirez comme à nous-mêmes. Escrit à Paris, le
» 3 septembre 1572. Ainsi signé CHARLES, et plus
» bas DE NEUFUILLE. »

Ces lettres, que nous a conservées Jean de Leri, en les supposant authentiques, quoiqu'on ait de fortes raisons d'en douter, étaient un véritable leurre.

On cherche d'abord à atténuer et excuser en quelque sorte l'œuvre de la Saint-Barthélemy, par la certitude d'une conspiration de l'amiral Coligny et ses adhérans. Tous les auteurs contemporains sont d'accord sur ce point, que, depuis l'édit de 1570, les Protestans avaient désarmé; et que tous étaient tranquilles sous la foi de l'édit; que Coligny s'était rendu à Paris, à l'occasion des fêtes du mariage du roi de Navarre avec la sœur du roi;

qu'il est impossible de croire que Coligny ait conspiré contre le roi de Navarre, qui alors était de l'église réformée et qui avait fait ses premières armes dans les rangs des Réformés ; que s'il y avait une conspiration, et lorsqu'on en connaissait les chefs, il fallait les arrêter, leur faire leur procès, et les punir légalement, au lieu de commencer par les égorger dans leurs lits et en pleine paix.

Puis ensuite on assure que ce n'est point par haine de la religion réformée, que les massacres ont eu lieu ; qu'on entend que l'édit de pacification s'exécute. Mais partout on courait sus aux Réformés. Les fugitifs qui arrivaient à chaque instant nus, blessés, attestaient cette triste vérité. Le capitaine Paquelon et Jean de Léri avaient été témoins de ce qui s'était passé à La Charité, où plus de vingt pères de famille, et parmi eux des vieillards de quatre-vingts ans avaient perdu la vie, et où ceux qui n'avaient pu fuir avaient été forcés par la crainte de la mort d'aller à la messe. La conduite de La Châtre n'était-elle pas en opposition avec le texte même de ces lettres ? Ne tenait-il pas d'enjoindre aux Sancerrois de cesser l'exercice public de leur religion, lorsque l'édit le leur permettait ?

Aussi ceux-ci écoutèrent les conseils d'une juste défiance. Ils répondirent à La Châtre que les massacres continuaient de toutes parts ; que malgré l'assurance royale et contre la teneur des édits de pacification on exerçait partout contre les Réformés les violences les plus graves en les assassinant et en pillant leurs biens; que l'entrée des troupes à La Charité avait été le signal de la mort et du pillage; qu'en livrant leur ville rien ne les garantissait d'un pareil sort; que d'ailleurs, par les privilèges de leurs comtes, ils étaient exemptés de garnison; que la ville était parfaitement paisible, et qu'en donnant asile à des infortunés ils avaient épargné peut-être un crime de plus à leurs persécuteurs. En un mot, ils refusèrent de recevoir aucune troupe.

Les circonstances étaient périlleuses et nécessitaient des précautions. Les habitans étaient instruits que des gens de guerre rôdaient dans les environs. Les brèches pratiquées par le canon de Martinengo n'avaient pas été entièrement rétablies; l'accès en était facile et la ville n'était pas à l'abri d'un coup de main. Ces brèches furent réparées et toute surprise rendue impossible.

Les Sancerrois ne se bornèrent pas à ces mesures de précaution, ils eurent recours aux négociations. Honorat de Bueil sieur de Fontaines, beau-frère du comte Jean VI de Bueil, était venu quelquefois visiter les domaines de Sancerre, et avait manifesté des intentions bienveillantes envers les habitans. Il était premier écuyer du roi et sa recommandation pouvait être de quelque poids. On résolut de lui envoyer un député, et Louis de Sainpré, un des citoyens, fut choisi à cet effet. Et tel était le malheur des temps, que, pour voyager sans crainte d'être ou assassiné ou pillé, de Sainpré fut obligé de mettre une croix rouge à son hapeau, et ainsi d'arborer le signe que portaient eux qui avaient exécuté la Saint-Barthélemy.

La commission de Sainpré était d'engager M. de ontaines à se charger de la défense des intérêts e la ville et à représenter au roi, ainsi qu'il pou- ait le certifier lui-même, qu'on accusait à tort s habitans d'avoir violé les édits ; que cette ville tait dans une parfaite tranquillité ; que depuis 'édit de 1570 aucune troupe armée n'était sortie e la ville ; qu'aucune vexation n'avait été exercée ar eux contre qui que ce soit ; qu'ainsi il n'y avait ucune nécessité de les grever de la charge d'une arnison, et avec d'autant plus de raison que, d'a- rès les privilèges de la seigneurie, la ville en était exempte.

Les lettres confiées à Sainpré portaient en outre la promesse, que, si on les laissait en paix, cent d'entre les habitans, et quoiqu'il fut impossible de leur reprocher la plus légère infraction des dis- positions de l'édit de 1570, s'obligeraient sur leur vie d'empêcher qu'il n'y fut fait la moindre at- teinte, et de s'opposer à ce que qui que ce soit le transgressât.

Cependant des gens armés rôdaient sans cesse autour de Sancerre, gênaient et interceptaient les communications. Il est probable que ces troupes étaient envoyées par La Châtre, pour exciter et provoquer les Sancerrois. Le 1er. octobre, un grand nombre de fantassins et de cavaliers s'avancèrent jusqu'au pied des murailles ; comme ils n'exi- geaient rien de personne, qu'ils se contentaient de provoquer au combat les habitans, de les accabler d'injures et de railleries, il était évident que leur dessein était de les pousser à bout, de trouver l'occasion de les accuser de violer l'édit, et d'avoir un prétexte pour agir. Si tel était le projet de ce gouverneur, il réussit. Ces troupes revinrent pendant trois jours recommencer chaque matin le même manège. La ville renfermait plusieurs hommes de guerre que leur courage dans les derniers troubles avait rendu célèbres. Il fut impossible de les retenir ; fatigués de ces railleries et de ces provocations, réputant à lâcheté d'ouir des injures et de garder le silence, ils sortent de la ville et tombent avec une telle impétuosité sur ces railleurs, qu'ils les enfoncent et les mettent en déroute.

On apprit bientôt que cette troupe, après l'échec qu'elle venait d'éprouver, s'était retirée au village de Chavignol et s'y était logée, et on ne douta pas qu'elle ne revînt le lendemain. Elle ne se bornait pas à des provocations et à des injures, elle empêchait les campagnards d'apporter leurs denrées au marché de la ville. Il fallait donc la déloger et en débarrasser le pays. Le capitaine La Fleur se chargea de cette entreprise, et la mit à fin avec son intelligence ordinaire.

Il fait sur le champ ses dispositions pour surprendre l'ennemi encore étonné de la brusque attaque de ce jour. De concert avec le capitaine Montauban, il part à la tête d'une troupe choisie, et arrive par des sentiers de traverse sur les hauleurs de Chavignol. Les principales issues du village sont barricadées et retranchées. Le capitaine La Fleur les fait tourner, et les Sancerrois, pénétrant par les vignes et les vergers, répandent dans le village l'alarme et l'épouvante : ils attaquent le principal corps-de-garde qu'ils dispersent. Quarante-cinq hommes restent sur la place : le capitaine Durbois qui commandait cette troupe et sept de ses compagnons furent pris et conduits au château de Sancerre. Les chevaux, armes et bagages restèrent au pouvoir du vainqueur, et les environs de Sancerre furent débarrassés de ces maraudeurs. Le capitaine Durbois fut traité avec douceur ; il ne voulut jamais avouer qu'il eut agi de l'ordre du gouverneur La Châtre, mais on ne peut en douter, d'après la conduite de sa troupe, et surtout lorsqu'après son évasion du château on le voit assister à toutes les opérations du siège.

De Sainpré obtint audience du sieur de Fontaines, lui fit part de l'objet de sa mission et lui présenta les lettres dont il était porteur. Les historiens ne nous donnent pas une connaissance assez particulière du caractère du sieur de Fontaines, pour juger parfaitement sa conduite dans cette affaire. On peut croire que voulant d'une part prévenir la dévastation des domaines de son beau-frère et la ruine de ses vassaux, et d'une autre part se faire auprès de son maître un mérite de soumettre cette place sans effusion de sang, il espérait par la voie des négociations ou de l'intrigue parvenir à ce but.

De Fontaines, instruit que La Châtre sollicitait vivement la commission de subjuguer Sancerre par la force, et se fondait sur la nécessité d'anéantir ce foyer de révolte, employa ses efforts pour écarter une décision à cet égard, et faire ajourner le projet du gouverneur du Berry. Après avoir fait part au roi des espérances qu'il avait d'amener les Sancerrois à une soumission prompte et volontaire, il le détermina à lui confier cette entreprise.

L'exécution de ce projet était plus difficile que de Fontaines ne le pensait. Il avait affaire à des gens que d'effroyables et récentes catastrophes avaient rendus soupçonneux, qu'animait un zèle religieux que la persécution avait exalté, et qui croyaient leur perte certaine, si la ville recevait garnison. Il comprit que, dans une pareille circonstance, il fallait avoir recours à la ruse et mettre en pratique la maxime favorite de Catherine de Médicis, *divisez pour subjuguer*.

De Fontaines avait à sa dévotion un ancien serviteur du feu comte de Bueil, nommé Cadaillet de Chiron, alors valet de chambre et attaché à la vénerie du roi. Il connaissait le caractère de cet homme et savait qu'il était souple, adroit, rusé, fourbe, et d'autant plus propre à la commission dont il voulait le charger, qu'il avait demeuré quelque temps à Sancerre, et qu'il était très connu des habitans, dont il avait gagné l'affection par ses manières accortes et bienveillantes. Cadaillet reçut ordre de se rendre sur-le-champ dans

lle ville. De Sainpré lui-même ne fut pas à l'abri
 la séduction : les caresses et les promesses du
eur de Fontaines l'engagèrent à prendre part à
ne machination qui pouvait causer la ruine de
 patrie.

Cadaillet arriva à Sancerre, le 7 octobre, sous
e prétexte apparent d'engager les habitans à en-
oyer au sieur de Fontaines une députation plus
ombreuse, et munie de pouvoirs et de mémoires
ignés par les principaux d'entre-eux, mais avec
 mission secrète de semer la division entre les
aturels et les réfugiés, et de former un parti assez
uissant pour le recevoir dans la ville, lorsqu'il
 présenterait. Il fut reçu avec joie et chacun
'empressa de lui donner des fêtes. De concert
vec de Sainpré, il profite de cette occasion pour
ettre à exécution le projet du sieur de Fontaines.
l tâche surtout d'ébranler et de séduire les prin-
ipaux habitans en exagérant les dangers auxquels
ls sont exposés : « Comment avez-vous pu, leur
isait-il confidentiellement, recevoir dans vos
urs tant de réfugiés justement chassés de leur
ays comme des séditieux ? En agissant d'une manière aussi inconsidérée, vous vous êtes attiré la
colère du roi, et bientôt vous en éprouverez les
fatales conséquences. Pouvez-vous ajouter foi à
leurs rapports et écouter leurs plaintes menson-
gères, eux qui ont souffert ce qu'ils ont mérité ?
Ne confondez point leurs intérêts avec les vôtres ;
éloignez de vos murs ces factieux ; engagez-les à
chercher ailleurs un asile, ou vous courrez à votre

perte. Choisissez pour votre médiateur M. de Fontaines, recevez-le au milieu de vous ; parent du comte de Bueil et intéressé à votre conservation, il mettra en usage tous les moyens de détourner l'orage qui vous menace. » Ces insinuations ne produisirent que trop d'effet.

Pendant que Cadaillet travaillait ainsi les esprits en secret, il pressait de la part du sieur de Fontaines l'envoi à la cour d'une députation plus nombreuse, que ce seigneur se chargeait de présenter et d'appuyer de sa protection. Une assemblée générale fut convoquée, et on choisit cinq députés, savoir : Jean Fouchart, lieutenant, et Pierre Rouleau, tous deux catholiques, Guillaume Guichard, procureur, Simon Arnaud, procureur et Louis d'Argent, échevin, ces trois derniers réformés. Un mémoire justificatif de la conduite des habitans signé des principaux d'entre-eux leur fut remis. Mais le pouvoir des députés était borné : ils devaient représenter au roi que les Sancerrois n'avaient pas cessé un instant d'être des sujets fidèles ; qu'ils s'étaient strictement conformés à l'édit ; que leur ville jouissait de la plus grande tranquillité, et insister surtout sur le privilège qui les exemptait de garnison.

Le 14 octobre, les députés accompagnés de Cadaillet se mirent en route, leur mandat était précis, et dès l'instant qu'ils l'avaient accepté, ils ne pouvaient s'en écarter, si leurs commettans ne leur donnaient de nouveaux pouvoirs. Cependant ils agirent en sens inverse de leur commission. On ne peut excuser leur conduite; car, s'ils avaient prêté l'oreille aux séductions, aux conseils et aux promesses de Cadaillet, ils trahissaient leurs concitoyens, et s'ils n'avaient le courage, la fermeté et l'énergie qu'exigeait la commission dont ils étaient chargés, ils devaient la refuser. La loyauté doit passer avant toute considération. Il est probable qu'intimidés soit par ce qu'ils virent et que leur avait dissimulé Cadaillet, soit par les menaces et la crainte des fers ou de la mort, ils n'eurent pas la force d'exposer les motifs de leur mission. Ils parurent devant le roi comme des coupables et des malfaiteurs, et demandèrent humblement pardon au nom de leurs concitoyens. Ils s'obligèrent ensuite sur leur tête de faire chasser les réfugiés, et prièrent M. de Fontaines de venir prendre possession de la ville.

Ces engagemens pris, les députés revinrent à Sancerre avec Cadaillet et y arrivèrent le 26 octobre. Le bruit de ce qu'ils avaient fait et promis se répandit à l'instant dans la ville. Il serait difficile de peindre la consternation des réfugiés. On les voyait errer dans les rues en gémissant et pleurant. « Est-il possible, s'écriaient-ils, en tendant les mains aux habitans, que vous puissiez approuver une résolution aussi barbare? Auriez-vous l'inhumanité, après nous avoir si généreusement accueillis, de violer tout-à-coup les lois sacrées de l'hospitalité? En nous éloignant de ces lieux, n'est-ce pas nous livrer à des ennemis d'autant plus implacables qu'ils croient notre mort agréable à Dieu ? Et quel temps choisissez-vous ? La soif du sang est-elle assouvie ? La rage des assassins est-elle apaisée ? A Orléans, Bourges, Gien, la Charité, dans tout le royaume le sang des martyrs fume encore. Eh quoi ! Vous n'apercevez pas le piège perfide qu'on vous tend ? Vous ne voyez pas qu'on veut vous diviser pour vous affaiblir ? Notre cause n'est-elle pas la vôtre ? Nos intérêts ne sont-ils pas les mêmes ? Quand vous nous aurez abandonnés, en écoutant les conseils d'une politique artificieuse, qu'aurez-vous gagné, que de vous rendre plus faibles ? Aveugles que vous êtes, ne voyez-vous point qu'un sort semblable vous attend ?

» Et vous, pasteurs de l'église du Christ, ajoutaient-ils en s'adressant aux ministres, pourquoi avons-nous été persécutés, poursuivis et forcés de fuir de notre pays, si ce n'est pour la sainte et divine religion que vous professez ? Sommes-nous de mauvais citoyens, des sujets rebelles, des malfaiteurs ? Et vous aussi nous abandonnerez-vous ? Approuverez-vous cette résolution aussi lâche qu'impie ? Chasserez-vous de votre sein une partie de votre troupeau, et nous qui sommes des victimes et des martyrs ? »

Ces plaintes touchèrent tous les cœurs. Les larmes des réfugiés excitèrent une compassion générale. Les ministres se joignirent à eux et plaidèrent avec force leur cause. Ils représentèrent que la division serait cause de la ruine commune; qu'il serait contraire non-seulement à l'humanité, mais encore à la religion d'abandonner des frères et des co-religionnaires malheureux; qu'en les abandonnant, les Sancerrois se couvraient aux yeux de la postérité d'un opprobre éternel; qu'en les protégeant, on pouvait souffrir, on pouvait même mourir, mais que les souffrances et la mort étaient préférables au déshonneur qu'imprimeraient la lâcheté et la violation de ses devoirs. La masse du peuple, émue de pitié et entraînée par ses pasteurs, prit le parti des réfugiés.

Une assemblée générale est convoquée le 27 octobre. Les députés rendent compte de leur conduite; mais au moment où ils exposent qu'ils ont stipulé l'éloignement des réfugiés, se sont obligé de recevoir dans la ville le sieur de Fontaines, et donnent lecture de la lettre où ce seigneur annonce sa prochaine arrivée, une rumeur universelle éclate, des murmures s'élèvent de toutes parts dans l'assemblée. On reproche aux députés d'avoir outre-passé leurs pouvoirs, d'avoir trahi les intérêts de leurs concitoyens et compromis la sûreté des réfugiés. Au milieu du tumulte, les députés sont désavoués et on prit la résolution de ne pas recevoir M. de Fontaines.

Une nouvelle assemblée générale eut lieu le lendemain, 28 octobre. L'effervescence s'était calmée pendant la nuit, on procéda avec plus d'ordre, et la discussion s'ouvrit sur la conduite des députés.

Ceux-ci essayèrent de la justifier. Par rapport aux réfugiés, ils disaient que M. de Fontaines s'était engagé de les faire conduire en sûreté partout où ils voudraient. On répondit aux députés que cette promesse était illusoire ; qu'eux-mêmes avaient pu s'assurer dans leur voyage combien peu on pouvait se fier à ces promesses ; qu'il était certain, et que même les rapports des nouveaux réfugiés confirmaient chaque jour, que les massacres continuaient, même à Paris.

Par rapport à l'obligation de recevoir M. de Fontaines dans la ville, les députés, les échevins et ceux qu'avait gagnés Cadaillet, insistaient particulièrement, pour qu'elle fut approuvée et exécutée. « Nous nous sommes engagé, disaient-ils, sur notre honneur et sur notre vie de vous faire agréer la réception du sieur de Fontaines. Vous nous compromettez si vous ne ratifiez cet engagement. Pouvez-vous supposer que beau-frère de notre comte il laisse ruiner notre ville et périr ses habitans ? Fiez-vous à l'intérêt que lui et sa famille portent à notre conservation. Sa venue ne doit d'ailleurs vous inspirer aucune défiance. Il nous a promis que sa suite n'excéderait pas douze personnes. Il nous a déclaré que son intention n'était pas d'entrer dans le château, et qu'il n'empêchait pas les habitans de prendre les précautions nécessaires pour se garantir de toute surprise. »

En parlant ainsi, les députés s'abusaient ou feignaient de s'abuser sur l'état où était le royaume. Dans le fait, l'édit de pacification n'existait plus et une guerre d'extermination était déclarée aux Réformés. La masse des habitans plus clairvoyante ne fut pas ébranlée ni séduite.

« Vous alléguez votre obligation personnelle, répondit-on aux députés, pourquoi l'avez-vous contractée? Votre mandat n'était-il pas précis, limité et circonscrit? Pourquoi l'avez-vous outrepassé? Mettrons-nous dans la balance le sort de quelques individus avec celui de toute une population? Lorsqu'au nom des habitans vous avez, sans aucun pouvoir d'eux, stipulé le renvoi des réfugiés, c'est-à-dire leur mort, avez-vous pensé que nous serions assez lâches, assez dénaturés pour ratifier cet engagement, et assez impies et assez infâmes pour l'exécuter? Vous avez donc fondé notre conservation sur le sang de nos frères, et vous avez cru que nous accepterions un tel acte? Non. Notre espoir est dans le roi lui-même, qui sera enfin convaincu que les Réformés sont des sujets aussi fidèles que les Catholiques, et qu'ils ne méritent pas les affreux traitemens auxquels ils sont exposés.

» Vous parlez des promesses de M. de Fontaines, mais avez-vous oublié qu'il est catholique et courtisan? Vous fierez-vous aux Catholiques, tant que leurs casuistes leur enseigneront qu'ils peuvent sans crime manquer de parole aux hérétiques et à leur égard violer la foi du serment? Vous fierez-vous à un courtisan, dont toute la conscience consiste à obéir et à ne rien faire qui déplaise à la cour? Sera-t-il même au pouvoir du sieur de Fontaines de tenir sa promesse? Sa dignité lui permettra-t-elle de rester à Sancerre un seul jour sans y commander, ou de recevoir des ordres de vous ses inférieurs ? Lui défendrez-vous de s'introduire dans le château ? Empêcherez-vous les mécontens et les Catholiques de la ville de se joindre à lui ? Empêcherez-vous les gentilshommes de la province de venir le visiter et le féliciter ? Pourrez-vous empêcher le gouverneur du Berry, votre mortel ennemi, de s'introduire dans vos murs ? Tandis qu'il est encore temps prévenons les conséquences de l'entrée du sieur de Fontaines. Déjà deux fois notre prudence et notre courage nous ont sauvé. Dans l'épreuve la plus difficile où nous nous soyons trouvé, conservons cette prudence et ce courage et laissons à Dieu, qui tient dans ses mains le cœur des rois, le soin du reste. »

Ces raisons enlevèrent tous les suffrages. Les députés furent désavoués. Il fut arrêté que M. de Fontaines ne serait pas reçu ; qu'on enverrait au-devant de lui une députation nouvelle, pour lui exposer que les malheurs des temps empêchaient de le recevoir ; qu'on était très fâché que les députés l'eussent engagé à prendre la peine de venir, et que, dans toute autre occasion, la ville serait flattée et honorée de sa visite. »

Pendant ces discussions, M. de Fontaines, croyant ses mesures bien préparées, et ne doutant point de la réussite de son projet, sur l'avis de Cadaillet, s'était mis en route et il arriva avec sa suite à Cosne, le 29 octobre. Les députés et tous ceux qu'avait séduits Cadaillet s'empressèrent d'aller le voir et le complimenter. Pendant cinq à six jours, ce ne fut qu'allées et venues de San-

erre à Cosne. Ces démarches servirent singulièr-
ent le projet du sieur de Fontaines, en augmen-
nt le nombre de ses partisans et en semant la
iscorde parmi les habitans. Il se forma deux
artis : l'un voulait que l'obligation des députés
't ratifiée, l'autre au contraire décidé à ne pas
cevoir M. de Fontaines.

Celui-ci fut bientôt instruit que les réfugiés
taient la principale cause du refus de le recevoir,
ue manifestaient les habitans. Il leur fit offrir,
e la part du roi, tel autre refuge qu'il leur plai-
ait choisir, s'engageant, même avec otages, de
s y conduire en sûreté, et, afin de mieux s'en-
ndre et de convenir des mesures à prendre, il
s invita à lui envoyer quelques-uns d'entre-eux.

Cette proposition fut acceptée. Jean Minier,
crétaire de l'université d'Orléans, et Jean Gi-
ardin, médecin d'Auxerre, furent choisis pour
ette conférence. De son côté M. de Fontaines,
ur la demande qui en fut faite, envoya à San-
erre deux otages, de La Motte-Fouchard, gentil-
omme du duc d'Anjou, et Lugny, fils du seigneur
e Buranlure.

Le 5 novembre, Minier et Girardin se rendirent
Cosne, et reçurent du sieur de Fontaines l'ac-
cueil le plus gracieux. La conférence s'ouvrit.
M. de Fontaines prit le premier la parole : il leur
it qu'on avait mal interprété ses intentions ; que
les Sancerrois qui le connaissaient ne pouvaient
douter de sa loyauté et se méfier de lui; que ce
n'était que pour éviter les plus grands malheurs,

et par pur intérêt pour eux qu'il s'était décidé à venir dans leur ville ; qu'il la prenait sous sa protection, si on voulait suivre ses conseils. Les députés n'eurent qu'à remercier M. de Fontaines de cette assurance de sa bonne volonté.

Abordant les questions les plus délicates qu'ils étaient chargés de lui faire, et qui les intéressaient davantage que ces promesses de protection et assurances de bonne volonté, ils lui demandèrent quelles étaient ses instructions par rapport à la liberté de conscience. M. de Fontaines leur répondit, qu'il n'avait reçu aucune commission du roi, pour permettre l'exercice public de la religion réformée à Sancerre. Mais cette réponse était évasive, car l'édit de 1570 permettait ce libre exercice. Cet édit existait encore ou n'existait plus. S'il existait, la réponse devait être franche et affirmative. Mais dans le fait l'édit avait cessé d'être, lorsque l'heure de la Saint-Barthélemy sonna, et M. de Fontaines ne voulait pas se compromettre par une réponse positive, ou par une promesse qu'il savait ne point être en son pouvoir de tenir. Les députés comprirent le sens de cette réponse.

« Vous demandez, continuèrent les députés, que nous quittions Sancerre. Mais vous savez que nous sommes innocens ; que depuis deux ans nous jouissions en paix des faveurs de l'édit. Avions-nous mérité le coup soudain qui nous a frappé ? Si nous n'eussions fui notre domicile, si Sancerre nous eut fermé ses portes, nous ne serions plus.

Vous nous conseillez d'en sortir, vous exigez même que nous en sortions, et où nous ferez-vous conduire? Sera-ce à Orléans, à Auxerre, nos anciens domiciles? Le moment de notre arrivée sera celui de notre mort. Vous avez été témoin que notre présence ici a failli y exciter une sédition. Nous ferez-vous conduire à La Rochelle, à Montauban, dans le Languedoc? Comment concevoir l'espérance de traverser avec sûreté des provinces soulevées et où sont allumés les feux de la guerre civile? Vous-même, si vous prenez intérêt à notre triste sort, et nous en sommes convaincus, loin de nous engager à quitter Sancerre, devriez au contraire nous donner le conseil de demeurer dans l'asile hospitalier que nous avons eu le bonheur de trouver. »

M. de Fontaines, embarrassé, répondit aux députés, que, puisqu'ils refusaient ses offres, il savait ce qu'il avait à faire, qu'il mettrait à exécution la volonté du roi et il les congédia.

Il était démontré que toutes les promesses et assurances du sieur de Fontaines n'étaient qu'un leurre ; qu'il voulait opérer, par la ruse et l'intrigue, ce que La Châtre voulait opérer par la force : la réduction de Sancerre. Sa conduite ultérieure acheva la démonstration de cette vérité.

Les députés de retour rendirent compte à l'assemblée générale des habitans de la conférence et de ses résultats. Il fut définitivement décidé que l'asile accordé aux réfugiés ne leur serait point ôté, et qu'on ne permettrait pas à M. de Fontaines l'entrée de la ville. On donna ordre à Cadaillet de se retirer sur-le-champ. Ce qui détermina principalement l'assemblée à adopter ces résolutions, ce fut l'avis certain qu'on reçut que les Réformés, indignés de l'horrible trahison employée contre eux, avaient repris les armes et que la guerre civile avait recommencé.

M. de Fontaines, parti avec l'espoir de ne rencontrer aucun obstacle, déconcerté par la fermeté des Sancerrois et la résolution de l'assemblée, ne savait à quoi s'arrêter, lorsque Cadaillet se présente à lui et lui fait part de ce qui s'est passé. « Sans doute, ajouta-t-il, vous ne pouvez plus entrer dans la ville de l'avis et du consentement des habitans, et vous n'avez pas en votre disposition des forces suffisantes pour les y contraindre; mais il est possible de surprendre le château, et une fois maître de ce point il vous sera facile de l'être bientôt de la ville. »

Alors Cadaillet détailla à M. de Fontaines le résultat de ses intrigues.

Cet homme adroit, pendant son séjour à Sancerre, avait séduit plusieurs citoyens, que leurs richesses rendaient plus timides ou moins attachés à leur religion. Il les avait d'abord engagés à appuyer dans l'assemblée la ratification de l'obligation de recevoir M. de Fontaines, que les députés avaient contractée au nom des habitans. Vous connaissez le résultat de cette première tentative. Le désaveu des députés ne le rebuta pas. Il avait remarqué que les habitans, confians dans la forte position du château, n'y entretenaient qu'une faible garde; qu'on pouvait dans une nuit démurer la porte de fer qui donnait sur la campagne, y introduire des troupes, et que la prise du château entraînerait nécessairement celle de la ville.

Convaincu de la facilité d'exécuter cette entreprise, il en fit part à ses amis, qui approuvèrent et adoptèrent ce funeste projet. Il se forma une ligue d'environ trente citoyens, qui projetèrent d'introduire par la force M. de Fontaines dans le château. La crainte de perdre leurs biens les porta à trahir leurs concitoyens, et à exposer la ville aux horreurs d'une surprise.

Une circonstance contribuait encore à favoriser ce projet, Julien de La Bertauche et Simon Charluchet, deux des principaux conjurés, venaient d'être élus commandans du château.

Tel, était l'état des choses, lorsque Cadaillet reçut ordre de quitter Sancerre.

M. de Fontaines, satisfait du rapport de Cadaillet, n'hésita pas à profiter des circonstances. Il l'invita à entretenir une correspondance active avec ses amis, et de les encourager par les plus brillantes promesses; pendant qu'il allait préparer les moyens d'exécution.

Les conjurés de Sancerre ne perdirent point de temps. Les trois échevins François Desmoulins, Guillaume Finou et Louis Dargent, qui étaient du nombre, avaient déjà fait transporter au château une grande quantité de munitions de guerre et de vivres. Comme ils avaient la garde et la disposition de ces objets, ce transport n'excita aucun soupçon ; en effet, les munitions étaient plus en sûreté au château que dans la ville. Mais il n'en fut pas de même, lorsque plusieurs autres transportèrent au château leurs marchandises et leurs meubles les plus précieux. C'était une imprudence qui avait la même cause que le complot : la crainte de perdre leurs richesses. Les autres habitans surpris leur demandèrent pourquoi ils prenaient ces précautions ? Ils répondirent que les réfugiés leur donnaient des inquiétudes, qu'ils en étaient haïs, et que plusieurs fois ils en avaient été menacés. Cette réponse était jusqu'à un certain point plausible, car ils avaient été d'avis dans les dernières assemblées d'éloigner les réfugiés.

De nouvelles imprudences augmentèrent encore les soupçons. Ceux du château commençaient à boucher la seconde porte du château qui communiquait avec la ville ; ils ne répondaient plus au mot d'ordre, et refusaient d'ouvrir la porte à la garde de ronde. Sur les plaintes que cette conduite occasionna, les commandans cherchèrent à l'excuser en disant que la crainte qu'on avait des réfugiés nécessitait ces précautions.

La défiance croissant de plus en plus, le capitaine La Fleur et quelques autres officiers montèrent au château et le visitèrent. Leur intention était de s'assurer si le mur qui fermait la porte de fer depuis le dernier siège était intact, et si les bruits populaires avaient quelque fondement. De

a Berjauche et Charluchet s'empressèrent de les
onduire partout. La Fleur, n'ayant trouvé rien
érangé, et n'ayant aperçu dans la manière d'a-
ir des commandans rien qui pût alarmer, sortit
lein de sécurité et assura aux habitans que leurs
raintes étaient vaines.

Lorsque les conjurés crurent leurs préparatifs
uffisans, ils choisirent pour l'exécution de leur
ntreprise la nuit du dimanche 9 novembre. Ils
nvoyèrent à cet effet Louis Dargent et Charles
legnault prévenir M. de Fontaines, qu'il leur était
mpossible de dissimuler plus long-temps.

Celui-ci, de son côté, n'était pas resté oisif. Il
vait rassemblé le plus de troupes qu'il avait pu,
t s'étant concerté avec Charles de Bueil de Ra-
an, son beau-frère, il lui avait confié le soin de
ette entreprise. De Racan passa la Loire et vint
oucher au château de Buranfure, avec les deux
nvoyés, le 8 novembre.

Le lendemain matin, de Sainpré se rendit au-
rès du sieur de Racan, lui annonça que les com-
andans du château l'attendaient, à minuit précis
la fausse braye (c'est le terrein pris sur le rez-
e-chaussée, autour du pied du rempart, couvert
'un parapet du côté de la campagne et qui défend
fossé), et que des échelles seraient préparées.
e Racan arriva vers le soir au pied de la mon-
gne, monta sans bruit et s'embusqua avec sa
oupe derrière les ruines de Saint-Romble.

Trente-quatre conjurés de la ville, profitant des
nèbres, s'introduisirent dans le château et s'y

cachèrent. Une nouvelle imprudence manqua d[e]
déjouer le complot et même en paralysa en parti[e]
l'exécution. Les commandans, pour rassurer en[-]
tièrement les habitans et les réfugiés, recevaien[t]
chaque soir au château une garde composée d[e]
six hommes. La prudence exigeait qu'on reçût [ce]
soir même cette garde comme à l'ordinaire, puis[-]
qu'il leur était facile ou de l'endormir ou au besoin
de la désarmer et de la faire prisonnière. Ils refu[-]
sèrent de la recevoir. Ceux qui la composaien[t]
instruisirent à l'instant les principaux chefs et le[s]
officiers de ce refus. On se transporta au châtea[u]
pour connaître les causes de cette étrange con[-]
duite. De La Bertauche et Charluchet déconcerté[s]
répondirent que c'était un mal-entendu, que le[s]
sentinelles du château ayant cru que la garde s'é[-]
tait présentée à une heure indue, et à laquelle on
n'ouvrait plus au château, avaient refusé d'ouvrir.
On leur répliqua que cela était impossible puisque
l'heure fixée n'était point encore expirée, et on
leur reprocha leur manière d'agir équivoque et ex[-]
traordinaire. Craignant d'être découverts, et qu'un
plus long refus ne mit toute la ville en émoi, ils
consentirent de recevoir la garde, à laquelle on
ajouta quelques citoyens et notamment Louis Mar[-]
tinal, jeune homme d'une fidélité et d'un courag[e]
à l'épreuve.

Mais le capitaine La Fleur, quoiqu'il eut déjà
visité le château et y eut trouvé tout en ordre,
avait continuellement observé les manœuvres de
La Bertauche, de Charluchet et de leurs adhé[-]

ans. Accoutumé au métier des armes, il était toujours attentif et défiant. Le séjour prolongé de M. de Fontaines à Cosne lui paraissait suspect. Le refus de recevoir au château la garde ordinaire, excuse même des commandans lui semblèrent cacher quelque mystère. Peut-être avait-il appris l'arrivée du sieur de Racan à Buranlure, qui n'est éloigné que de deux petites lieues de Sancerre. Fidèle au précepte du guerrier, que la défiance est mère de sûreté, il plaça à tout événement une garde dans la maison de Charluchet, en face de la porte du château, mit des sentinelles sur la terrasse Saint-Denis, d'où l'on pouvait découvrir ce qui se passait à l'extérieur, et il avertit les capitaines qui commandaient les postes de porte César et de porte Oison de tenir leurs troupes prêtes au premier appel; ces précautions sauvèrent la ville.

A minuit, le timbre de l'horloge du château sonne le signal. De Racan, à la tête de sa troupe, guidé par André Clément, bailli de la ville, sort de son embuscade et s'élance vers la fausse braye : mais ce mouvement ne se fait pas sans bruit. La sentinelle, que le capitaine La Fleur avait placée sur la terrasse St.-Denis, apercevant des hommes se glisser le long des murailles du château, fait feu dessus et crie aux armes. La suite du sieur de Racan, étonnée du bruit, et craignant une trahison, s'arrête et recule. De Racan et dix-sept personnes parvinrent seuls à escalader la fausse braye et entrèrent dans le château.

Cependant l'alarme est dans la ville. Le bruit court que le château est pris, et ce bruit augmente encore la consternation des habitans et réfugiés. En effet leur position était critique et presque désespérée, si ce bruit était réel. Ce château, bâti à la pointe de la montagne, domine toute la ville; le château pris, la ville ne pouvait tenir. Le capitaine La Fleur eut bientôt rétabli l'ordre.

Le capitaine Paquelon, qui commandait à port Oison, avait fait prendre, au premier coup de feu, les armes à sa troupe. Il sort à la tête d'un corps d'arquebusiers, dans le dessein de découvrir ce qui se passait et de prendre en queue ceux qui monteraient au château. Favorisé par les ténèbres, il parvient aux ruines de Saint-Romble, où il rencontre une sentinelle qui est au même instant saisie et désarmée. Il met son corps en bataille à l'embranchement des deux chemins de porte César et de porte Oison, et fait conduire son prisonnier à Sancerre.

Cet homme était armé d'une arquebuse et d'un casque doré. Dans l'interrogatoire qu'il subit, il répondit qu'il s'appelait Pantange, et qu'il était écuyer de M. de Fontaines ; il déclara qu'il faisait partie de l'expédition commandée par le sieur de Racan ; que celui-ci était entré avec dix-sept personnes dans le château; que le reste de ses soldats épouvantés par les coups d'arquebuse, croyant l'entreprise découverte, et craignant d'être attaqués s'étaient retirés à Saint-Satur, où M. de Fontaines devait se trouver avec la cavalerie du roi et autres troupes tirées de Cosne et de La Charité; [l]e leur dessein était d'entrer par la porte qui [do]nnait dans la campagne et que les commandans [de]vaient tenir ouverte. On connut alors toutes les [ci]rconstances du complot. On vit qu'il n'y avait [pa]s un instant à perdre. Le capitaine La Fleur fit [e]n conséquence ses dispositions, renforça le corps [d]e Paquelon stationné à Saint-Romble, et l'on se [di]sposa à l'attaque du château.

De leur côté, de La Bertauche, Charluchet et [le]s autres conjurés, qui jugeaient par les cris des [h]abitans que leur entreprise était découverte, se [p]ressent de barrer les portes qui communiquaient [av]ec la ville, afin de se mettre à l'abri des attaques [d]e leurs concitoyens, et de démurer la porte de fer, [a]fin de recevoir les troupes qu'amenait M. de Fon[t]aines. En même temps, ils désarment la garde [bou]rgeoise, et arment le capitaine Durbois et ses [s]oldats faits prisonniers à l'affaire de Chavignol.

Je vous ai dit que Louis Martinat avait été ad[j]oint à la garde ordinaire, que les commandans [d]u château avaient d'abord refusé de recevoir. Ce [je]une homme, qui n'avait point aperçu les trente-[q]uatre Sancerrois cachés dans les tours, ni re[m]arqué aucun mouvement extraordinaire, était allé se coucher dans le grenier au foin. Un bruit soudain le réveille en sursaut. Qu'on juge de sa surprise, lorsqu'il voit les cours du château remplies d'hommes armés et d'autres occupés à démolir le mur de la porte de fer. Il se croit perdu; mais, avant de mourir, il tente au moins d'être utile à son pays. Il s'avance dans l'obscurité vers la tour Saint-Georges et parvient sans être aperçu à la plate-forme. De la galerie qui a vue sur la muraille de la ville, il appelle la sentinelle qui veillait au bas de la tour et s'en fait connaître. C'était heureusement un de ses amis nommé Michel Granger. « Cours, mon ami, lui dit-il, va en toute diligence prévenir nos chefs de la trahison des commandans; avertis-les que M. de Racan et ses soldats occupent le château; qu'on démure la porte de fer; que les instans sont précieux, et qu'ils songent à ce qu'ils ont à faire. Adieu, mon camarade, c'en est fait de moi, je vais être égorgé. »

Il descend ensuite dans la cour, où il est arrêté et conduit à M. de Racan. Martinat était vaillant, et la valeur est toujours honorée même des ennemis. Les conjurés de la ville, qui le connaissaient et l'estimaient, font d'inutiles efforts pour l'attirer dans leur parti. Il rejette avec indignation leur proposition et leur reproche amèrement leur trahison. Ils l'engagent à dire au moins aux habitans qu'ils sont dans l'erreur, que le château ne renferme d'autres personnes que celles qui l'habitent ordinairement. Il s'y refuse en déclarant qu'il ne voulait pas mentir. De La Bertauche employa vainement les promesses les plus flatteuses, rien ne l'ébranla. « C'est vous de La Bertauche, s'écria ce jeune homme vertueux, qui me conseillez une pareille action? Vous, honoré de la confiance entière, et de l'estime universelle, comment avez-vous pu trahir vos parens, vos amis, vos frères, vos concitoyens et les livrer à une mort certaine ? Comment avez-vous pu fouler aux pieds en un seul jour trente années de vertu et de considération ? Sont-ce là les prières que vous dressiez ce soir au ciel pour la conservation de notre ville, en joignant l'hypocrisie à la trahison ? Dieu me préserve de vous imiter en abandonnant mes frères et une cause que j'ai juré de défendre, et que je défendrai jusqu'au dernier soupir. »

De Racan, admirant la vertu et le courage de Martinat, ordonna de le surveiller, mais de le laisser tranquille.

Les révélations du prisonnier et l'avertissement de Martinat déterminèrent les officiers et chefs de la ville à attaquer le château. Toutes les rues adjacentes furent barricadées. La partie du midi et celle du nord du château étaient inaccessibles. Tous les efforts furent dirigés contre la partie nord-ouest, où était la principale entrée. Au bas de la muraille était une première porte, ensuite venait la rampe ou escalier qui montait à la porte intérieure. Les habitans mirent le feu à la première porte et la brûlèrent. Pendant ce travail, que favorisaient les ténèbres, les assiégés apportaient tous leurs soins à barrer la seconde porte et à encombrer l'escalier et ne cessaient de jeter du haut des tours des pierres sur les assiégeans.

Martinat, qui observait ce qui se passait au château, avait bientôt connu le nombre de ceux qui s'en étaient emparé. Il cherche les moyens d'en instruire ses concitoyens. D'une meurtrière, où il s'est glissé secrètement, il charge le jeune Granger, qui était aux aguets, de prévenir les chefs que M. de Racan n'avait avec lui que vingt-cinq hommes étrangers, dix-sept qui l'avaient suivi, le capitaine Durbois et ses sept soldats; qu'ils ne sont pas assez nombreux pour défendre le château; qu'en redoublant d'ardeur et d'activité ils réussiront. Au point du jour, voyant les assiégés troublés et incertains, il écrit avec une épingle sur son psautier ces mots: *prenez courage, le cœur leur faut*, et le jette dans la ville. Ce livre fut porté au père de Martinat, qui par ce moyen apprit avec grande joie que son fils vivait encore, mais n'aperçut pas l'écriture.

Il fallait brûler et forcer la seconde porte. On chercha à émouvoir la compassion des assiégés. De La Bertauche avait encore son père, vieillard vénérable: les autres conjurés de la ville y avaient laissé leurs femmes et leurs enfans. On amène le vieillard, ces femmes et ces enfans, on les attache, on les charge de fagots. En cet état, on les conduit à la seconde porte; une troupe de soldats armés les escorte et leur ordonne de déposer leurs fagots et d'y mettre le feu. Les assiégeans plaçaient donc leurs perfides concitoyens dans l'alternative ou de ménager les soldats, qui n'attendaient que l'occasion de s'élancer dans le château, ou de tuer le père de leur commandant, leurs femmes et leurs enfans. Le père de La Bertauche supplie avec larmes son fils d'avoir pitié de lui et d'épar-

ner sa patrie; les femmes et les enfans poussent
es cris lamentables. Les conjurés restent insensibles aux émotions de la nature, et sourds aux
émissemens de ce qu'ils devaient avoir de plus
her au monde. Ils ne cessent de tirer sur ces
alheureux, et la femme de Pierre Lemort, l'un
'eux, est blessée au sein. Les assiégeans plus humains, les voyant insensibles à un tel spectacle,
t ne voulant pas que ces infortunés fussent victimes de la barbarie de leurs pères et de leurs maris,
ont retiré ces femmes et ces enfans.

Alors une vive fusillade s'engagea de part et
'autre. C'était une arme bien faible contre des
urailles et des tours d'une épaisseur énorme. Les
assiégés n'avaient qu'un point à défendre, la seconde porte du château; des autres côtés ils étaient
en sûreté. Aussi tous les efforts des assiégeans se dirigèrent contre la seconde porte. Ils mirent le feu
aux fagots dont ils avaient chargé les femmes et
ne cessèrent d'en jeter d'autres. Les assiégés ne
restèrent pas oisifs, ils encombrèrent la rampe qui
conduisait à cette seconde porte avec des pierres,
des poutres et de la terre. Deux habitans furent
tués à cette attaque.

Comme l'accès était très difficile, que les assiégés continuaient par tous les moyens qui étaient
en leur pouvoir à fortifier cette seconde porte,
pendant qu'ils achevaient de démurer la porte de
fer, le moindre retard augmentait le danger de
la ville. Le capitaine La Flour et les autres officiers ont recours à un autre expédient. Vous avez

vu, dans la description du château, que la part nord-ouest consistait en un grand corps de bâtiment, dont le bas servait jadis de cuisine et le haut de jeu de paume. Ce bâtiment n'avait point d'ouvertures du côté de la ville, et on pouvait en approcher sans danger. Si on parvenait à percer le mur, les portes intérieures n'étaient qu'un faible obstacle, et la garnison n'était pas assez forte pour résister, si elle était attaquée sur plusieurs points. Le capitaine La Fleur rassemble donc les vignerons et les maçons de la ville et leur ordonne de percer le mur de ce bâtiment. Pour mettre à l'abri les travailleurs, on dressa des poutres le long de la muraille et on les recouvrit de planches. Cette précaution ne fut pas inutile, car les assiégés, pénétrant le dessein de leurs ennemis, jetèrent du haut de la tour Saint-Georges sur les travailleurs une grêle de pierres, qui, rencontrant dans leur chûte ce toit de planches, ne blessèrent personne.

Les vignerons et les maçons, encouragés par les chefs, animés par le sentiment de leur propre danger, travaillent avec une telle ardeur qu'en trois ou quatre heures ils percent ce mur épais et dont la dureté égale celle du rocher, en quatre endroits, et y pratiquent quatre ouvertures considérables. Aussitôt les capitaines La Fleur et Buisson, suivis de leurs soldats, s'élancent l'épée à la main dans ces brèches et montent à l'assaut. Un obstacle imprévu les arrête. Le rez-de-chaussée, qui était voûté, était rempli de foin et le passage entièrement obstrué. Que faire et que résoudre? Les

[sol]dats tirent le foin par ces ouvertures, mais [c']est un ouvrage de longue haleine et les instans [son]t précieux : la porte de fer est démurée, c'en [est] fait de la ville, si les défenseurs du château re[ço]ivent du secours, et il peut en arriver à chaque [in]stant. On prend la résolution de mettre le feu [a]u foin et le soldat qui l'exécute reçoit une bles[s]ure dangereuse.

Il était facile de prévoir que c'était un obstacle [d]e plus au passage. Une masse de foin ne brûle [p]as en un clin-d'œil, et, une fois embrâsée, l'ac[c]ès était impossible. En effet, une fumée noire et épaisse remplit l'intérieur du bâtiment, et cette [f]umée et la chaleur des murs forcent les assail[l]ans d'en sortir. L'entreprise paraissait manquée.

Les assiégés, qui devaient réfléchir que l'incen[d]ie du foin opposait un obstacle presqu'invincible [a]u passage, s'avisent de mettre eux-mêmes le feu [à] la partie supérieure du bâtiment. Il est probable [q]ue leur intention était de faire écrouler la voûte, [e]t par ce moyen rendre toute communication im[p]raticable. Les greniers étaient remplis de meubles [e]t de bois, peut-être même des effets que les conjurés de la ville y avaient transportés. La flamme éclate avec fureur et gagne la couverture. Le feu se communique à une espèce de belvédère placé sur la plate-forme de la tour Saint-Georges et l'embrâse en un instant.

Les voyageurs, qui de la route de Lyon aperçoivent cette fumée et cette flamme, s'imaginèrent que Sancerre était pris. Ils en portèrent la nouvelle à Paris, d'où elle se répandit d[ans] tout le royaume.

L'incendie des greniers et couverture de la par[tie] septentrionale du château n'eut aucun résulta[t] favorable à la défense de la garnison. La voût[e] inférieure résista et ne tomba point.

Cependant l'alarme était à la fois dans la vill[e] et dans le château.

M. de Racan, étonné du retard de son frère, l[ui] avait dépêché un page, et le page ne revena[it] point. La garnison peu nombreuse était ince[r]taine et découragée.

Les habitans redoutaient l'arrivée de nouvelle[s] troupes. Déjà un corps nombreux paraissait sur la rive droite de la Loire. Du haut des tours de porte César, on voyait des bateaux chargés de sol·dats traverser le fleuve; on entendait les trompettes de la cavalerie.

Les habitans trouvèrent dans leur désespoir une nouvelle vigueur et une nouvelle énergie. Il faut éteindre ce feu qu'ils ont si inconsidérément allumé. Les femmes et les enfans apportent l'eau que leurs maris et leurs pères jettent sur le foin embrasé. Les vignerons et les maçons arrachent avec de grands crochets de fer le foin fumant, les poutres enflammées, et tout ce qui s'oppose au passage, tant par le bâtiment septentrional, que par la rampe qui conduit à la porte intérieure.

Cette obstination, cet acharnement des assiégeans étonnent la garnison. Le sieur de Racan, incertain, délibère s'il résistera plus long-temps s'il évacuera le château. Le jeune Martinat, toujours attentif, profite de cette circonstance pour s'évader. Il s'aperçoit qu'on ne le surveille plus; il s'élance sous la voûte qui conduit à la porte de fer, l'ouvre et est en liberté. Il franchit les hayes, traverse les vignes, se glisse le long des murailles et parvient à la porte Oison. Le capitaine Paquelon, qui le reconnaît, le reçoit avec la plus vive satisfaction. Il vole ensuite dans les bras de son père, et, après avoir rempli les devoirs de la nature, il court remplir ceux du citoyen en se réunissant aux habitans qui assiègent le château.

La présence de Martinat, qui annonce le découragement des assiégés, l'approche de la nuit, la crainte de l'arrivée prochaine des troupes que conduisait le sieur de Fontaines, triplent les efforts des assiégeans. Déjà les poutres et le foin enflammés ont été arrachés. Le capitaine Laurent saute le premier au milieu des débris fumans, parvient à la cour et monte à la plate-forme encore brûlante de la tour Saint-Georges. De là il crie à pleine voix : *Dedans, enfans, dedans, ils sont à nous, ils ont peur, ils ont le cœur failly.*

Ce cri retentit dans tout le château et y porte l'épouvante et l'effroi. M. de Racan, ne pouvant concevoir les causes du retard de son frère et de celui de son page, convaincu qu'une plus longue résistance est inutile, et qu'il est perdu s'il reste plus long-temps, donne le signal de la retraite,

15

qui s'effectue par la porte de fer. Le capitaine Paquelon, qui s'aperçoit de ce mouvement, se met avec quelques fantassins à la poursuite des fuyards; mais il n'ose s'avancer au-delà des ruines de Saint-Romble. La nuit approchait; une partie des troupes du sieur de Fontaines occupait Saint-Satur; il pouvait être enveloppé : il se contenta d'observer la retraite du sieur de Racan, afin de s'opposer à son retour s'il le tentait.

Tandis que la garnison du château sortait par la porte de fer, le capitaine La Fleur et les autres chefs forcent la seconde porte et pénètrent dans les cours. Les premiers qui entrèrent mirent à mort Rouillard de Sancerre et Sandron de Cosne, et firent prisonniers Jean Garnier et son fils, Buqueau, fermier du château, Chollet et l'échevin François Desmoulins. Un page du roi avait été tué pendant le siège.

Cadaillet, auteur du complot, blessé mortellement à la tête, avait été abandonné par M. de Racan. Les Sancerrois, qui le regardaient avec raison comme auteur de ce désordre, s'en emparent. Chargé sur le dos d'un vigneron, il est promené en cet état par tous les carrefours et rues de la ville, exposé aux insultes, aux moqueries et aux huées de la populace, qui enfin l'assomma à la porte de l'église Saint-Jean.

L'assaut avait été si brusque et la retraite si précipitée, que personne n'avait pu rien emporter. Les vainqueurs trouvèrent dans le château une grande quantité d'armes, de munitions de guerre, argent monnayé, et les marchandises et effets précieux que les conjurés de la ville y avaient transportés.

Le château fut repris le 10 novembre 1572, après un siège d'environ dix-sept heures.

Cette entreprise avait été bien concertée; mais elle fut mal exécutée. On ne conçoit pas les motifs qui empêchèrent M. de Fontaines de suivre immédiatement son frère et de le soutenir. Cent hommes de plus jetés dans le château suffisaient à sa défense, et la ville était forcée de capituler. Les habitans, qui prévoyaient les suites fatales de l'occupation du château, ne redoutaient rien autant que l'arrivée de M. de Fontaines. Ils étaient perdus, si ce secours eut secondé M. de Racan, et cette crainte doubla leur courage et leurs efforts. « La surprise de ce chasteau, dit ingénuement le ministre Jean de Lery, avait merveilleusement estonné le peuple de la ville; et de
» faict, pour mon regard, j'appréhendai plus la
» mort ce jour-là, que je n'ay fait depuis durant
» tout le siège, aussi aspre cependant qu'on en
» ait guères veu. »

Le lendemain, les Sancerrois s'assemblèrent aux Halles, et célébrèrent solennellement un service d'actions de grâces. Un double sujet de joie les excitait, l'heureuse délivrance du château, et le souvenir que quatre ans auparavant, et à pareil jour, ils avaient battu et dispersé à Chavignol les troupes envoyées de Bourges pour les soumettre.

Il ne restait plus à M. de Fontaines aucun espoir de parvenir au but qu'il s'était proposé. Cadaillet était mort, le château repris et les Sancerrois étaient sur leurs gardes. Il se détermina à retourner à Paris le 11 novembre. Ses troupes et ses bagages ne quittèrent Cosne que neuf jours après.

L'avenir était sombre et nuageux. La guerre civile avait de nouveau éclaté, et les Réformés opposaient une résistance à laquelle on ne s'attendait pas, après le terrible coup qui leur avait été porté. Mais ils défendaient leur vie, celle de leurs femmes et de leurs enfans, et, dans cette extrémité, les plus lâches deviennent courageux. Vous venez d'en voir un exemple, et la suite de cette histoire vous en montrera d'autres. L'édit de 1570 avait tout désarmé; le sang versé le jour de la Saint-Barthélemy avait mis pour la quatrième fois la France en combustion. Et comment, après une atrocité de ce genre, ramener la confiance et rassurer les esprits?

Les Sancerrois avaient donc repris le château, que la perfidie avait livré; mais ils résistaient aux ordres du roi en refusant de recevoir garnison ou de démolir leurs fortifications. Ils devaient donc s'attendre qu'on ne les laisserait pas tranquilles, et que La Châtre solliciterait de nouveau la commission de les réduire.

Bien plus, l'accord le plus parfait ne régnait pas entre les habitans. Les réfugiés, que le malheur rendait défians, n'avaient pas oublié que les députés avaient stipulé avec M. de Fontaines leur éloignement. Un grand nombre des anciens habitans, et particulièrement les plus riches pensaient que la présence de ces réfugiés était le prétexte dont on se servirait pour placer garnison dans la ville, et que leur éloignement apaiserait la cour. Les jalousies du commandement, l'amour-propre blessé, vinrent encore accroître la division. On attribua à de secrets mécontentemens la retraite de plusieurs habitans, parmi lesquels on compte le capitaine La Doye, Étienne Guichard, et autres citoyens riches et renommés par le courage qu'ils avaient montré dans les précédentes guerres. Et comme l'effroyable caractère des guerres civiles est l'anéantissement des affections de la nature, quelques-uns ne se contentèrent pas de sortir de la ville, ils prirent encore les armes contre leur patrie et assistèrent au siège. On peut dire en leur faveur qu'il était évident que leurs concitoyens étaient rébelles à leur souverain, et qu'ils ne voulaient pas participer à leur rébellion; qu'ils voyaient une petite ville, sans troupes réglées, sans canons, presque sans armes, s'exposer aux horreurs d'un siège et se précipiter volontairement dans un abîme, d'où aucun secours ne pourrait la tirer. Peut-être le secret motif de leur conduite était la conservation de leurs richesses et la conviction où ils étaient que les réfugiés, qui avaient tout perdu, défendraient leur vie jusqu'à la dernière extrémité. Quoiqu'il en soit, cette retraite de citoyens riches et courageux affaiblit singulièrement la ville. « Tellement,

» dit Jean de Leri, que ceux de Sancerre furent
» merveilleusement affoiblis d'hommes, et desti-
» tuez de moyens par telle sortie et division. Et
» n'y a doute qu'une partie des defauts qui ont
» esté en la ville durant le siège ne soit venue
» de là. »

L'expérience avait démontré que la division et l'anarchie conduisaient à une ruine certaine, et il fallait porter un prompt remède à des maux qui menaçaient la ville. A l'exception du siège soutenu contre Martinengo, et pendant lequel Johanneau avait été nommé gouverneur et le capitaine La Fleur commandant, la ville n'avait eu d'autres magistrats civils que ses échevins, et aucun capitaine n'avait eu de suprématie sur les autres. Dans la position critique où l'on se trouvait, il était indispensable de mettre la ville sur le pied de guerre, d'y établir une police rigoureuse et d'y faire régner l'ordre et la subordination.

Le bailli Johanneau, c'est ainsi qu'on le nommait, fut de nouveau élu gouverneur général. Je vous ai fait connaître cet homme. Il avait conservé sa prépondérance et son autorité sur les habitans. Son courage, sa fermeté, une fidélité éprouvée le rendaient digne de ce poste. On lui donna pour lieutenant Faby de La Charité, et pour sergent-major Louis Martignon, grènetier du sel.

Le capitaine La Fleur fut choisi commandant en chef; et le service militaire fut ordonné ainsi qu'il suit : Tous les hommes en état de porter les armes furent divisés en deux bataillons, l'un comprenait les anciens habitans et le second les réfugiés des autres villes.

Le bataillon des naturels était composé d'environ cinq cents hommes, savoir : trois cent cinquante bourgeois et cent cinquante vignerons. Le commandant de ce bataillon était le capitaine Sartignon, fils du sergent-major de Johanneau. Il choisit pour son lieutenant Claude Pillard, et pour enseigne le jeune Martinat, dont nous avons parlé.

Le bataillon des réfugiés comprenait environ trois cents hommes. Son commandant était le capitaine Buisson; il eut pour lieutenant le capitaine Paquelon, et pour enseigne le capitaine La Minée.

Le capitaine La Fleur forma dans le bataillon des habitans deux compagnies d'élite. L'une pour faire, autant que le permettait le petit nombre de chevaux existant dans la ville, le service de la cavalerie, et l'autre de gens de pied, et il s'en réserva le commandement particulier. Il nomma le capitaine Chaillou d'Orléans lieutenant de ces deux compagnies, le capitaine Montauban, de Gergeau, cornette de la cavalerie, et le capitaine La Bussière, de Cortaison, près Orange, enseigne de la compagnie d'infanterie. Il forma également dans le bataillon des réfugiés une compagnie d'élite de volontaires, que commanda le capitaine Dorival d'Aubigny.

On voit que l'armée Sancerroise, y compris cent cinquante vignerons, n'excédait pas huit cents hommes.

Les vignerons étaient armés de toutes sortes de manières : de piques, de sabres, de quelques fusils et même de frondes qu'on appela les *pistolets de Sancerre*. Ces hommes robustes, qui avaient rendu de grands services à l'attaque du château, ne furent pas moins utiles pendant le siège.

L'enthousiasme guerrier saisit même les femmes et les enfans. Nous les verrons bientôt à chaque alarme, soit de jour, soit de nuit, aller aux remparts armés de hallebardes et de broches, combattre à côté de leurs maris et de leurs pères, et affronter avec eux les dangers et la mort.

Une querelle qui s'éleva entre les capitaines La Fleur et La Minée faillit troubler l'ordre qu'on venait d'établir. Ils avaient l'un et l'autre des amis qui prirent part à la querelle, et déjà ils s'étaient rassemblés sur la place des Halles prêts à en venir aux mains. Mais le conseil de la ville intervint, et leur ayant représenté combien leur division était funeste; qu'elle compromettait les intérêts communs; que la patrie, la religion leur faisaient un devoir de sacrifier leur injure personnelle au bien général; que les motifs de leur querelle étaient légers, et qu'ils étaient tous deux hommes d'honneur, ils se réconcilièrent sur-le-champ, s'embrassèrent et abjurèrent sincèrement tout sentiment d'animosité.

La défiance des réfugiés n'était pas entièrement dissipée. Il fallait extirper jusqu'au soupçon même de trahison. Jusqu'alors le conseil de la ville n'était composé que d'anciens habitans on résolut d'y adjoindre un nombre pareil de réfugiés, ce qui le porta à vingt-cinq personnes. Par ce moyen, les intérêts devenaient communs : les réfugiés étaient assimilés aux autres citoyens de la ville, et tout prétexte de division disparut.

Le gouverneur Johanneau, de concert avec le conseil et les officiers, rendit plusieurs ordonnances, l'une pour réprimer les juremens, les blasphêmes et le désordre des mœurs, et une autre, non moins nécessaire, pour maintenir la discipline entre les gens de guerre, empêcher le brigandage et les vexations, et conserver une police rigoureuse. Ces ordonnances furent lues, publiées et affichées dans tous les carrefours et places publiques de Sancerre. Sans ces ordonnances, la ville, remplie de réfugiés de différens endroits, et parmi lesquels pouvaient se rencontrer des malfaiteurs, serait devenue un repaire de brigands. Elles étaient non-seulement indispensables par rapport à la tranquillité de cette cité, mais encore par rapport à la sûreté des campagnes voisines qui l'approvisionnaient, et c'est à elles qu'on dut l'ordre qui régna constamment pendant le siège. On tint sévèrement la main à l'exécution et observation de ces ordonnances. Plusieurs soldats s'étaient permis de marauder; un d'entre-eux, convaincu de vol et de pillage dans les villages voisins, et particulièrement d'avoir à Ménétréol brûlé les pieds d'une femme, pour lui arracher son argent, fut jugé, condamné à être pendu et exécuté le samedi 6 décembre, jour du marché. Deux autres soldats et une servante, convaincus de larcins, et condamnés au fouet, reçurent leur punition le même jour.

Lorsque toutes ces mesures d'ordre et de police eurent été prises et mises à exécution, le bailli Johanneau et le conseil de la ville firent publier, le 16 novembre, que les habitans n'avaient pris les armes, n'avaient défendu et ne défendaient leur ville, que dans l'unique dessein de conserver la liberté de conscience, et particulièrement leur vie ouvertement menacées; qu'ils se conformeraient exactement à l'édit de pacification, que le roi avait déclaré irrévocable et qu'il n'avait pu révoquer; protestaient de leur fidélité au roi, maintenant trompé par de perfides conseils. Sancerre imitait la Rochelle et autres places fortes qu'occupaient les Réformés.

Alors notre ville prit une attitude toute militaire. Pour la première fois, le tambour de guerre y retentit; le commandement se donna et s'exécuta avec ordre. Les postes furent désignés, les corps-de-garde furent distribués et des factionnaires, placés aux portes, et sur les remparts, veillèrent jour et nuit à la sûreté publique.

Ainsi Sancerre était encore une fois hors de l'obéissance du roi. Au centre du royaume, cette ville était un état indépendant. C'était sans doute ne monstruosité. Mais tout n'était-il pas monstrueux à cette époque désastreuse ? Les massacres de la Saint-Barthélemy n'étaient-ils point un monstre en politique, en morale et en religion ?

Il ne se passa rien de remarquable pendant le mois de novembre. Par mesure de précaution, et crainte de surprise, le marché avait été transporté des places de la Pancterie et des Halles au champ Saint-Ladre et hors des murs. Les villageois, que la police établie rassurait contre les vexations, y apportaient comme à l'ordinaire leurs denrées.

Dans les premiers jours de décembre, la ville commença à être inquiétée. Le capitaine Cartier d'Orléans, conduit par des Sancerrois qui s'étaient sauvés du château, avait fait une incursion à Ménétréol, s'était emparé des moulins bannaux, et avait enlevé les grains et farines qui appartenaient aux habitans de la ville. Ceux-ci, présumant qu'il recommencerait la même opération, se mirent en embuscade sur son passage, le 19 décembre ; ils l'attendirent vainement : le capitaine Cartier averti à temps ne s'exposa point. En revenant, ils saisirent et emmenèrent dix-neuf voitures chargées de vin, une autre chargée de deux porcs, et deux chevaux chargés de vivres et d'habits destinés à l'approvisionnement des troupes de Cosne.

Le 20 décembre, le marché qui se tenait au champ Saint-Ladre fut troublé. Le capitaine Cartier, à la tête de quatre-vingts cavaliers et d'un corps d'infanterie, parut sur le sommet de l'Ormeau-Loup, et posa ses sentinelles. Les Sancerrois ne s'amusèrent pas à les regarder, ils les attaquèrent, et tuèrent une des sentinelles qui rest en leur pouvoir. Le capitaine Cartier évita le combat et se retira.

Le 27, une cinquantaine de fusiliers, soutenu par quelques cavaliers, se transportèrent pendant la nuit à Azy et autres villages voisins et firent conduire à Sancerre trois cents boisseaux de blé et farine.

Quatre soldats et autant de vignerons, ayant poussé jusqu'au bourg de Jars, y répandirent une telle alarme que les habitans abandonnèrent leurs maisons. Ils prirent trois chevaux qu'ils conduisirent à la ville. Mais le capitaine Buisson fi rendre les chevaux aux propriétaires, moyennant une légère somme d'argent qu'ils donnèrent aux soldats.

Des gens de guerre rôdaient aux environs de Savigny. On fut averti que ce village était leur lieu de retraite ordinaire. Le 31 décembre, un corps de fusiliers et de cavalerie sortit de la ville et tenta de les surprendre. Mais parvenus au bourg de Savigny et n'ayant trouvé aucun militaire, les Sancerrois en emmenèrent cent boisseaux de blé.

Un autre corps se rendit, les 1er. et 2 janvier 1573, au village de Subligny et en tira quatre voitures chargées de blé et de vin et huit bœufs. On conduisit le curé du lieu prisonnier à Sancerre, mais il fut relâché aussitôt.

Le 3 janvier, la compagnie du comte de Brienne et un escadron de cavalerie parurent sur la route de Bourges, vers l'embranchement de Bué, où ils firent halte et se rangèrent en bataille. Le commandant envoya un détachement de voltigeurs jusqu'au champ Saint-Ladre ; vingt-cinq fusiliers descendirent et éloignèrent ces cavaliers.

Le 5, le capitaine La Pierre, arrivé depuis peu de Mons, fit avec une quinzaine de cavaliers une expédition sur Villegenon, bourg éloigné de quatre lieues. Le peuple était assemblé à l'église et célébrait la fête des Rois. A la vue des soldats, les habitans prirent la fuite et abandonnèrent le curé. Les Sancerrois ne firent de mal à personne. Mais ayant reconnu dans l'église un sergent nommé Retichon, jadis réformé et maintenant catholique, ils le saisirent, l'emmenèrent à Sancerre où il fut mis en prison. Cet homme, à la recommandation du capitaine La Minée, qui le connaissait, obtint sa liberté. On eut l'imprudence de le laisser dans la ville et cette imprudence coûta cher.

Le 7 janvier, le capitaine La Fleur, informé que la compagnie du capitaine Cartier se retirait ordinairement en un village près de Châtillon-sur-Loire, forma le dessein de la surprendre. Le capitaine La Pierre et lui partirent accompagnés de cinquante cavaliers. L'avis était faux, ils ne trouvèrent personne. Peu s'en fallut qu'à leur retour ils ne donnassent dans une embuscade. M. de Montigny les attendait, dans le bourg de Jars, où leur intention était de s'arrêter, avec cent cinquante cavaliers. Heureusement cette troupe fut découverte par l'avant-garde du capitaine La Fleur qui donna sur-le-champ à ses gens le signal d'une prompte retraite. M. de Montigny les poursuivit vivement, mais ne put les atteindre. Jean de Leri pense que l'avis donné au capitaine La Fleur était une ruse imaginée pour perdre une troupe d'élite, composée des meilleurs officiers et soldats de la ville.

Toutes ces escarmouches, ajouta l'habitant de Sancerre, étaient le prélude de l'orage qui menaçait cette place. Demain, dans ce même endroit, je vous retracerai les circonstances du siège et les maux qui ont accablé nos ancêtres. C'est un exemple terrible de ce que peut faire et de ce que peut souffrir le fanatisme religieux.

SIÈGE.

Tout annonçait l'orage. L'aurore matinale n'avait point rafraîchi de ses pleurs l'herbe flétrie; des vapeurs blafardes couvraient le lit de la Loire et cachaient ses ondes. Le bord de l'horison était chargé d'une espèce de fumée bleuâtre, au travers de laquelle le soleil, dépouillé de ses rayons, montrait son disque couleur de sang. De légers nuages enveloppaient les cîmes de l'Orme-au-Loup et de Pierre-Coupilière. Au sud-est, une nuée noire et épaisse pressait l'atmosphère embrasée. Ses masses gigantesques étaient sillonnées par la foudre, et dans ses flancs caverneux mugissait sourdement le tonnerre. Les oiseaux retenaient leurs chants, et les vents leur haleine. La feuille des arbres était immobile. Au-dessus de la montagne de Sancerre le ciel était d'azur. J'admirais ce calme profond, ce silence majestueux de la nature, précurseurs de l'orage et du choc des élémens.

Telle était, me dit l'habitant de Sancerre, la situation de nos aïeux au mois de janvier 1573. Notre ville était tranquille, dans la sécurité, et autour d'elle se formaient et grondaient les foudre qui allaient la frapper.

Dès le mois de décembre, le bruit courait qu la ville serait bientôt assiégée, et qu'une armée rassemblait à cet effet. Le conseil de la ville et l gouverneur devaient s'attendre à cet événement et ne pouvaient se flatter qu'on les laisserait ains tranquilles. Depuis le 16 novembre, Sancerr était en rébellion. On ne pouvait se dissimule cette position, et ne pas être convaincu que l gouvernement du roi employerait tous ses moyen pour réduire une place fortifiée, située au centr du royaume, et interrompant toutes les commu- nications entre les provinces circonvoisines. moins clairvoyans prévoyaient cet événement.

On avait pris de sages précautions pour préve- nir les désordres et maintenir la police, mais on s'arrêta lorsqu'il fallait agir. On se mit en rébel- lion et on négligea les moyens de la soutenir.

La ville n'avait point de canons. Il eût été facile. après la levée du siège par Martinengo, et lorsque La Charité et une partie du Nivernais étaient au pouvoir de Guarchy et de Briquemaut, que les communications étaient libres avec l'armée de Coligny, de se procurer quelques pièces d'artille- rie. On n'y pensa pas ou peut-être les ressources de la ville ne le permirent point. L'édit de 1570 rendait d'ailleurs cet armement inutile, puisque Sancerre, n'étant point une ville de sûreté, ren- trait sous l'obéissance du roi, qui pouvait y mettre garnison.

Mais lorsque, le 16 novembre, les Sancerrois urent déclaré qu'ils défendraient leur ville pour a conservation de leur vie et de la liberté de conscience, lorsqu'ils furent instruits que les villes e sûreté allaient être, ou peut-être étaient déjà ssiégées, que la guerre civile avait éclaté, la rudence leur conseillait et la nécessité leur ordonnait de mettre en usage tous les moyens de utenir le siège dont ils étaient menacés.

Ici l'histoire fait de graves reproches au bailli ohanneau.

Il était sans contredit le seul homme de Sancerre capable de remplir les fonctions importantes qui lui étaient confiées. Son expérience, sa fermeté, son courage éprouvé, sa fidélité incorruptible lui avaient mérité la confiance entière des habitans. Les sages ordonnances qu'il avait rendues, relativement à la police de la ville et à la discipline des troupes, et qu'il faisait exécuter avec une sévère impartialité, avaient encore accru son crédit. Je vous ai dit que son seul défaut était d'être trop entier dans son opinion, et de la préférer à l'avis des autres, quelque sage et utile qu'il fût. Johanneau était persuadé que cette guerre ne serait point de longue durée; que le gouvernement était trop occupé ailleurs pour songer sérieusement à Sancerre; qu'on se bornerait comme autrefois à de simples escarmouches, et à tenter quelque surprise. Il regardait en conséquence tous ces bruits de formation d'armée, de préparatifs de siège, ou comme faux ou comme exagérés. Il se trompa, et son erreur causa et sa perte et le malheur des habitans, qui avaient en ses discours une aveugle confiance.

Le capitaine La Fleur et les autres officiers lui représentèrent que tous les rapports s'accordaient sur ce point, que La Châtre avait reçu l'ordre formel d'assiéger et réduire Sancerre, et faisait ses préparatifs; qu'une armée royale se rassemblait dans les environs; qu'il fallait donc s'attendre à être attaqué sous peu de jours.

Ils ajoutaient qu'il y aurait de l'imprudence à mépriser ces rapports, fussent-ils exagérés; que, dans la position où se trouvait Sancerre, il était indispensable de mettre la place sur un pied respectable de défense, en réparant sans tarder les fortifications, en munissant les endroits faibles; que Fontenay, Saint-Satur, Saint-Thibault et autres villages voisins seraient occupés par l'ennemi et qu'il s'y retrancherait; qu'une impérieuse nécessité exigeait qu'ils fussent brûlés et détruits; que dans tous les cas il fallait approvisionner la ville, autant qu'on le pouvait, et pendant que les communications avec la campagne étaient encore libres.

Le capitaine Martinat l'aîné se chargeait de faire conduire, dans les magasins, plus de trois mille boisseaux de grains, au prix courant du marché.

Johanneau, qui jugeait des événemens présens par les événemens passés, répondait aux officiers que les précautions qu'ils proposaient, quoique très sages, lui paraissaient inutiles. « Les bruits dont vous parlez, leur dit-il, sont semés à dessein par le gouverneur du Berry, mais en réalité ils sont sans aucune consistance. En ce moment, les Réformés du royaume, dont la mort est résolue, sont partout soulevés. Toutes les forces du roi sont devant La Rochelle, Nîmes, Montpellier, Montauban et Sommières. Le gouvernement est trop occupé dans le Languedoc et les provinces de l'ouest pour songer sérieusement à nous. Nous n'avons à craindre que des embûches et des surprises, et n'avez-vous pas mis en usage tous les moyens de les prévenir ? N'avez-vous point dispersé tous les détachemens qui rôdaient dans nos environs ? Depuis dix ans n'a-t-on pas toujours suivi la même tactique ? Martinengo n'a-t-il pas éprouvé que le siège de notre ville exige une armée ? Et quelques compagnies commandées par les capitaines Cartier, de Montigny et de Brienne sont-elles suffisantes ? Nous n'avons donc aucun siège régulier à craindre. Il n'y a donc en ce moment aucune nécessité d'augmenter nos fortifications.

» Sur un simple soupçon, vous déciderez-vous à détruire quatre ou cinq villages ? Par pure mesure de précaution, faut-il plonger dans la misère une population nombreuse, brûler leurs habitations, et exposer les habitans aux intempéries de l'air au milieu des frimas ?

» Sancerre est approvisionné pour trois mois au moins. Nos marchés sont abondans ; les villageois que nous avons ménagés sont nos amis. A quoi serviraient de plus grands approvisionnemens, si ce n'est à fatiguer les citoyens par de nouvelles charges ? Cette guerre aura les mêmes résultats que les précédentes. Les finances épuisées ne permettront pas de la soutenir long-temps. Les mêmes causes qui ont nécessité l'édit de 1570 en nécessiteront un nouveau. Dans trois mois, nous aurons la paix, et nous jouirons des fruits de notre persévérance, de notre courage et de notre prudence. »

Ce discours entraîna la majorité du conseil, contre l'avis des officiers. Les fortifications ne furent pas augmentées, ni les brèches entièrement réparées. On ne détruisit pas les villages circonvoisins, et l'on se contenta de l'approvisionnement ordinaire du marché. On s'aperçut, mais trop tard, combien était sage l'avis des officiers, combien étaient salutaires les mesures qu'ils avaient proposées. On voulut, mais trop tard, les mettre à exécution. Une funeste sécurité avait endormi le gouverneur et les citoyens trop confians; quand ils se réveillèrent, ils étaient dans l'abîme.

Le vendredi 9 janvier 1573, la sentinelle qui veillait au haut de la tour de l'église Saint-Jean sonna l'alarme. Deux escadrons de cavalerie paraissaient sur la Crête, montagne au nord de Sancerre, et la descendirent. Le capitaine La Fleur, à la tête d'une troupe de fusiliers, sortit pour les reconnaître et les combattre. Une heure après, deux autres escadrons vinrent rejoindre les preniers et se rangèrent en bataille dans cette petite plaine qui s'étend du coteau des Bouffans à la montagne. Le capitaine La Fleur, sans quitter les vignes, engagea la fusillade et leur tua un cheval. La nuit mit fin à cette action, et cette cavalerie prit ses logemens à Fontenay, Saint-Satur et dans les villages voisins.

Le lendemain, arrivèrent successivement cinq compagnies du régiment de Goas, et différens corps de troupes tirées de Cosne et autres lieux circonvoisins. Ils se logèrent à Saint-Satur et s'y fortifièrent. Un détachement de ces troupes, s'étant porté vers le moulin de Fontenay, fut attaqué par les Sancerrois, mais cette action fut insignifiante.

Peu de jours après, une autre compagnie d'infanterie arriva à Fontenay, et après une légère escarmouche s'y logea.

Huit compagnies du régiment de Sarrieu, cinq compagnies, nouvellement organisées, des capitaines Pierre, de la garnison de La Charité, de La Rose, qui commandait une compagnie sancerroise à l'attaque de la grosse tour de Bourges, et qui depuis avait changé de religion, de Canduc, de Verrières et de Tessier, se logèrent au bourg de Ménétréol et placèrent un poste au château de l'Étang, que vous voyez au sud-est au bas de la montagne.

La compagnie des gendarmes du gouverneur La Châtre, qui commandait en chef l'armée du siège, l'escadron du comte de Brienne, les compagnies des sieurs de Toursy, de Rostin et du capitaine Cartier d'Orléans, étaient cantonnées dan[s] les villages de Vinon, Bué, Amigny et Chavignol.

La Châtre fit venir en outre de différens pa[ys] dix-sept compagnies de pionniers. Il invita l[es] gentilshommes de la province de se rendre a[u] siège avec leurs vassaux et paysans. Tous s'em[-] pressèrent d'obéir à cet ordre.

Ainsi l'armée du siège était forte d'environ cinq cents hommes de cavalerie et de six mille cinq cents hommes d'infanterie, au total sept mille hommes de troupes régulières; et, en y comprenant les pionniers et les volontaires du pays, l'armée du siège se composait à peu près de neuf à dix mille hommes.

On reconnut alors la sagesse de l'avis du capitaine La Fleur et des autres officiers, et combien on avait eu tort de le négliger, en ne détruisant pas les villages qui avoisinaient Sancerre et particulièrement ceux qui étaient au pied de la montagne. Les assiégeans s'en emparèrent, et, après les avoir fortifiés, ils y trouvèrent souvent des points d'appui et de résistance.

Le 11 janvier, il y eut assemblée générale des habitans de Sancerre. L'arrivée successive des troupes du roi ne les avait point intimidés; il n'y fut point question de soumission; au contraire, on ne s'occupa que des moyens de se défendre. On assigna à chaque capitaine son quartier, afin d'éviter la confusion. Pour réparer, autant que possible la faute que l'on avait faite en négligeant approvisionnement extraordinaire de la ville, et, dans la supposition d'un siège, on décida d'éloigner les bouches inutiles, et ceux qui étaient incapables de défendre la ville, une partie des femmes et des enfans. Les mêmes motifs qui avaient empêché de brûler et détruire les villages voisins, l'humanité, la compassion, empêchèrent également l'exécution de cette résolution prudente. Ceux qui furent chargés de mettre dehors ces infortunés, peut-être leurs parens, leurs voisins, leurs amis, se laissèrent fléchir par leurs larmes et leurs cris. La pitié l'emporta sur la prudence et personne ne sortit. « Ce qui fut cause, dit Jean de Leri, d'un grand mal et deffaut : car ceux qui fussent sortis lors, pouvoyent aisément passer, et s'en aller où ils eussent peu, et si cela eust empesché la grande famine, qui les a presque tous emportez depuis, et a faict beaucoup souffrir et endurer les autres. »

Le même jour, les capitaines La Fleur, La Mièe et La Pierre, avec la compagnie d'élite, attaquèrent le poste qui était établi à Fontenay, le délogèrent, et brûlèrent cette partie du village bâtie en-deçà du ruisseau et appelée *le petit Sancerre*. Peu s'en fallut qu'un officier supérieur de l'armée royale et vingt-cinq chevaux ne fussent faits prisonniers. Ils venaient de Saint-Satur et entraient dans le village, au moment où le capitaine La Fleur arrivait. Un trompette, qui le découvrit, sonna l'alarme et ils n'eurent que le temps de tourner bride et de se sauver au grand galop. Les Sancerrois, ayant rempli le but de leur expédition, se retirèrent en tiraillant.

L'armée royale avait investi la ville, et le commandant en chef La Châtre avait transporté son quartier-général à Saint-Satur. Avant d'avoir recours à la voie des armes, il somma, au nom du roi, les habitans de se rendre. A cet effet, le 13 janvier, un tambour apporta de sa part une lettre au bailli Johanneau. La Châtre lui offrait des conditions avantageuses. Il lui marquait qu'étant gouverneur de la province de Berry, les habitans de Sancerre pouvaient compter sur sa bienveillance et ses bons offices; qu'il était de leur intérêt de se soumettre, et qu'en le faisant ils n'auraient aucun sujet de s'en repentir, qu'au contraire leur obstination serait la cause de leur ruine prochaine et infaillible; que la volonté formelle du roi était que la place fût subjuguée; que ses ordres étaient positifs; que lui, La Châtre, avait à sa disposition des forces suffisantes, prêtes à agir et à exécuter l'intention du roi.

Que Johanneau ait rejeté cette proposition, cela se conçoit. La ville, qui avait résisté une première fois à Martinengo et à La Châtre lui-même, pouvait résister une seconde fois. Les habitans étaient accoutumés aux combats; ils étaient soutenus par des réfugiés nombreux, et commandés par des capitaines habiles et intrépides. Johanneau était inaccessible à la crainte; son caractère était inébranlable : vous connaissez l'opinion erronée qu'il avait fait prévaloir contre le sage avis des officiers. Il n'est donc pas étonnant qu'il ait méprisé la sommation, et refusé de rendre les clefs de la ville.

Mais ce qu'on ne conçoit pas, c'est sa conduite envers le tambour. Parmi les nations civilisées, la personne des parlementaires a toujours été respectée. Contre le droit des gens, contre l'avis des hommes sages et prudens, qui lui conseillaient de répondre d'une manière honnête au général, en rejetant la sommation et de renvoyer le tambour, non-seulement il ne répondit point à La Châtre, mais il fit jeter le tambour dans une prison, où il mourut. Quelles peuvent-être les raisons d'une semblable conduite? Je les ai vainement cherchées dans l'histoire; il faut donc les attribuer à l'inflexibilité de son caractère ou au dessein de forcer les Sancerrois à vaincre ou à périr. C'était en effet déclarer une guerre à mort, briser tout intermédiaire de conciliation, et porter les assiégeans à user de cruelles mais justes représailles. Cette conduite fut peut-être la cause de sa mort tragique. « Ledict sieur de La Chastre, dit Jean de Leri, en » fut merveilleusement fasché, et l'a souvent re» proché depuis par lettres et autrement : et dit on » que cela a esté cause en partie de la mort du » bailli Johanneau, et de quelques autres qui fu» rent tuez depuis la reddition de la ville. »

La Châtre, irrité du traitement fait à son tambour, convaincu de l'inutilité des sommations et des négociations, poussa vivement les préparatifs du siège. Il avait affaire à des ennemis vigilans et entreprenans, et surtout à deux hommes, Johanneau et La Fleur, dont il avait déjà éprouvé l'extraordinaire activité.

Le 20 janvier, les capitaines La Fleur et La Pierre, avec vingt cavaliers revêtus d'habits rouges et de livrée, sortent sans être reconnus, et semblent se diriger vers la fontaine Saint-Martin ; mais tournant tout-à-coup par le chemin de Saint-Satur, ils tombèrent sur un détachement de fourrageurs en tuèrent douze et mirent le reste en déroute. Un fourrier vint les reconnaître ; le capitaine La Fleur l'attaqua, le poursuivit, le renversa de son cheval d'un coup de pistolet, et le fit prisonnier avec un autre soldat. Ces fourrageurs conduisaient à Fontenay une voiture chargée d'un tonneau de vin blanc et de farine, et quinze à seize moutons, chèvres et brebis qu'ils abandonnèrent et laissèrent au pouvoir des Sancerrois, qui transportèrent le tout dans la ville.

Le 29, les mêmes officiers tentèrent une autre sortie sur le champ Saint-Ladre. Ils furent découverts, et plus de cent cavaliers les chargèrent. Loin de s'étonner du nombre, les Sancerrois serrèrent leurs rangs, soutinrent la charge et donnèrent aux fusiliers de la ville le temps d'accourir à leur secours, de les dégager et de repousser l'ennemi. Dans cette mêlée le cheval du capitaine Fontaine fut tué sous lui. Ce capitaine avait naguères suivi la cause des Réformés, mais depuis peu il avait changé de religion et combattait contre eux. Quoique renversé, il eut le bonheur de s'échapper.

Cependant l'armée Royale augmentait chaque jour. Le 2 février, La Châtre fit environner de tranchées et de fortifications la partie la plus élevée du village de Fontenay. On y construisit un fort qu'on entoura des gabions, que les pionniers faisaient à Saint-Satur. Ce général continuait ses préparatifs sans interruption et attendait l'artillerie pour commencer ses opérations.

La vue de tant de forces réunies n'intimida pas les Assiégés. Depuis long-temps ils ne comptaient point le nombre de leurs ennemis pour les combattre. Mais le conseil et le gouverneur, plus prévoyans, députèrent un des principaux habitans vers ceux de leur parti, afin de leur exposer leur situation, l'état de leurs affaires et les conjurer de venir promptement à leur secours.

Le 8 février, l'artillerie de l'armée Royale arriva au port de Saint-Thibault. On sut, par un soldat nommé La Roche, qui avait déserté et s'était réfugié à Sancerre, que cette artillerie consistait en douze pièces de canon et six couleuvrines, et que les munitions amenées pour leur service consistaient en deux mille boulets et en poudre suffisante pour tirer trois à quatre mille coups.

La brèche que Martinengo avait faite entre la porte César et le château, et où de Vieux-Pont avait trouvé la mort, n'était pas entièrement réparée. Quoique de ce côté la pente de la montagne soit extrêmement rapide, les rochers qui étaient proches de la muraille en facilitaient l'approche. Les Assiégés furent avertis que le dessein de La

Châtre était de donner l'assaut dans cet endroit. Pour prévenir et déjouer un tel projet et repousser l'assaut dont on les menaçait, les Sancerrois fortifièrent les endroits les plus faibles du château, et creusèrent une tranchée profonde jusqu'à la porte César. Cette porte était composée de deux tours, et comme ils craignaient que la partie supérieure à la voûte en tombant ne les écrasât, ou que ses débris ne favorisassent les Assiégeans, ils l'abattirent. Alors cette partie de la ville, déjà forte par sa position, devint par ces différens ouvrages presqu'inaccessible. Mais ces travaux furent inutiles, et nous verrons que ce ne fut point de côté que La Châtre attaqua la ville et donna l'assaut.

Le 10 février, les Sancerrois donnèrent l'exemple d'un courage poussé jusqu'à la témérité. Le capitaine La Fleur, ayant aperçu dans la plaine un convoi de vin, sortit avec douze hommes et s'en empara. Au même moment, un corps de mille hommes d'infanterie descendait la montagne de la Crête. Le capitaine La Fleur ose engager le combat; forcé de céder au nombre, il perce les tonneaux à coups de pistolets, et fait sa retraite en bon ordre, sans perdre un seul homme et emmenant une des voitures chargée de vin qu'il distribue aux vignerons.

Le 13, l'artillerie fut conduite du port de Saint-Thibault à Saint-Satur. Une pièce fut mise en batterie, et pour la première fois on entendit le bruit du canon. Un boulet traversa le haut de le muraille près de porte César. Le vent seul d'un autre boulet de trente-six livres ôta la vie à une fille. Ce fut dans la ville la première victime du siège.

Dans la nuit du 14, La Châtre fit construire un fort au champ des Ardilliers, près du chemin de Saint-Thibault, à environ deux cents pas des ruines de Saint-Romble. Ce fort servait à garder les deux chemins de Saint-Satur et de Saint-Thibault. On traça au champ Saint-Ladre un camp que l'on munit de gabions et de palissades et où se logèrent plusieurs compagnies d'infanterie. En même temps, les pionniers coupèrent et interceptèrent tous les chemins qui conduisaient à Sancerre.

Les 15, 16, 17 et 18 février furent employés à transporter l'artillerie et les munitions. Les Assiégés, qui n'avaient point de canons, ne purent ni interrompre ni au moins gêner ces mouvemens. Une batterie de dix pièces fut placée au champ Saint-Ladre, entre la route de Bourges et le chemin d'Amigny. Elle était destinée à détruire les fortifications depuis la porte Vieille, jusqu'à la porte Saint-André. Une autre batterie de six pièces fut établie sur un petit plateau qui se trouve au-dessous de la fontaine de l'Orme-ou-Loup, en tirant au levant. Les Sancerrois regardaient cette seconde batterie comme inutile à raison de sa distance des murailles; mais ils se trompaient : les ingénieurs avaient bien calculé la portée des pièces. Cette batterie foudroya la ville et causa de grands dommages aux Assiégés.

Les préparatifs du siège étant terminés, la canonnade commença le 19 février. Elle continua sans interruption les 20, 21, 22, 23 et 24. Pendant cet intervalle, trois mille cinq cents coups de canon furent tirés. Chose inouïe peut-être, aucun des habitans ne fut tué. Ils attribuèrent cet heureux hasard à la protection divine et cette persuasion augmenta leur courage. « Et estoit, dit Jean de
» Leri, témoin oculaire, ceste tempeste si grande,
» que les pierres de la muraille de la ville, les
» cailloux et esclats de boys des maisons où donnoit le canon, voloyent en l'air plus dru que
» mousches : et estoit cela tant plus esmerveillable,
» que ces cailloux et esclats rompoyent les harquebouses entre les mains et sur les espaules de nos
» soldats, deschiroyent et perçoyent les chausses,
» mandils et chappeaux de plusieurs sans les offenser.... Tellement que nous appercevions en
» cela la main de Dieu, qui empeschoit que nous
» ne fussions tous tuez et accablez de ceste foudre,
» contre laquelle rien ne peut résister.... Et de
» faict, comme nous sceusme depuis par quelques
» soldats que nous prinsmes, l'ennemy pensoit
» que la plus grand'part des capitaines, soldats et
» autres de la ville, eussent esté tuez de ceste furieuse tempeste, et ne pouvoyent croire du contraire quand on le leur disoit. »

Les Sancerrois étaient jour et nuit sur pied, astreints à une surveillance extraordinaire et d'autant plus active que la brèche commencée les exposait à des surprises. Ils étaient tous forcés de coucher dans les corps-de-garde ou dans les postes qui leur étaient assignés; ils ne goûtaient qu'un sommeil pénible sur des planches ou sur une terre froide et humide, et ils se réveillaient rompus par le poids des armes. Jean de Leri, qui ne quittait point les habitans et partageait leurs dangers, s'avisa de faire une espèce de hamac avec un drap et de la manière dont il l'avait vue pratiquer par les sauvages du Brésil. S'en étant bien trouvé, il invita les soldats à en faire autant. Son exemple fut imité; tous les corps-de-garde furent remplis de ces hamacs qu'on garnissait de paille, peut-être même de matelas. Cette invention préserva les habitans de la vermine, et les garantit de l'humidité et du froid; le soldat s'y couchait tout armé, et était prêt à agir au premier cri d'alarme.

Le 24 février, le capitaine-général La Fleur fut blessé à la tête dans une sortie près du ravelin de porte Vieille. La nuit suivante, les Assiégeans tentèrent d'enlever ce ravelin ; mais ils furent repoussés avec une telle vigueur que le capitaine Dyvory et vingt-cinq soldats du régiment de Goas restèrent sur la place et qu'un grand nombre d'autres furent blessés. Le capitaine La Bussière, enseigne de La Fleur, reçut dans la poitrine une blessure mortelle.

La Châtre ne connaissait pas d'une manière assez positive la situation des affaires à Sancerre. Jusqu'alors aucun soldat de la ville n'avait déserté, et ce général n'avait pu se procurer les renseignemens dont il avait besoin. Un soldat nommé Guarguet, qui avait servi dans les rangs des Sancerrois, et qui depuis long-temps était retenu prisonnier à Concressault, parut propre à cette commission. De Bonnivet le mit en liberté, lui donna des instructions, le chargea d'observer ce qui se passait à Sancerre et lui promit une récompense considérable s'il venait en rendre compte. Le 4 mars, vers minuit, cet espion descendit dans le fossé, se fit connaître de la sentinelle, assura qu'il avait brisé ses fers, et qu'il accourait rejoindre ses camarades et combattre avec eux. Au moyen d'une corde, il fut introduit dans la ville et suivant l'ordre conduit devant le bailli Johanneau. Interrogé, il varia et se coupa dans ses réponses : appliqué à la question, il avoua l'objet de sa mission, il fut ensuite jeté dans une prison où il mourut.

Il existait près de porte Vieille un ravelin ou demi-lune. Cette partie des fortifications était située sur l'esplanade où sont actuellement le petit abreuvoir et les vignes au-dessous du jardin de M. Gardefort. Elle flanquait par une de ses faces la courtine qui s'étendait au nord vers la porte Serrure et celle de porte Saint-André, et par l'autre la courtine qui s'étendait au levant vers la porte Oison, sous la grange Londis. Ce ravelin était extrêmement important à la défense de la place, en ce que les soldats qui y étaient logés prenaient en flanc les Assiégeans, qui auraient tenté d'escalader les courtines qu'il flanquait. Et si ce ravelin eut été armé seulement de quatre canons, il eut été impossible à La Châtre de donner l'assaut, soit par la brèche de la grange Londis, soit par la brèche de la muraille occidentale, avant de l'avoir enlevé ou détruit, sans s'exposer à une perte énorme et à ne point réussir. Aussi les Assiégeans firent-ils tous leurs efforts pour s'en emparer.

Le 7 mars, la tranchée fut poussée jusque vis-à-vis la grange Londis. Ce bâtiment, situé sur les petits remparts au sud-est, entre la porte Vieille et la porte Oison, existe encore. Les Assiégeans placèrent des gabions sur la contrescarpe dans laquelle ils percèrent des canonnières. Ils construisirent un pont de bois, espèce de galerie couverte de claies, sous lequel ils s'avançaient impunément au pied du ravelin. Les Assiégés croyant que leur dessein était de le miner, creusèrent des puits pour éventer la mine.

Les rigueurs de l'hiver interrompaient souvent les travaux du siège. Les neiges, les glaces, les pluies continuelles des mois de janvier, février et mars incommodaient beaucoup les Assiégeans, et occasionnèrent un grand nombre de maladies. La mauvaise saison était un puissant auxiliaire qu'avaient les Sancerrois.

Ceux-ci ne pouvaient voir sans inquiétude leurs ennemis si près des murailles, et les saper tranquillement à l'abri de leur pont ou galerie couverte. Forcés de rester jour et nuit aux remparts, il était impossible qu'ils se rendissent au temple, et leurs ministres célébraient le service religieux en plein air. Souvent le chant des cantiques se mêlait au bruit du canon. Le dimanche 8 mars, pendant l'office, qui avait lieu à porte Vieille, un coup de canon renversa une maison voisine et couvrit de ses débris le ministre Melet et ses auditeurs. Un heureux hasard permit qu'aucun des assistans ne fut tué ni même blessé. Encouragés par cette espèce de prodige, les soldats de ce poste, ayant à leur tête les capitaines Pillard et Martinat, jetèrent sur le pont des matières inflammables, et malgré les efforts et la résistance des Assiégeans, y mirent le feu, le consumèrent entièrement et les forcent de se retirer.

Cet échec ne découragea point les Assiégeans. Pendant la nuit du 9 mars, ils apportèrent un nouveau pont plus solide que le premier, et que des claies pleines de terre recouvraient, et continuèrent en sûreté leurs travaux sous le ravelin. Les assiégés enlevèrent ces claies avec des crochets attachés à des chaînes, et jetant ensuite des fagots gaudronnés ils détruisirent et brulèrent encore ce nouveau pont. Le même jour le capitaine de Queriers, lieutenant du sieur de Goas, et la Lobière, guidon du comte de Brienne, perdirent la vie.

Le 10 mars, à dix heures du soir, le capitaine Montauban sortit avec cinquante soldats, surprit un poste du capitaine Verrières, tua douze hommes et fit trois prisonniers. On apprit de l'un d'eux que la mine avançait sous le ravelin et sous la grange Londis. Intéressés à la destruction de ces mines, les Assiégés creusèrent des puits en sept endroits, es fossés et retranchemens et contre-minèrent.

Cependant la canonnade continuait. La détonation, augmentée par les échos des montagnes t des vallons, porta l'épouvante jusqu'au sein des orêts. Cinq cerfs ou biches effarouchés s'élanèrent des Garennes, traversèrent en plein jour e camp des Assiégeans, où ils jetèrent l'alarme t parvinrent aux fossés de la ville. Deux cerfs urent tués du haut des remparts : l'un fut pris et orté à Sancerre, le second, qui tomba entre les ossés et les retranchemens de l'armée, fut vivement disputé. Les Assiégeans, après avoir perdu trois à quatre hommes, parvinrent à l'enlever.

Un des espions de la ville rentra le 12 mars. Il apporta la nouvelle que les Rochellois avaient repoussé l'armée qui les assiégeait et lui avaient fait éprouver une perte considérable. Ce rapport ne contribua pas peu à soutenir le courage des Sancerrois. Il assura en outre que l'armée Royale, non-seulement ne manquait pas de munitions, mais qu'elle en attendait encore d'autres ; qu'on ne cessait pas de saper et de miner sous le ravelin et la grange Londis. Cet avis intrigua beaucoup les habitans. Si les Assiégeans parvenaient à faire sauter la porte et le ravelin de porte Vieille, il paraissait impossible de les empêcher d'entrer. Pour prévenir les suites de cet événement probable, et par le conseil du capitaine La Pierre, on creusa un second fossé et on éleva un nouveau rempart derrière cette porte et ce ravelin, depuis la grande rue jusqu'à la grange Londis. Les portes et croisées des maisons voisines furent murées, et le haut fut crénelé sur toutes les faces.

Le 13 mars, le sergent Bretichon, qu'on avait pris à Villegenon, et qu'on avait eu l'imprudence de laisser en liberté, profitant du défaut de surveillance d'une sentinelle, descendit en plein jour du rempart au moyen d'une corde et se rendit au quartier-général. La Châtre fut alors exactement informé de la situation des choses à Sancerre. Cette évasion compromit le capitaine La Minée, à la recommandation de qui Bretichon avait été mis en liberté. Le prévôt le fit arrêter, informa contre lui, mais son innocence fut reconnue et il fut absous.

La nuit même du 15 mars, La Châtre, instruit par Bretichon des dispositions des Sancerrois, essaya de les surprendre. Un corps de son armée, au moyen des tranchées, parvint à pénétrer dans le fossé vers la grange Londis; mais il fut reçu avec une telle vigueur que, rejeté hors du fossé, il fut obligé de fuir en désordre, laissant un grand nombre de morts sur la place. Pendant cette attaque, les Sancerrois chantaient, et le bruit du canon de la batterie de l'Orme-au-Loup répondait à leurs chants.

Quelques instans après furent amenés dans la ville trois prisonniers. Ils assurèrent que les travaux des mines avançaient, et que l'une d'elles était déjà bouchée et amorcée. L'un de ces prisonniers affirmait y avoir travaillé le jour précédent. On le conduisit sur les lieux pour les lui faire reconnaître, et sur son indication creuser dans le fossé et détruire ce qu'auraient fait les Assiégeans.

La position du ravelin de porte Vieille incommodait singulièrement l'armée Royale; aussi les pionniers travaillaient jour et nuit à le miner, et La Châtre tentait tous les moyens de le surprendre et de l'enlever. De leur côté, les habitans défendaient avec opiniâtreté une position si nécessaire à leur conservation. Le 16, ils creusèrent un fossé au travers du ravelin et le partagèrent en deux portions. Leur dessein était, si la partie la plus avancée sautait ou était enlevée, de pouvoir se défendre dans la seconde, qu'ils avaient soigneusement retranchée.

Toujours infatigables, quarante Sancerrois, conduits par le jeune Martinat, descendirent le 17 mars, à l'entrée de la nuit, au château de l'Étang et surprirent le poste qui s'y était retranché. Vingt soldats du régiment de Sarrieu furent tués, plusieurs blessés et un fait prisonnier. Celui-ci déclara qu'un assaut général aurait infailliblement lieu le 19 mars; que les ordres étaient donnés à tous les corps de l'armée de se tenir prêts, et que la journée du 18 serait employée à faire jouer les mines et agrandir les brèches. Ce rapport était vrai. Le 18, toutes les batteries furent en mouvement, et six cent cinquante-deux coups de canon furent tirés pendant la journée.

Les Assiégeans établirent en face de la grange Londis, et afin d'augmenter la brèche, une nouvelle batterie de six pièces au Carroy-Maréchaux,

C'est cet endroit que vous apercevez au sud-est, près de la pointe du bois de l'Étang, sur le chemin de Ménétréol, par l'Orme-au-Loup. En peu d'heures, cette batterie augmenta de quelques toises la brèche de la grange Londis.

Depuis trois mois, l'armée Royale était devant Sancerre. Les rigueurs de l'hiver et les maladies lui avaient occasionné de grandes pertes. Depuis le 13 février, le canon avait battu les murailles dans une étendue de plus de trois cents pas. En plusieurs endroits, la brèche était accessible. La Châtre, irrité d'une aussi longue résistance, et ne pouvant s'imaginer qu'une aussi faible garnison pût soutenir le choc de vieilles troupes dix fois plus nombreuses, et protégées par le feu de trois batteries, résolut de donner à la place un assaut général.

Les Sancerrois en virent les préparatifs et n'en furent point épouvantés.

Le 19 mars au matin, le bailli Johanneau parcourut la ville, et exhorta tous les habitans à faire leur devoir. Il leur représenta que le nombre ne devait pas les effrayer; qu'ils avaient à défendre leur religion et leur vie; que le bras de Dieu les avait jusqu'à ce jour visiblement protégés; que de leur courage dépendait peut-être le sort de tous les Réformés de France; qu'ils avaient sous les yeux l'exemple de La Rochelle, et qu'il ne doutait point qu'ils ne le suivissent.

Jean de Léri n'était pas moins actif. Intrépide, il se portait partout. Au milieu des boulets et des débris des maisons que le canon foudroyait, il encourageait le soldat étonné de son courage. Que ne peut l'exemple d'un ministre du culte qui ne craint point d'exposer sa vie? Quels puissans leviers que la liberté et l'enthousiasme religieux! Alors tout devient soldat et soldat invincible. La timidité, si naturelle aux femmes et aux enfans, disparaît : leur faiblesse s'évanouit, ce sont des héros.

De son côté, le capitaine-général La Fleur fit les dispositions militaires nécessaires à la défense de la place. Il rappela aux officiers et soldats la gloire qu'ils avaient acquise dans les combats; il les engagea au nom de l'honneur à défendre jusqu'à la mort les postes qui leur étaient confiés. Tous le jurèrent.

Voici son plan de défense.

D'après les démonstrations de l'armée, il était évident que les principaux points contre lesquels les Assaillans dirigeraient leurs efforts étaient la brèche de la grange Londis et le ravelin de porte Vieille. C'étaient les endroits où débouchaient les tranchées, et où la batterie de l'Orme-au-Loup avait le plus endommagé les murailles. Le capitaine La Fleur se chargea spécialement de défendre cette partie de la ville, qui comprenait la plate-forme de la grange Londis, celle de Baudin et le ravelin de porte Vieille. Il plaça en conséquence, vis-à-vis de la brèche de la grange Londis, Chailloux, son lieutenant, et Montauban, sa cornette de cavalerie; sur la plate-forme de Baudin, le capitaine Paquelon et le sergent La Renaudière, et, dans le ravelin, le sergent d'Alègre et le caporal l'Escu.

La défense de la porte Vieille et de la plate-forme était confiée au capitaine Pillard, lieutenant du capitaine Martignon.

Le capitaine Martignon et Martinat le jeune son enseigne devaient défendre la grande brèche, qui s'étendait depuis la plate-forme de la porte Vieille jusqu'à la porte Serrure.

Le capitaine Dorival et les volontaires réfugiés bordaient la plate-forme qui s'étendait de la porte Serrure vers la porte Saint-André, et à laquelle on avait donné le nom du capitaine La Fleur.

Le capitaine Buisson était placé sur le rempart de porte César et gardait cette partie de la ville.

La défense du château était confiée au capitaine Martinat l'aîné.

La Fleur avait en outre disposé un corps de réserve prêt à se porter où besoin serait.

De son côté, le gouverneur du Berry avait ainsi disposé son plan d'attaque.

Le régiment de Sarrieu, soutenu par les gendarmes du commandant-général, par les compagnies du sieur de Bonnivet et du capitaine Cartier, et les gentilshommes du pays, ayant à leur tête La Châtre lui-même, devait attaquer la plate-forme de la grange Londis.

Le régiment de Goas, soutenu par le corps du comte de Brienne et les autres gentilshommes du pays, avait ordre d'attaquer la plate-forme Baudin et le ravelin.

Les compagnies nouvellement organisées deraient se porter sur la grande brèche, entre les portes Vieille et Saint-André.

Le capitaine Tessier était chargé de tenter pendant l'assaut l'escalade du rempart de porte César.

Le 19 mars, au lever du soleil, les trois batteries de siège tonnèrent contre les tours et les murs de Sancerre. Le feu continua sans interruption jusqu'à une heure trois-quarts. A cet instant, l'armée Royale s'ébranle, et, sortant des tranchées, attaque toutes les brèches à la fois. Les principaux efforts sont dirigés contre la brèche de la grange Loudis. Le régiment de Sarrieu s'avance en colonnes serrées. Les gendarmes de La Châtre et les cavaliers à pied le soutiennent. Si ce premier choc fut terrible, la résistance ne fut pas moins rigoureuse. Sept ou huit hommes seulement parviennent à la brèche; le capitaine Ros, enseigne du lieutenant-général de Sarrieu, y plante son drapeau. Le capitaine La Fleur le culbute lui et son drapeau dans le fossé. Cette première tentative est infructueuse.

De Bonnivet, le capitaine Cartier et les gentilshommes volontaires font une seconde charge aussi vive que la première. Elle est repoussée avec la même vigueur. Tous ceux qui se présentent à la brèche sont tués ou blessés, et, au nombre de ces derniers, le capitaine Fontaine, cornette du capitaine Cartier.

Pendant que La Fleur et ses soldats combattaient avec tant d'énergie, la batterie du Carroy-Maréchaux faisait un feu terrible et vomissait sur la ville une grêle de boulets. Le rempart tremble sous leurs pieds ; mais aucun n'abandonne le poste d'honneur. Les vignerons montrent un courage héroïque. Ceux qui sont armés sont dans les rangs des combattans ; ceux qui ne le sont pas lancent avec leurs frondes une nuée de pierres sur les Assiégeans. Les femmes et les enfans embarrassent la brèche de fagots, de rochers et de tout ce qui peut servir à barrer le passage. Un boulet renverse et tue une jeune fille occupée à ce travail. Plusieurs femmes, plus courageuses encore, armées de piques, combattent à côté de leurs époux ou de leurs enfans. Une d'elles, l'histoire n'a point conservé son nom, saisit les armes d'un soldat ennemi et veut le désarmer. Ses forces ne répondent point à son courage, elle lâche prise et le soldat prend la fuite.

Le capitaine La Pierre était blessé et au lit. La voix de l'honneur est plus puissante que les souffrances et la douleur ; il se fait transporter au rempart. S'il ne peut combattre, ses conseils, son expérience seront peut-être utiles à ses concitoyens. Avec une présence d'esprit admirable, il dirige les travaux de ceux qui ne combattent pas. Suivant son avis, on garnit de sacs remplis de terre et de fumier les lieux qu'ébranle le canon, on élève de nouveaux retranchemens.

Les troupes de Bonnivet et de Cartier repoussées et culbutées, cinq cents hommes de réserve descendent dans le fossé ; mais n'osant se présenter à la brèche, ils se rangent le long du mur que battait le canon du Carroy-Maréchaux. Personne ne pouvait les atteindre ; les boulets rendaient inabordable le haut de la muraille. Ces cinq cents hommes étaient perdus, si la plate-forme de porte Oison eut été armée de canons ou d'arquebuses ; pris en flanc, ils eussent été tous tués, s'ils ne se fussent retirés. La fortune servit les Sancerrois. Un pan de cette muraille, que le canon avait ébranlé, s'écroule, écrase une partie de ces soldats et le reste épouvanté s'enfuit en désordre. Les exhortations et les menaces de La Châtre ne peuvent les rallier ; lui dixième reste sur la contrescarpe, et il ne quitte la place que lorsqu'il se voit seul.

Pour comble de bonheur, la poudre manqua à la batterie du Carroy-Maréchaux. Il était temps, la plate-forme était à la veille d'être découverte, et comme elle avait été faite à la hâte, et qu'elle n'était point retranchée du côté de la ville, si cet événement, que redoutait le capitaine La Fleur, fut arrivé, il paraissait impossible d'empêcher l'ennemi de pénétrer.

Partout les Sancerrois opposèrent la même résistance et obtinrent le même succès. Le régiment de Goas, le corps du comte de Brienne que commande de Montigny, et les gentilshommes volontaires attaquent avec fureur la plate-forme de Baudin ; mais les fusiliers, qui sont placés dans le ravelin, les prenant en flanc, leur font éprouver une grande perte. Les Assaillans redoublent d'efforts, un enseigne du régiment de Goas, parvient à planter sur la brèche un drapeau de taffetas blanc et verd et le défend vaillamment. Un des soldats du capitaine Paquelon, ne pouvant emporter le drapeau, en arrache au moins une grande partie. Le corps du comte de Brienne, les gentilshommes du pays sont repoussés; le régiment de Goas est renversé et Cabassole, un de ses capitaines, est tué. Le lendemain de l'assaut, le morceau de drapeau enlevé fut arboré comme un trophée à la pointe du ravelin de porte Vieille, en face de l'armée.

Les nouvelles compagnies attaquèrent mollement la grande brèche. Le capitaine La Rose se déshonora à cette action. La Rose était Sancerrois et comme nous l'avons vu s'était distingué dans les précédentes guerres. Soit ambition, soit tout autre motif, il avait changé de religion; bien plus, il avait pris du service contre sa patrie, et il commandait une de ces compagnies nouvellement organisées. En venant au siège, il avait juré d'entrer dans Sancerre par force ou par surprise, dût-il perdre la vie, sa femme et ses enfans. La vue des murs de sa patrie opéra-t-elle sur lui le même effet que celle de la tête de Méduse ! Au lieu d'être en avant de sa compagnie à l'assaut il resta lâchement en arrière, en exhortant son enseigne à monter, et se couvrit d'une honte ineffaçable. Le capitaine Martignon et Dorival, et l'enseigne Martinat le jeune repoussèrent avec courage ces nouvelles compagnies.

Pendant cet assaut, le capitaine Tessier, suivant ses instructions, et croyant les Sancerrois assez occupés ailleurs, tenta d'escalader la porte César. Le capitaine Buisson observait ses mouvemens et les suivait. Au moment où le capitaine Tessier place ses échelles, il est reçu avec une telle impétuosité, qu'après avoir perdu quelques soldats, et convaincu de l'impossibilité du succès, il fit sa retraite.

Le commandant La Fleur avait si bien pris ses mesures, que la défense s'opéra sans confusion : officier, soldat, chacun fit son devoir avec ordre et calme. Le bailli Johanneau, Jean de Leri et quelques autres à cheval faisaient la ronde en ce moment critique, maintenaient la police, affrontaient le danger comme les soldats, les encourageaient, faisaient exécuter les travaux.

Le trait suivant vous peindra l'enthousiasme des Sancerrois et leur mépris de la mort. Un jeune soldat, nommé Jallot, en défendant la brèche est renversé dans le fossé. Il est aussitôt saisi et deux soldats l'emmènent prisonnier. Désespéré, il se tourne vers ceux qui bordent la muraille et leur crie : *Compagnons, me laisserez-vous emmener ? Plustost tirez à moi.* On lui obéit : un des gardiens tombe; Jallot dégagé tue l'autre, se fait jour au travers des ennemis, gagne la brèche et rentre dans la ville.

L'assaut dura une heure et un quart, et, dans ce court intervalle, l'armée Royale tira plus de deux cents coups de canon.

Le commandant-général La Châtre s'exposa

comme un simple soldat, et resta, pour ainsi dire, seul sur la contrescarpe. Enfin voyant son armée repoussée de toutes parts, ses soldats découragés et en désordre, il se retira.

La perte de l'armée Royale en tués et blessés s'éleva à près de six cents hommes : soixante soldats restèrent dans les brèches et les fossés. Cette perte eut été plus considérable si les Assiégés avaient eu quelques canons et plus de mousquets, et si la crainte des mines n'avait retenu leur ardeur. La perte des Assiégés ne fut que de dix-sept hommes et une fille tués ou blessés à mort. Jean de Leri attribue cet événement à la protection divine. « C'estoit aussi merveilles, dit-il, que les coups de
» canons donnans dans les maisons, d'où les es-
» clats de boys et cailloux tomboyent et voloyent
» de toutes parts, n'assommoyent et tuoyent tous
» ceux de la ville et principalement ceux qui es-
» toyent ès rues et lieux près des brèches.... Or
» l'assistance de Dieu se monstroit tant plus en
» nostre endroit..»

Pendant que ces événemens se passaient en Berry, deux autres sièges célèbres, celui de La Rochelle par le duc d'Anjou, celui de Harlem par le duc d'Albe, général espagnol, avaient lieu en même temps. Les causes et les circonstances de ces sièges sont à peu près les mêmes. La Rochelle et Harlem présentaient plus de moyens de résistance que Sancerre; Sancerre les surpassa peut-être en courage et en constance. Ces trois sièges furent mémorables et démontrèrent ce que peuent faire ou souffrir l'enthousiasme religieux et amour de la liberté. « L'Europe entière, dit Poupard, avait les yeux tournés vers Harlem en Hollande, vers La Rochelle, et, ce qui doit surprendre, vers *la bicoque* de Sancerre. »

Les Sancerrois célébrèrent leur victoire par des antiques d'actions de grâce. Un de ces cantiques, ue nous a conservé Jean de Leri, prouve que nos ères étaient meilleurs guerriers que poëtes. Ils épêchèrent en même temps un courrier aux habitans de La Rochelle pour les informer du succès u'ils venaient d'obtenir. Ils se réjouissaient du onheur d'un moment, et de grandes infortunes es attendaient.

La Châtre, voyant l'inutilité de ses attaques, ncore stupéfait de l'incroyable résistance qu'il vait éprouvée le jour de l'assaut, changea de plan. l ordonna le lendemain de descendre de l'Orme-u-Loup et du Carroy-Maréchaux son artillerie, vec tous les équipages nécessaires à son service, t de la conduire au champ Saint-Ladre, et fit ettre le feu aux maisons, tentes, gabions et fasines qui entouraient ces batteries. Les Assiégés, ui aperçurent ces mouvemens, crurent que le ouverneur du Berry rebuté allait enfin lever le ège et se retirer, et leurs cœurs furent remplis 'allégresse. Joie courte et cruellement déçue : a Châtre avait un autre projet.

Le même jour, les Sancerrois dépouillèrent les orts restés dans les brèches et dans les fossés, ù fut creusée leur tombe. Les armes, harnais et machines abandonnés furent portés au magasin.

La Châtre renonçait avec peine à son projet d'enlever de force Sancerre, et il résolut de tenter un dernier effort. Le 21 mars, à neuf heures du soir, ses troupes s'approchent sans bruit du ravelin de porte Vieille. A onze heures, le signal est donné, la ville est attaquée sur tous les points; mais principalement du côté du ravelin, dont La Châtre voulait s'emparer. Ce général pensait que les Sancerrois, que les batteries de l'Orme-au-Loup et du Carroy-Maréchaux ne menaçaient plus, et après leur dernier succès, avaient plus de sécurité ou étaient moins vigilans; mais il était difficile de tromper et surprendre le bailli Johanneau et le capitaine La Fleur. Depuis le commencement du siège, les habitans campaient tout armés sur les remparts, et, au premier cri d'alarme, chacun se trouvait à son poste. Ce second assaut fut tout aussi malheureux que le premier; les Assiégeans furent repoussés de toutes parts.

L'alerte de la nuit précédente augmenta encore l'ardeur des Sancerrois. Le 22 mars, en plein jour, ils tombent à l'improviste sur leurs ennemis, les repoussent et les chassent de leurs tranchées, tandis que les vignerons sortent par les brèches, enlèvent et emportent les gabions, fascines et autres machines. Rien ne peut les arrêter; en vain La Châtre fait tirer sur la ville trois pièces chargées de grenades et pots à feu; cette décharge ne produit aucun effet.

Alors le commandant-général prit la résolution

de se tenir sur la défensive, de changer le siège en blocus et de forcer par la famine les habitans à se rendre. Dès le 23 mars, on commença à entourer de forts et d'une ligne de circonvallation la ville. La Châtre fit transporter au champ Saint-Ladre une grande quantité de gabions. Les Sancerrois, croyant qu'on établissait une nouvelle batterie, se hâtèrent de réparer autant que possible la grande brèche et de la munir de retranchemens; ils fortifièrent également le ravelin de la porte Saint-André que cette nouvelle batterie aurait menacé. Mais on s'aperçut bientôt que tous ces travaux étaient employés à la construction d'un fort, dont le front avait soixante-quinze toises de développement du côté de la ville, et qui consistait en trois plates-formes. Sur celle du milieu furent placées deux couleuvrines. Depuis ce temps, cette partie du champ Saint-Ladre a été appelée le *champ du Fort*.

Cependant les soldats de La Châtre étaient toujours logés dans les tranchées, et ces tranchées étaient tellement gabionnées et fortifiées, qu'ils venaient impunément jusqu'à la contrescarpe du fossé, où ils avaient pratiqué des canonnières. Ils avaient en outre roulé une grande maison de bois à deux étages, d'où ils commandaient à tout le ravelin de porte Vieille. Ce voisinage incommodait extrêmement les Assiégés; leurs sentinelles n'étaient plus en sûreté; les transfuges de Sancerre tâchaient de séduire les habitans par les plus belles promesses; les exercices religieux au ravelin étaient continuellement interrompus, et il devenait dangereux de souffrir plus long-temps un pareil voisinage. Dans la nuit du 24 mars, les Sancerrois firent une sortie si brusque et si heureuse, qu'ils chassèrent leurs ennemis de ces tranchées avec une telle perte qu'ils ne tentèrent plus de se loger près des murailles.

Le lendemain, La Châtre fit enlever les gabions de ces tranchées et la maison de bois. De leur côté, les vignerons emportèrent une partie des fascines, claies et autres bois qui les garnissaient. Pour les forcer à la retraite, sept pièces de canon chargées de grenades et pots à feu tirèrent, mais à pure perte, sur la ville.

M. de la Mauvissière, ambassadeur du roi, arriva, le 27 mars, au camp de l'armée de siège. Il avait des instructions particulières pour essayer d'amener, s'il était possible, les Sancerrois à composition, et nous en dirons bientôt le motif. Il écrivit à Louis Martignon, grenetier du sel, et sergent-major de Johanneau, et lui marqua qu'il avait toujours été ami des habitans de Sancerre; que cette affection le portait à leur offrir, en passant, tous les services qui dépendaient de lui; qu'il les invitait à choisir un lieu où l'on pourrait traiter en sûreté et y proposer et discuter les conditions d'une pacification, et qu'il se faisait fort d'engager M. de La Châtre à les agréer lorsqu'elles seraient convenues. On ignore pourquoi les Sancerrois refusèrent d'accepter l'entrevue proposée. Il est probable qu'ils attendaient l'issue du siège de La Rochelle, dont ils connaissaient la situation, et qu'ils espéraient que le gouvernement serait forcé de donner un nouvel édit de pacification. On peut croire aussi qu'ils craignaient que cette entrevue ne fût un piège : « Car, dit Jean de Lery, le temps estoit lors si dangereux qu'on ne s'osoit fier à personne. » Ils remercièrent donc M. de la Maurissière et refusèrent d'entrer en négociation.

Cependant le commandant de La Châtre mettait à exécution son projet d'affamer la ville. Les fatigues et les maladies avaient enlevé la majeure partie des pionniers, et le reste exténué était hors de service. Il assembla les paysans des environs et les fit travailler en toute hâte à la construction du grand fort du champ Saint-Ladre et de celui du champ des Ardilliers. Les Sancerrois, qui voyaient le projet de leur ennemi, délibérèrent s'ils ne feraient point une sortie générale pour détruire ces deux forts. On reconnut le danger d'une telle entreprise. Le succès exigeait la sortie de toute la garnison, et n'était-ce point compromettre la ville, si un corps de l'armée Royale profitait de l'intervalle et donnait l'assaut? On renonça à ce projet, et l'on se borna à des sorties partielles.

La construction du fort des Ardilliers fut souvent interrompue. Une fois entre-autres le capitaine Buisson, à la tête de vingt fusiliers, attaqua si brusquement les travailleurs qu'il les chassa, et, si les troupes de Fontenay et de Saint-Satur ne fussent arrivées à temps, les ouvrages étaient détruits et le fort abandonné.

Le 29 mars, d'après la résolution prise par La Châtre d'affamer Sancerre, son artillerie de siège devenant inutile fut conduite et embarquée au port de Saint-Thibault; il ne garda que les deux couleuvrines placées au fort du champ Saint-Ladre et qui y restèrent jusqu'à la fin du siège. L'arrivée d'un transfuge à son quartier le confirma dans sa résolution. Un soldat, chirurgien à Villiers-Saint-Benoît, qui avait abandonné la ville, lui apprit, et il affirma sa déclaration, que les habitans n'avaient de vivres que pour un mois et qu'ils ne pouvaient tenir plus long-temps. Ce transfuge se trompait ou trompait le gouverneur.

Les capitaines La Fleur, Pillard et Paquelon tentèrent de surprendre la garde posée sous les noyers de la fontaine de Pignolles, et s'embusquèrent à cet effet le 3 avril à deux heures du matin. Peu s'en fallut qu'ils ne s'emparassent du lieutenant-général de Sarrieu, qui commandait sous La Châtre; il passa près d'eux avec sept à huit hommes; ne l'ayant pas reconnu, ils ne l'attaquèrent point crainte de se découvrir. Bientôt le poste fut dispersé, cinq soldats tués et un fait prisonnier. Le même jour, le capitaine La Fleur et ses soldats mirent en pièces deux grands mantelets de bois placés sur roues et abandonnés dans les tranchées près du ravelin, et les planches et poutres qui les composaient furent transportées dans la ville.

Le 10 avril vit une action bien plus hardie encore. Des soldats et vignerons, chargés de fascines et de paille, osèrent aller mettre le feu à la grande maison de bois qui avait été roulée du ravelin au champ Saint-Ladre, et la brûlèrent entièrement. Cette action eut lieu en plein jour et à la portée de fusil du camp Saint-Ladre. On ne peut concevoir comment les troupes stationnées au fort laissèrent exécuter une entreprise qui les couvrait de honte.

Non content des deux forts du champ Saint-Ladre et du champ des Ardilliers, de La Châtre en fit construire cinq autres : un au lieu du Chaillou-Monte-Vieille, un autre sur le chemin de Sury-en-Vaux, un autre à Fontenay, un autre au champ Putet, et un à la fontaine Pignolles. Le château de l'Étang était aussi fortifié et entouré d'eau. Tous ces forts étaient à la portée du fusil les uns des autres. Il ne se borna pas à ces travaux, il fit ouvrir une ligne de circonvallation large et profonde, qui communiquait d'un fort à l'autre, et d'une longueur d'environ deux mille cent cinquante-cinq toises. Bien plus, il plaça sur cette ligne des sentinelles éloignées seulement de vingt pas les unes des autres, et chaque nuit des patrouilles de cavalerie faisaient la ronde.

Il fut alors presqu'impossible à personne d'entrer dans la ville ou d'en sortir sans s'exposer à être tué ou blessé. La garnison n'était pas assez nombreuse pour attaquer et détruire aucun de ces forts qui se prêtaient un mutuel secours, et la cavalerie ennemie, maîtresse de la campagne, empêchait l'arrivée des convois.

Dans cette extrémité, le conseil de la ville ordonna un recensement général des vivres dans toutes les maisons, et le transport de la moitié des provisions dans le magasin commun. Cette mesure fut renouvelée deux ou trois fois malgré les oppositions des particuliers. Le vin ne manqua point et le prix en fut toujours modéré.

Dès le 25 avril, le conseil avait envoyé aux Réformés du Languedoc le nommé Mercadier pour solliciter un prompt secours. Ce courrier avait été arrêté à Nérondes et conduit au quartier-général de Saint-Satur. Un second nommé La Croix, sorti de Sancerre le 7 mai, fut plus heureux et parvint à sa destination. Il était chargé d'une lettre de Johanneau et de La Fleur. Ces deux chefs rendaient compte aux commandans de l'armée du Languedoc de l'heureux succès de l'affaire du 19 mars; ils leur marquaient en outre que La Croix leur ferait part de la situation de leurs affaires; qu'assiégés depuis quatre mois, battus de plus de six mille coups de canon, ils avaient cependant tenu bon, repoussé tous les assauts et qu'ils étaient résolus de défendre jusqu'à la mort la cause commune; qu'ils avaient besoin de secours prompts et efficaces; qu'ils ne doutaient point qu'ils n'employassent en leur faveur tous les moyens qui dépendaient d'eux; et qu'ils les suppliaient d'agir avec célérité.

Les Assiégeans avaient construit entre Pignolles et le champ Saint-Ladre au haut de la terre du pré Vallier, à l'embranchement des chemins de Vinon et de Ménétréol, une espèce de fort en bois, composé de plusieurs étages et ayant une tour à chaque angle. Ce fort, peu éloigné des murailles et très élevé, commandait presqu'au ravelin de porte Vieille et incommodait singulièrement les Assiégés. Il était impossible que ceux-ci souffrissent patiemment un ouvrage si voisin de la ville et d'où on les insultait impunément. Aussi le 7 mai au soir, les Sancerrois attaquèrent ce fort et y mirent le feu. Les troupes stationnées à Pignolles et au champ Saint-Ladre accoururent au secours; mais ils éprouvèrent une résistance telle que leurs efforts furent inutiles. Le fort fut entièrement consumé et détruit, et les soldats qui le défendaient furent ou étouffés par la fumée ou brûlés.

La Croix arriva de son voyage de Languedoc le 2 juin. Ce ne fut pas sans difficulté et sans danger qu'il traversa les tranchées qui entouraient la ville. Il rendit compte au conseil du résultat de sa mission : il rapporta que le Vivarais et les Cévennes soutenaient avec courage et même avec succès la cause commune; que la ville de Nîmes et cette partie du Languedoc avaient soldé un corps d'Allemands; que déjà huit cents cavaliers et deux mille fusiliers, que conduisait un gentilhomme français, s'approchaient des frontières Suisses; que leur arrivée était prochaine, et qu'incessamment un puissant secours serait envoyé à Sancerre. Tel était le rapport de La Croix. D'un autre côté, on avait reçu des nouvelles favorables du siège de La Rochelle. Les Rochellois avaient promis de comprendre Sancerre dans leur capitulation.

Ces différens rapports ranimèrent le courage des habitans. La confiance qu'ils leur inspirèrent, confiance malheureusement déçue, causa en partie les maux affreux qu'ils endurèrent.

Que ne puis-je passer sous silence l'horrible extrémité où cette malheureuse cité fut réduite. Comment trouver des expressions assez fortes pour retracer cette épouvantable calamité ? Vous avez désiré connaître notre histoire ; je ne peux donc omettre ces tristes événemens.

Dans le courant de mars, et lorsque les marchés furent tout-à-fait interrompus, et les paysans dans l'impossibilité d'apporter leurs denrées, les vivres devinrent rares et on reconnut, lorsqu'il n'en était plus temps, la sagesse de l'avis des officiers. Le jour même de l'assaut un cheval de Johanneau, ayant été tué d'un coup de canon, fu dépecé et mangé par les vignerons.

Dans les premiers jours d'avril, on commença à tuer les ânes. La ville possédait une grande quantité de ces animaux, dont l'aspérité du terrein rendait le service indispensable. Si on eut ménagé cette ressource, elle eut pu être plus profitable ; mais on avait toujours l'espérance qu'un prompt secours ou la nécessité ferait lever le siège. On ne mit aucun ordre dans la disposition de ces animaux, et on laissa agir la cupidité particulière, que n'éteint point le spectacle même de la misère. A la fin d'avril, tous les ânes et les mulets étaient mangés.

Au mois de mai, on fut obligé d'avoir recours aux chevaux, ménagés jusqu'alors pour le service militaire. Le conseil de la ville, que l'expérience avait instruit, mit de l'ordre dans la distribution de cette viande. Il fut défendu aux particuliers d'abattre aucun cheval dans leur maison. Les chevaux furent conduits à la boucherie; la viande fut vendue par les bouchers, et le prix en fut taxé.

Cette ressource fut bientôt épuisée. On se jeta alors sur les chats; en quinze jours l'espèce en fut détruite. Les rats, les souris et les taupes ne furent pas épargnés. Les pauvres enfans faisaient griller ces animaux, lorsqu'ils pouvaient les saisir, sans les vider ni les écorcher et les dévoraient entièrement avec avidité.

Enfin les chiens, ces animaux fidèles, furent aussi sacrifiés. La cruelle nécessité força l'homme à assommer son compagnon, son ami, et à s'en nourrir.

La Croix, comme nous l'avons vu, était revenu du Languedoc la 2 juin; d'après son rapport le secours promis ne pouvait arriver avant cinq ou six semaines. Les vivres diminuaient de jour en jour; le conseil résolut de mettre dehors une partie du menu peuple. Il ne fut point nécessaire d'user de contrainte, le jour même où cette résolution fut connue, plus de soixante-dix personnes sortirent volontairement. Le malheur les poursuivit hors des murs. Arrivés à la ligne de circonvallation, ils trouvèrent des hommes plus durs, plus impitoyables encore qui les repoussèrent à

coups de fusils, de lances et de bâtons. On voyai
ces malheureux, errant entre les tranchées d
l'ennemi et les remparts de la ville, se repaissant
de mûres sauvages, d'herbes, de bourgeons, d'escargots, de limaces et d'insectes. La terre étai
jonchée de ces infortunés sans force et invoquant
une mort trop lente et qu'ils ne pouvaient plus
chercher dans les rangs ennemis. On trouva dans
les vignes un homme et une femme morts tenant
embrassés deux enfans vivans et gémissant. La
charité de madame Portiez veuve de Milessens
recueillit ces deux enfans, dont l'un n'avait que
six semaines.

C'est particulièrement dans le désastre que la
charité brille de tout son éclat; c'est alors qu'elle
est vive, agissante et active. L'histoire a conservé
le souvenir des dames sancerroises *Portiez de
Milessens, Martinat l'aîné, Françoise Dorival, Bourgoing, Guichard et l'Éveillé*, de
cette dernière surtout, qui n'était pas riche et qui
n'en fut pas moins charitable. Elles possédaient
des vaches; en se renfermant dans l'intérieur de
leurs maisons, elles eussent échappé aux horreurs
de la famine; mais ce froid calcul de l'égoïsme
n'est point celui de la charité chrétienne : la charité chrétienne ne calcule point, elle se sacrifie.
Ces généreuses dames se privent, pour ainsi dire,
de leur nécessaire : le lait de leurs vaches sert à
nourrir les enfans au berceau qui ne trouvent
plus d'aliment dans le sein tari de leurs mères;
elles sont dans les maisons des pauvres; leurs

mains généreuses portent à leurs concitoyens malheureux tous les secours qui sont en leur pouvoir; leurs richesses, leurs moyens sont prodigués aux grands et aux petits ; tout ce qui souffre a droit à leurs largesses ; elles ne craignent rien pour elles, elles ne voient que leurs frères souffrans. La barbarie des hommes vient souvent briser nos cœurs, la douce charité chrétienne les émeut et les console. Dames de Millessens, Martinat, Dorival, Bourgoing, Guichard et toi bonne femme l'Éveillé, vos noms ne périront jamais.

Cependant la famine augmentait à chaque instant. Dès le commencement de juillet on ne distribuait chaque jour qu'une demi-livre de pain par personne, cette ration fut réduite à un quart de livre, et enfin à une seule livre par semaine. À la fin de juillet, le blé manqua entièrement.

Si des monumens authentiques ne l'attestaient, on ne croirait jamais ce que je vais rapporter, et jusqu'à quel point peut-être portée la patience de l'homme. Jean de Leri s'était déjà trouvé dans une circonstance à peu près pareille. En revenant du Brésil, l'équipage du vaisseau où il était éprouva la plus cruelle famine. Dépourvus de tout, les matelots eurent recours aux cuirs qu'ils trouvèrent dans le vaisseau, et cette ressource les empêcha de périr. Les Sancerrois cherchèrent à utiliser les peaux des animaux séchant dans les greniers. On les étendait, on brûlait et on râclait le poil, et, après avoir été amollies dans l'eau pendant un jour ou deux, on les faisait cuire et on les mangeait. En quinze jours, toutes les peaux de bœufs vaches, moutons, chevaux, ânes, mulets, chien et chats furent consommées.

On eut ensuite recours aux parchemins, au vieux titres. Lorsque la chaleur de l'eau les avai détrempés et rendus gluans, on les coupait et o en avalait les lambeaux, sur lesquels paraissai encore l'écriture.

Les fonds des cribles, les peaux de tambour les licols, les selles, les croupières des chevaux les harnais des bêtes de somme et de trait, le tabliers de cuir des ouvriers, furent détrempés cuits et mangés.

Heureux ceux qui avaient des jardins et quel ques légumes! Les propriétaires, pour les conser ver, y montaient la garde jour et nuit comme su les murailles.

On voyait des malheureux chercher dans les fumiers, parmi les ordures les plus infectes, les cornes des pieds des chevaux, les cornes de bœuf et de vaches, les vieux os qu'avaient rongés les chiens et tâcher d'y trouver quelque substance.

Les cornes des lanternes, les pieds de cerfs, biches ou sangliers, attachés aux sonnettes des portes ou aux clefs des maisons, furent détachés, cuits et dévorés.

Ceux qui pouvaient se procurer des graines d lin, de sainfoin ou d'autres plantes les pilaient e les broyaient dans des mortiers et en fabriquaient une espèce de pain. D'autres en firent avec toutes sortes d'herbes, avec de la paille coupée menue et broyée, mêlée avec un peu de son. D'autres pilèrent des coquilles de noix, des ardoises mêmes, les réduisirent en poudre et en formèrent une espèce de pâte assaisonnée de vinaigre et de sel.

Pourrait-on croire que plusieurs malheureux ne dédaignèrent point la fiente des animaux, même des excrémens humains, mêlés à des herbes et racines sauvages cuits dans de vieille graisse et du suif ? Et que l'odeur nauséabonde de ce détestable ragoût ne les empêcha pas de s'en repaître peut-être avec plaisir ?

Enfin un événement vint mettre le comble à l'horreur de cette situation déplorable. Le 21 juillet, le bruit se répandit que Simon Potard, vigneron, Eugène sa femme, et une vieille femme, qui demeurait avec eux, nommée Philippe de La Feuille, avaient tué leur fille âgée de trois ans, et l'avaient mangée. A cette affreuse nouvelle, hommes, femmes, enfans, oubliant le malheur commun, le désastre universel, restèrent épouvantés, stupéfaits et comme frappés de la foudre. Toute la ville fut en émoi. Écoutons Jean de Leri. «Ce qui ne fut pas sans grand estonnement et » frayeur de tous ceux qui l'entendirent. Et certes » m'estant acheminé près le lieu de leur demeu- » rance, et ayant veu l'os, et le test de la teste de » ceste pauvre fille, curé et rongé, et les oreilles » mangées, ayant veu aussi la langue cuite, espesse » d'un doigt, qu'ils estoyent prests à manger, » quand ils furent surpris : les deux cuisses, jambes » et pieds dans une chaudière avec vinaigre, es-

» pices et sel, prests à cuire et mettre sur le feu ; le
» deux espaules, bras et mains tenans ensemble,
» avec la poitrine fendue et ouverte, appareillez
» pour manger, je fus si effroyé et esperdu, que
» toutes mes entrailles en furent esmeues. »

Ces trois malheureux furent au même instant conduits en prison. Dans l'interrogatoire, ils convinrent d'avoir mangé la tête de cette enfant. L'information prouva que cette fille n'avait pas été mise à mort, mais qu'elle était décédée à la suit[e] d'une maladie de langueur. La mère assura e[n] pleurant qu'après avoir enseveli son enfant, ell[e] était sortie dans la ville pour affaire, et qu'à so[n] retour elle avait trouvé le corps de sa fille e[n] pièces et sa tête bouillant dans un pot. Elle avou[a] qu'incitée ensuite par son mari et par la vieill[e] femme, elle avait mangé de cette tête et qu'ils avaient le dessein de manger le reste du corps.

Des circonstances aggravantes rendaient leur conduite plus criminelle. Il fut prouvé que ce jour-là même les dames charitables, dont je vous ai parlé, leur avaient porté, ainsi qu'à la femm[e] Philippe, un potage d'herbes et du vin suffisamment pour leur journée. Leurs mœurs étaient mauvaises et dépravées : ils étaient accusés d[e] gourmandise, d'ivrognerie, de dureté et même de cruauté envers leurs enfans.

Ces circonstances donnèrent occasion d'examiner leur conduite passée. Les registres du consistoire constatèrent qu'en 1563 la femme Eugène voulut se remarier avec Potard, quoiqu'il fut incertain si son premier mari était mort; que les ministres s'opposant à cette union, avant la vérification du décès du premier mari, ils trompèrent la bonne foi d'un prêtre catholique qui leur donna la bénédiction nuptiale; qu'à raison de ce fait et du désordre de leur conduite, et après plusieurs remontrances, ils avaient enfin été excommuniés et retranchés de l'église.

Potard fut en outre convaincu, et il l'avoua, d'avoir depuis le siège assassiné un homme, de l'avoir jeté dans un puits et emporté ses habits, et enfin d'avoir dérobé un cheval.

Philippe de La Feuille était morte en prison. Les crimes de Potard et de sa femme furent jugés dignes de la peine capitale. Le conseil condamna Potard à être brûlé vif et sa femme à être étranglée; il ordonna que son cadavre et celui de la vieille femme seraient jetés dans le bûcher. Cette sentence fut exécutée le 23 juillet.

Les Assiégés étaient réduits aux dernières extrémités; les mets détestables dont ils se repaissaient engendrèrent des maladies. Les maisons étaient remplies de mourans. Souvent la journée éclairait quinze convois funèbres. Presque tous les enfans de treize à quatorze ans périrent de langueur. Dans cette saison de la vie, où le corps se développe avec le plus d'activité, il lui faut une nourriture saine et abondante. L'homme ressemble alors à une fleur en pleine végétation, et qui, privée tout-à-coup par les rayons brûlans du soleil de l'humidité qui entretenait sa fraîcheur et

sa vie, se fane, penche la tête et périt. Que de scènes douloureuses ! Que de séparations cruelles et déchirantes ! A quelles épreuves furent exposés l'amour paternel, la tendresse maternelle, la piété filiale ! « Où eust esté le cœur, s'écrie Jean de
» Leri, où eust esté le cœur (s'il n'eust esté plus
» dur que rocher et aymant) ou les oreilles qui
» oyans telles choses n'eussent esté esmeues ?.....
» Il y eust un jeune garçon que je cognoissoys,
» lequel estant aux sanglots et abois de la mort,
» oyant et voyant ses père et mère plorans auprès
» de luy, et luy manians les bras et cuisses aussi
» secs que bastons, leur disoit : pourquoi pleu-
» rez-vous ainsi de me voir mourir de faim ? Je
» ne vous demande point de pain, ma mère, je
» sçay que vous n'en avez point, mais puisque
» Dieu veult que je meure ainsi, il le faut prendre
» en gré. Le sainct personnage Lazare n'a-t-il pas
» eu faim ? N'ay-je pas leu cela en ma Bible ? Et
» ainsi faisant fendre le cœur et ouvrir les en-
» trailles aux pauvres père et mère qui le regret-
» toyent tant plus qu'ils cognoissoyent que Dieu
» lui avoit donné un gentil esprit, expira et rendit
» l'âme à Dieu le trentième de juillet. »

Partout on ne rencontrait que des personnes maigres, décharnées, se traînant péniblement dans les rues. Une pâleur livide les couvrait ; on les eut pris pour des spectres ambulans, si quelques gémissemens ne se fussent échappés de leur poitrine oppressée.

Cependant on ne parlait point de se rendre ;

aucune sédition sérieuse n'eut lieu. Leurs corps sont abattus ; mais leur courage ne l'est pas. Au moindre cri d'alarme, leurs yeux s'animent ; ils oublient leur langueur ; ils saisissent leurs armes ; ils volent aux remparts.

Quelle force, dirai-je, soutient donc ces cadavres animés ? Quelle est la cause de cette constance plus qu'héroïque ?

La religion. Les persécutions avaient produit l'enthousiasme ; l'imagination s'était enflammée et les têtes s'étaient exaltées. Est-il étonnant que l'homme puisse supporter les angoisses de la faim, lorsqu'il supporte les supplices les plus affreux, les tortures et le feu des bûchers ? La constance des Sancerrois était celle des premiers chrétiens. Elle sera celle de tout homme intimement convaincu de la vérité de la religion qu'il professe, et lorsqu'on aura la barbarie anti-sociale et impie de le persécuter à raison de cette opinion religieuse. Ils voyaient leurs pasteurs, aussi malheureux qu'eux, souffrir comme eux. Bien plus, ils en recevaient des consolations religieuses ; la certitude d'une vie plus heureuse, où ils recevraient une récompense éternelle de leurs travaux et de leurs souffrances, les soutenait. La faim leur arrachait un gémissement ; mais leurs yeux se tournaient vers le ciel, et ils étaient consolés.

En second lieu, la conviction où ils étaient qu'en se rendant ils seraient massacrés : les scènes sanglantes de la Saint-Barthélemy étaient sans cesse présentes à leur imagination ; la conduite de La Châtre lui-même, qui repoussait impitoyablement les malheureux qui fuyaient la famine, et qu'une impérieuse nécessité avait fait éloigner de la ville ; qui faisait pendre les soldats qui se rendaient, les confirmait dans cette opinion.

Et enfin l'espérance, ce don précieux et divin qui n'abandonne jamais l'infortuné. Les Sancerrois ont toujours attendu du secours de leurs coreligionnaires des autres villes. Ils ont toujours espéré d'être compris dans la capitulation de La Rochelle. L'opinion de Johanneau que cette guerre serait de courte durée prévalait encore ; et si cette opinion vraie jusqu'à un certain point n'eut pas eu le funeste effet d'empêcher l'approvisionnement extraordinaire de la ville ; si, conformément à l'avis des officiers, Sancerre eut été approvisionné seulement pour six mois, les habitans fussent, comme La Rochelle, sortis victorieux de la lutte.

Reprenons la suite des événemens que ce triste récit a interrompus.

Le 7 juin, des prières publiques furent ordonnées. Dans l'urgente nécessité où ils se trouvaient, les Assiégés, après avoir employé tous les moyens humains, implorèrent la protection divine et le secours de cet Être éternel dont l'essence infinie embrasse tout l'univers.

Cette religion, pour la conservation de laquelle ils souffraient tant de maux, mettait la charité au premier rang des devoirs et des vertus. La ville renfermait un grand nombre de familles ouvrières et pauvres et qui n'avaient aucune provision. Il fallait pourvoir à leurs besoins, et c'était surtout parmi elles que la famine exerçait ses ravages. Le conseil arrêta le 8 juin, qu'on les nourrirait de ce qu'on pourrait ; on fit une liste des pauvres et des personnes charitables qui voudraient leur faire l'aumône et les assister. On assigna à chaque famille pauvre la maison et l'heure où elle recevrait des secours. Outre ces aumônes, on leur distribua à des heures fixes des potages d'herbes cuites avec des cuirs et peaux pelées, et du vin. Je vous ai dit que cette liqueur ne manqua pas ; elle contribua à soutenir les forces des habitans et à diminuer l'intensité des maladies.

Les secours promis n'arrivaient point et la famine augmentait toujours. Le 20 juin, l'assemblée générale décida qu'il fallait envoyer de nouveaux députés, soit à La Rochelle, soit à Nîmes, pour exposer l'état fâcheux dans lequel était la ville, et le besoin urgent d'un prompt secours. On avait jusqu'alors confié cette mission à de simples bourgeois ; cette fois on voulut envoyer des hommes marquans. Le choix tomba sur les capitaines La Fleur, La Pierre, La Minée et La Croix. Plusieurs jugèrent imprudent le choix du commandant-général La Fleur, dont les talens militaires étaient si nécessaires à la défense de la place. Mais La Fleur lui-même, ayant représenté qu'il était important qu'il entreprît ce voyage, pour prendre une connaissance exacte de ce qui se passait, et se mettre à la tête des auxiliaires et leur servir de guide, étant d'ailleurs reconnu aussi prudent que brave, et aussi propre aux négociations qu'au combat, le choix fut confirmé.

La difficulté était de traverser la ligne de circonvallation. On résolut de la forcer. Le 21 juin au soir, les députés, escortés de cent vingt fusiliers, sortent par le ravelin de porte Vieille et attaquent le fort de Pignolles. Le combat engagé, les députés surprennent et tuent la sentinelle placée à la chaussée de l'Étang, traversent avec leurs chevaux les tranchées, passent sur cette chaussée, gagnent le chemin du Carroy-Maréchaux et suivent leur route. Ce passage ainsi effectué, l'escorte se mit en retraite, emmena un prisonnier et rentra heureusement.

Cette même nuit, les Assiégeans avaient projeté de surprendre la ville. A cet effet et à une heure du matin, une troupe nombreuse se porta tout-à-coup sur la contrescarpe vis-à-vis de la porte Serrure, sauta dans le fossé, le suivit jusqu'à la brèche du champ Saint-Martin et tenta l'assaut. La garde quoique faible résista ; on accourut de toutes parts au secours ; les Assiégeans furent repoussés et chassés du fossé, après avoir éprouvé une perte considérable.

Le lendemain matin, les traces des chevaux des députés furent découvertes. Le capitaine Cartier, à la tête d'un piquet de cavalerie, se mit à leur poursuite. Quelque diligence qu'il fît ; et quoiqu'il changeât souvent de chevaux, il ne put les atteindre qu'à Diou-sur-Loire éloignés d'une vingtaine de lieues. La Fleur et ses compagnons avaient eu l'imprudence de se faire connaître à un aubergiste de ce lieu, nommé Gilbert, qui les trahit. Le capitaine Cartier, instruit par Gilbert, les suivit à La Nocle et de là au château de Ternan, et s'empara de leurs chevaux. La Fleur, La Pierre et La Minée se renfermèrent dans le château et résolurent de s'y défendre. Mais n'y ayant pas trouvé d'armes, ils se déguisèrent en paysans, se jetèrent dans les bois qui entourent le château et s'y égarèrent. La Pierre et La Minée eurent le bonheur de gagner les frontières Suisses sans accident. La Fleur ne fut pas aussi heureux : revenu à Diou, il fut reconnu, poursuivi ; malgré sa résistance, saisi et conduit à Moulins. La Croix eut le même sort. A la vue du capitaine Cartier, il avait également gagné les bois ; ignorant ce qu'étaient devenus ses compagnons, il revint à La Nocle et se cacha dans une auberge. Trahi et livré au capitaine Cartier, qui, croyant les députés évadés, retournait au camp, il fut conduit au quartier-général de Saint-Satur.

Dans les premiers jours de juillet, comme la grande disette excitait les murmures de la populace, le gouverneur publia que ceux qui voulaient sortir pouvaient le faire librement. Une vingtaine de personnes profitèrent de cette permission, et se rendirent au camp de La Châtre qui les fit pendre. Ceux qui dans la suite imitèrent leur exemple éprouvèrent le même sort. Cette conduite barbare du général est inconcevable. Les Sancerrois et les réfugiés étaient des Français, égarés sans doute ; mais qu'avaient effarouchés les meurtres de la Saint-Barthélemy. Il fallait leur ôter la persuasion où ils étaient qu'on en voulait à leur vie. Et recevoir à coups de fusils, ou pendre des malheureux affamés, qui se rendaient à discrétion, n'était-ce pas forcer les autres à se défendre jusqu'à la mort? Si au contraire il les eut reçu avec douceur, les eut assuré qu'ils méconnaissaient les volontés du roi, qu'on n'en voulait point à leur vie, il est probable qu'il ne fut pas resté un seul soldat sur les remparts de Sancerre.

La prise de La Croix et du capitaine La Fleur ne tarda pas à être connue à Sancerre. Le 4 juillet, La Croix adressa des lettres à son épouse et au capitaine Montauban : il leur marqua les circonstances de son voyage. Indignement contraint par La Châtre, il ajouta que La Pierre et La Minée avaient été tués en sa présence.

Cette nouvelle répandit la consternation dans la ville. C'étaient particulièrement les capitaines La Fleur et La Pierre, les meilleurs officiers de la garnison, que regrettaient les habitans. Cependant on publia que ce n'était qu'une fausseté semée à dessein par le général ennemi. Mais bientôt il ne fut plus permis de douter de la vérité de cet événement malheureux. La Fleur, amené à Saint-Satur, confirma que son arrestation n'était que trop certaine, en demandant des vêtemens qu'on lui envoya. La perte de cet officier, si connu par sa bravoure, son activité, sa prudence, même sa grandeur d'âme, causèrent à Sancerre une douleur inexprimable. Je vous ai fait connaître sa fin tragique, et j'ose dire peu méritée.

Ces tristes circonstances, celle plus effrayante encore de la famine qu'ils éprouvaient, ne découragèrent point encore les habitans. Loin de songer à se rendre à la discrétion d'un ennemi dont ils n'attendaient point de quartier, ils résolurent de se défendre jusqu'à la mort. Le 13 juillet, cette résolution fut publiée avec permission à tous ceux qui ne voudraient pas y souscrire de sortir de la ville et de se retirer où bon leur semblerait. On répara en même temps le ravelin de porte Vieille et les plates-formes voisines, et l'on plaça un corps-de-garde sur la terrasse Saint-Denis.

Pendant que les Sancerrois étaient ainsi exposés aux horreurs de la famine, les habitans de La Rochelle s'intéressaient vivement à leur sort. Le duc d'Anjou, pressé par des motifs dont nous parlerons bientôt, avait reçu ordre de faire la paix à toutes les conditions raisonnables. Les Rochellois, qui avaient soutenu et repoussé neuf assauts, voulaient traiter pour tout le parti Protestant, et que le premier article du traité fût la liberté de conscience pour tous les Réformés du royaume. Ils n'oublièrent point les Sancerrois et insistèrent pour que leurs députés assistassent à la conférence, et fussent compris dans la capitulation, qui, sous la forme d'un édit de pacification, fut arrêté le 9 juillet 1573. Mais une circonstance empêcha qu'ils n'y fussent particulièrement compris. Les Sancerrois avaient toujours éludé d[e] recevoir garnison, sous le prétexte qu'ils dépendaient des comtes de Bueil, et que ceux-ci pa[r] leurs privilèges en étaient exempts. Le duc d'An[-]jou se renferma dans cette exception que les San[-]cerrois, dépendant d'un seigneur particulier, o[n] ne pouvait par le traité nuire ni préjudicier à se[s] droits et privilèges ; qu'ainsi c'était une affair[e] particulière qui ne le regardait pas. Les Sancer[-]rois ne furent donc compris que dans la claus[e] générale de la capitulation, qui accordait à tou[s] les Réformés du royaume la liberté de conscience.

Les Rochellois confiaient leurs co-religionnaire[s] à une exception illusoire et dont ils devaient pré[-]voir les conséquences. Je doute que si les Sancer[-]rois se fussent trouvés dans la même position que ceux de La Rochelle, d'après leur noble refus d'expulser les réfugiés, d'après leur courage et leur constance, que rien n'a ébranlés, ils eussent agi de même.

Mais on se demande comment, après la capi[-]tulation de La Rochelle, le siège de Sancerre a encore duré plus d'un mois ? La première chose à faire n'était-ce point de leur donner copie de l'édit de pacification, qui assurait la liberté de conscience, et de les convaincre que leurs craintes étaient maintenant sans fondement ? Le reste re[-]gardait le comte Jean VI de Bueil. La question de savoir s'il y avait lieu de mettre ou non garni[-]son dans la ville devait se traiter avec lui, puisqu'il était reconnu qu'il avait le privilège d'en être exempté. Nous avons vu qu'effectivement en 1424, le roi Charles VII, pour préserver le Berry des courses des Anglais, avait demandé et obtenu du comte Beraud la faculté d'occuper par ses troupes la ville et le château de Sancerre. Jean de Bueil n'intervint point après la capitulation qui avait reconnu son privilège ; lui seul pouvait, le traité de pacification à la main, dessiller les yeux des Sancerrois ; et il est probable qu'après la paix de La Rochelle, Sancerre eût fait sur-le-champ sa soumission, si on eut suivi à son égard les termes mêmes de la capitulation.

Et enfin, pourquoi La Châtre ne donna-t-il point aux Sancerrois une connaissance officielle du traité de La Rochelle? Ce silence ne prouve-t-il pas un amour-propre humilié, et le désir de se venger d'une ville qui l'avait si souvent repoussé ?

Le 18 juillet, M. de Saint-Pierre, l'histoire ne nous apprend pas quelle était sa qualité, se trouvant au camp de La Châtre, écrivit à Jean de Leri, qu'il avait connu au synode de Nîmes, en 1572, et qu'il avait vu à son passage à La Charité, avant les massacres. Il lui témoignait le désir de le voir, tant pour lui renouveler l'assurance de son estime, que pour conférer avec lui sur les intérêts des habitans. De Leri, ayant obtenu la permission du bailli Johanneau, donna rendez-vous à M. de Saint-Pierre sur la contrescarpe du fossé du ravelin de porte Vieille, et, pendant cette conférence, qui dura à peu près une heure, les hostilités furent suspendues.

M. de Saint-Pierre apprit au ministre que les villes de Nîmes, Montauban et La Rochelle avaien[t] capitulé et fait la paix; que la ville de Sancerre pour des motifs qu'il ne connaissait pas, n'étai[t] point comprise dans le traité; que la diète de Po[logne] avait élu roi le duc d'Anjou, et que ce prin[ce] allait très prochainement prendre possession de c[e] royaume.

M. de Saint-Pierre n'était pas porteur d'un[e] copie de l'édit de pacification et de la capitula[-]tion de La Rochelle.

Jean de Leri lui ayant répondu : que le connais[-]sant homme d'honneur, il n'avait aucun moti[f] pour ne point ajouter foi à ce qu'il lui disait ; mai[s] qu'il n'en serait pas ainsi des habitans, qui, n'ayan[t] aucune confiance en M. de La Châtre, ne croi[-]raient point ces nouvelles et les supposeraient a[u] contraire imaginées pour les tromper. M. de Sain[t]-Pierre affirma qu'elles étaient vraies, et que d'ail[-]leurs il était facile de s'assurer de la vérité de ce[s] faits, en envoyant sur les lieux des personnes d[e] confiance. « Mais comment, répliqua le ministre envoyer quelqu'un à La Rochelle ? Comment u[n] député pourra-t-il aller et revenir en sûreté, lors[-]que le capitaine La Fleur et autres que nous avion[s] envoyés pour le même objet ont été arrêtés et son[t] encore prisonniers? » M. de Saint-Pierre repartit qu'il était certain d'obtenir de M. de La Châtr[e] des ôtages pour la sûreté des envoyés, et qu'il em[-] ployerait à cet effet le crédit de MM. de Sarrieu et de Pibonneau, tous deux officiers supérieurs de l'armée.

Jean de Leri rendit compte de la conférence au gouverneur et au conseil. Son avis était d'accepter la proposition de M. de Saint-Pierre, d'éclaircir le fait de la pacification de La Rochelle, et de profiter de cette circonstance pour traiter. Mais le plus grand nombre pensa que cette proposition couvrait quelque piège; qu'il était impossible que les Rochellois, qui connaissaient leur situation, les eussent oubliés; que d'ailleurs, si la proposition de M. de Saint-Pierre était sérieuse, pourquoi retenir prisonniers La Fleur et La Croix, envoyés à cet effet, et ne pas leur accorder des sauf-conduit pour continuer leur route?

Cette ouverture de la part de M. de Saint-Pierre n'eut pas plus de résultat que celle de M. de La Mauvissière.

Cependant la désertion commençait à se mettre parmi les soldats affamés. Déjà deux caporaux et seize soldats étaient sortis de la ville, quelques-uns parvinrent à traverser les lignes de l'ennemi et se sauvèrent. La plus grande partie de ces déserteurs furent tués ou pris et pendus. Pour arrêter ce commencement de désorganisation, le gouverneur Johanneau assembla la garnison et la passa en revue dans le champ Saint-Martin. Le bataillon des réfugiés, commandé par les capitaines Buisson et Dorival, était composé de cent cinquante-deux hommes. Celui des habitans, commandé par les capitaines Martignon et Paquelon, était composé de deux cent soixante-un hommes. Nous avons vu qu'au commencement du siége, l'armée Sancerroise comptait huit cents hommes, elle était donc au moment de cette revue diminuée de moitié. Pendant tout le siége, la ville n'eut que quatre-vingt-quatre hommes tués; la disette fit périr le reste.

Johanneau adressa la parole aux officiers et soldats. Il les remercia, au nom de la ville, de la discipline qu'ils avaient observée; il loua surtout le courage extraordinaire qu'en toute occasion ils avaient montré et qui les avait rendus la terreur de leurs ennemis. Ne pouvant leur dissimuler ce que la disette leur avait fait et leur faisait encore souffrir, il leur représenta que, d'après tous les rapports, la guerre touchait à son terme, et qu'avec de la constance ils sortiraient victorieux d'une lutte glorieuse, entreprise pour la conservation de leur religion et de leur vie; que quant à lui, quelques fussent les suites, il n'accepterait jamais qu'une capitulation honorable, dût-il périr. « Mais s'il se trouve parmi vous, s'écria-t-il, s'il se trouve quelques personnes que les privations que nous éprouvons pour la plus juste et la plus légitime des causes épouvantent, s'ils préfèrent de sacrifier leur religion et leur honneur à la conservation de leur vie, qu'ils s'expliquent sans crainte. Je m'oblige non-seulement de leur ouvrir les portes; mais encore de les faire escorter jusqu'aux tranchées de l'ennemi. » Un profond silence règne; aucune plainte ne sort des rangs. « Généreux amis, ajouta-t-il en terminant, fidèles à notre religion et à notre honneur, jurons de rester à notre poste et de ne le quitter qu'à la mort. » Officiers et soldats tous jurèrent de défendre la place jusqu'au dernier soupir.

Il existait entre les murailles de la ville et la ligne des Assiégeans un champ ensemencé en blé, dont la récolte était mûre. Les vignerons se proposèrent de moissonner ce champ et sortirent à cet effet le 21 juillet au soir, escortés par le capitaine Paquelon et une troupe de fusiliers; mais les Assiégeans, prévenus de ce dessein, les attaquèrent et troublèrent cette opération. Les Sancerrois, bien inférieurs en nombre, soutinrent le choc et opérèrent leur retraite en bon ordre, sans perdre un seul homme. Profitant des ténèbres de la nuit, l'armée Royale s'approcha des brèches en poussant de grands cris. Les Sancerrois étaient à leurs postes préparés à la recevoir; elle n'osa tenter un nouvel assaut. « J'observay lors, dit Jean de Leri, qu'encores que nous fussions tous foibles et atténuez de famine et de disette, si est-ce que le courage ne manquoit point à nos soldats, lesquels au besoin reprenoyent toujours cœur, et ay opinion que si on fust venu aux mains, et que l'ennemy se fust présenté à la brèche, qu'il eust esté bien receu. »

Malgré la perte de leurs meilleurs officiers, malgré les effroyables privations qu'ils supportaient avec une incompréhensible constance, les Assiégés ne parlaient pas de se rendre. Mais depuis quelques jours La Châtre avait changé de conduite, et saisissait toutes les occasions d'entamer des négociations. S'il eut été de bonne foi, il aurait donné aux Sancerrois une copie authentique de la capitulation de La Rochelle. Alors ceux-ci, convaincus que leur existence n'était plus en danger, que la liberté de conscience était assurée, n'avaient plus de motifs pour refuser de se soumettre, et un mois ou plutôt un siècle d'incroyables souffrances leur eût été épargné. Mais La Châtre était homme, et il est probable qu'il voulait forcer les Sancerrois de se rendre à discrétion, et se venger des défaites qu'il avait essuyées et des railleries qu'ils s'étaient permises à son égard. Cependant tout-à-coup sa conduite change; on est étonné de la bienveillance qu'il affecte de leur témoigner, et de ses dispositions si favorables à la paix. Est-ce commisération envers de malheureux citoyens que leur courage et leur constance ont rendus célèbres à jamais? Non certes; nous verrons qu'il a fait aux Sancerrois tout le mal qu'il a pu leur faire. Un autre motif dirigeait sa conduite : c'étaient et la nécessité et l'ambition. Je suis obligé de rétrograder.

Sigismond, roi de Pologne, dernier prince de la maison des Jagellons, mourut le 16 juillet 1572. Il s'agissait de le remplacer. Les batailles de Jarnac et de Moncontour que le duc d'Anjou, depuis Henri III, avait gagnées à l'âge de vingt-un ans, avaient rendu son nom fameux dans toute l'Europe. Ce jeune prince, couronné à son printemps par la victoire, donnait les plus flatteuses et les plus belles espérances. La diète de Pologne s'occupait du choix du successeur de Sigismond. La cour de France sollicitait secrètement en faveur du duc d'Anjou, qu'elle craignait et voulait éloigner. L'adroit et politique Montluc, évêque de Valence, était parvenu à fixer les votes sur ce prince, lorsque la renommée publia les horribles massacres de la Saint-Barthélemy. Alors les palatins, qui avaient embrassé la réforme, traversèrent l'élection et ne voulurent assurer leurs voix au duc d'Anjou, occupé du siège de La Rochelle, que sous la condition expresse que les persécutions contre les Réformés cesseraient sur-le-champ dans toute la France, et que la liberté de conscience leur serait accordée à tous sans exception. Montluc, pressé par les ordres de sa cour, craignant de compromettre l'objet de son ambassade, accepta et signa ces conditions à Plocsko. Le duc d'Anjou fut élu roi de Pologne le 9 mai 1573. Telles furent l'origine et les causes de l'édit de pacification de La Rochelle, et tels étaient les motifs de la conduite actuelle de La Châtre.

On attendait à chaque instant l'arrivée de la députation Polonaise, chargée d'accompagner le nouveau roi. La cour pressait La Châtre de terminer le siège de Sancerre avant l'arrivée de cette députation. On voulait éviter les scènes violentes, auxquelles le désespoir des habitans pouvait donner lieu, et dont tout l'odieux aurait rejailli sur le roi. Montluc réclamait l'exécution de la promesse qu'il avait signée, et La Châtre lui-même avait l'espoir d'accompagner le duc en Pologne.

Enfin la députation Polonaise, dès son arrivée à Metz, dans les premiers jours d'août, avait été informée que Sancerre était encore assiégée, et sa première démarche à Paris avait été de demander l'exécution de la promesse, que Montluc avait jurée au nom du roi, d'accorder la liberté aux villes et personnes tourmentées pour fait de religion. On cessera d'être étonné des avances que faisait ou faisait faire La Châtre.

Mais les Sancerrois avaient de lui une telle défiance, que ces ouvertures de paix auraient été rejetées comme les précédentes, s'ils n'avaient enfin connu la véritable situation des affaires en France. Ils avaient plusieurs fois chargé un de leurs concitoyens, dont l'histoire n'a point conservé le nom, d'aller prendre au-dehors des informations et il avait au péril de sa vie toujours rempli cette commission avec exactitude. Cette mission lui fut encore confiée, et, le 27 juillet, une escorte de trente fusiliers avait heureusement facilité le passage de la ligne des Assiégeans. Le 6 août, cet homme intrépide franchit les tranchées et rentra dans la ville.

Il rendit compte au gouverneur et au conseil de la ville de l'objet de son voyage. Il rapporta comme faits certains et positifs : que le duc d'Anjou était élu roi de Pologne, et qu'il allait incessamment prendre possession de ce royaume ; que les habitans de La Rochelle, de Nîmes et de Montauban avaient fait leur paix; que, par l'édit de pacification de La Rochelle, la liberté de conscience avait été accordée à tous les Réformés de France; que ce qui concernait Sancerre particulièrement avait été remis au comte leur seigneur, et qu'enfin il fallait que le siège fût levé dans les huit jours. Après le rapport de cet envoyé, la délibération du conseil fut bientôt prise. On pouvait en sûreté traiter, et un plus long retard ne pouvait avoir que des suites funestes. On résolut de répondre sur-le-champ aux avances que faisait le gouverneur du Berry.

Le même jour, Louis de Martignon, major de la place, et le capitaine Buisson descendirent au ravelin de la porte Saint-André, et entrèrent en pourparlers avec les capitaines Verrières et Fontaine. Celui-ci était beau-frère de Buisson. Le lendemain, les conférences continuèrent dans le même lieu et entre les mêmes personnes, en la présence du bailli Johanneau.

Le 8 août, Johanneau, accompagné de douze fusiliers, se rendit à la place Saint-Ladre, où se trouva M. de Montigny, escorté d'un nombre égal de soldats, et ils y conférèrent pendant une heure sur les moyens de s'accorder. M. de Montigny assura le gouverneur qu'on ne traiterait pas à la rigueur les Sancerrois. Comme ce seigneur avait la réputation d'un homme d'honneur et incapable d'émettre un mensonge, ses paroles circulèrent bientôt dans la ville, et y portèrent l'espérance d'une prompte délivrance. Cette assurance et la certitude de l'existence de l'édit de pacification dissipèrent les doutes et les craintes des habitans, qui, ne comptant sur aucun quartier, avaient pris la résolution de périr plutôt de faim les armes à la main que de se rendre.

Mais cette certitude même faillit occasionner une sédition dans la ville. Les capitaines Montauban et Buisson s'adressèrent au conseil et lui déclarèrent que les négociations étaient suivies avec trop de lenteur; qu'il leur était impossible de retenir leurs soldats que la famine tourmentait; que les choses étaient au point qu'ils aimaient mieux périr par le fer de l'ennemi, que de mourir de faim; qu'ils étaient donc résolus de sortir de la ville. Le conseil chercha à calmer ces hommes exaspérés. Il leur représenta que, quoique la disette fût extrême, les soldats avaient cependant moins souffert que les autres habitans, et qu'ils n'avaient pas encore été tout-à-fait dépourvus d'alimens; que les négociations ne pouvaient être de longue durée; que dans peu de jours le sort de chacun serait décidé; mais qu'il était de la prudence de ne rien hâter; que l'exemple de l'insubordination qu'ils donnaient pouvait devenir funeste et préjudicier à tous; que l'ennemi, instruit de leurs divisions, serait plus rigoureux, imposerait des conditions plus dures; tandis qu'au contraire leur union, qui jusqu'à ce moment avait fait leur salut, le rendrait plus traitable. Ces représentations raisonnables restèrent impuissantes.

Le tumulte s'accrut au point que l'alarme sonna, et que la garnison se rassembla devant la maison du gouverneur. Le capitaine Montauban, voyant qu'il n'était pas le plus fort et prétextant que sa vie était en danger, se retira en son logement avec une trentaine de soldats armés. Mais la nuit calma les esprits; la voix de la raison prévalut, et le lendemain tout était rentré dans l'ordre accoutumé.

La Châtre connaissait la défiance des Sancerrois à son égard, et, pressé par les circonstances, il désirait terminer promptement la capitulation. Afin de dissiper cette défiance, non-seulement il disait aux parlementaires, mais il écrivit le 11 août et jours suivans au conseil : que c'était à tort qu'on se défiait de lui et qu'on craignait de se rendre à lui; qu'on pouvait compter sur la promesse qu'il faisait que tous ceux qui étaient à Sancerre auraient la vie sauve en se rendant; que sans doute les Sancerrois à raison de leur rébellion obstinée avaient mérité la mort; mais que dès l'instant qu'il leur avait promis la vie, sa parole était sacrée et qu'il la tiendrait.

Le conseil lui répondit : que les craintes et la défiance des Sancerrois étaient excusables; qu'ils pouvaient redouter un traitement pareil à celui qu'avaient éprouvé les Réformés de plusieurs villes du royaume, et notamment ceux de Bourges, en présence de M. de La Châtre lui-même. Par une autre lettre, le gouverneur du Berry observa : que les circonstances n'étaient plus les mêmes; que les Catholiques de Bourges, dans la première effervescence, avaient cru devoir venger la mort de leurs parens victimes des anciens troubles, le renversement de leurs autels et la profanation de leurs églises; que partout les actes de vengeance avaient entièrement cessé; que s'il avait le dessein de les traiter avec la dernière rigueur, il n'aurait pas proposé le premier la voie des négociations; qu'il connaissait leur position; qu'en gardant le silence et continuant le blocus ils périraient tous; qu'en un mot ils pouvaient se fier à la promesse qu'il leur avait faite et qu'il réitérait, promesse qu'il remplirait avec scrupule.

Cependant au moment même où La Châtre écrivait ces lettres, le capitaine La Fleur, conduit à Bourges, après avoir été torturé, périssait par la main du bourreau.

Ces lettres du gouverneur du Berry hâtèrent les négociations. Le 15 août, les capitaines Pibonneau et Verrières montèrent à la ville, pendant que les ôtages se rendaient au quartier-général. Johanneau ne put offrir à ces délégués que du vin; il ne possédait ni pain ni viande; ils eussent dédaigné ce détestable ragoût de toutes sortes d'herbes, apprêtées avec des lambeaux de peau et de cuir détrempés, seule nourriture des Sancerrois depuis plus d'un mois; ils firent apporter leur dîner du camp. Ils se rendirent ensuite à l'assemblée générale convoquée dans le temple Saint-Jean, et lui firent part des bases de l'accord proposé par M. de La Châtre. Ils donnèrent enfin lecture de la capitulation imprimée de La Rochelle, dont les habitans eurent pour la première fois une connaissance exacte; après cette lecture, l'assemblée invita les délégués à envoyer par les ôtages une copie des articles proposés, et promit de faire une prompte réponse. Cette copie fut envoyée le soir même.

Le lendemain, l'assemblée examina et discuta chaque article, et comme quelques-uns présentaient de l'ambiguité, elle donna plein pouvoir à MM. Pineau, Raveau, Minot, Martignon, capitaine, et Bourgoing, anciens habitans, Buisson, Chailloux et Dorival, capitaines, et Béroald, professeur, ces derniers réfugiés, de s'entendre avec M. de La Châtre, d'éclaircir les points de difficulté, et de terminer la capitulation.

Jean de Leri accompagna cette députation. Le gouverneur du Berry avait témoigné le désir de le connaître, et le capitaine Pibonneau, à qui M. de Saint-Pierre l'avait expressément recommandé, l'assura de sa protection.

Les députés ayant présenté leurs pouvoirs au général, celui-ci convoqua son conseil, et chaque article fut éclairci et arrêté. Pour garantie de l'exécution de cette capitulation, et pour préserver la ville du pillage et les habitans de toute violence, il exigea une contribution de soixante mille livres. Après cette conférence, il congédia les députés en les invitant à lui adresser promptement la décision du conseil.

Il avait prié Jean de Leri de rester. Sa réputation, et particulièrement son courage avaient captivé la bienveillance du gouverneur. Il est utile de vous rapporter quelques détails de la conversation, qui eut lieu entre ces deux personnages marquans dans notre histoire. Ils pourront vous aider à juger le caractère de M. de La Châtre.

L'entretien roula d'abord sur la famine qui régnait dans la ville, et l'opiniâtreté inconcevable que les Sancerrois avaient apportée à se défendre.

« Je sais, lui dit-il, que c'est à votre industrie qu'est due la prolongation de ce siège. C'est en leur apprenant la manière d'apprêter et de manger les cuirs et les peaux, ainsi que vous l'aviez vu pratiquer dans votre voyage du Brésil, qu'ils ont, contre toute attente, opposé une si longue résistance. »

Jean de Leri lui répondit : qu'il ne cherchait point à s'excuser d'avoir co-opéré à la résistance des Sancerrois, qui, en lui accordant l'hospitalité, lui avaient sauvé la vie, et qu'ainsi il n'avait fait que son devoir ; mais qu'il n'était point l'inventeur de la manière d'apprêter et de manger les peaux, que c'était la nécessité, maîtresse de tous les arts.

Le gouverneur du Berry repartit : qu'il était loin de lui faire un crime de sa conduite ; que la ressource extraordinaire qui avait soutenu les Sancerrois pourrait servir dans d'autres sièges ; qu'il savait qu'il avait écrit toutes les circonstances du siège et de la famine ; qu'il le priait de lui en donner une copie.

Jean de Leri l'assura que son désir était un ordre pour lui. « J'ai, ajouta le gouverneur, de graves reproches à faire aux habitans de Sancerre. Ils se sont permis des propos outrageans contre la personne du roi, en le traitant de massacreur et boucher de son peuple. J'ai à me plaindre personnellement des injures et railleries qu'ils n'ont cessé de proférer pendant tout le siège. Bien plus, contre le droit des gens, ils ont arrêté le tambour que j'avais envoyé dès le commencement du siège, l'ont jeté dans une prison et l'ont fait mourir. Qui m'empêcherait maintenant de tirer de ces outrages une vengeance éclatante ? N'en ai-je pas les moyens ? Mais j'ai mis de côté mon juste ressentiment, et je n'ai écouté que l'intérêt général. Je veux prouver à tous que je ne suis point un homme sanguinaire et cruel. J'en ai déjà donné des preuves suffisantes, lorsqu'après l'attaque de la grosse tour de Bourges j'avais en mon pouvoir les capitaines Fontaine, Lespau et Renty. Le parlement m'avait enjoint de les livrer sous peine de deux mille marcs d'or, et cependant je les ai mis en liberté. Sans doute plusieurs habitans méritent la mort ; mais j'ai promis de les sauver, et je tiendrai ma parole. »

De Leri, sentant la force des reproches, répondit avec adresse : que M. de La Châtre ne pouvait ignorer la grossièreté et la licence du langage des gens de guerre ; que l'assemblée générale n'avait jamais approuvé ces discours outrageans et les avait réprimés autant qu'elle avait pu ; que la violence exercée contre le tambour avait été blâmée par tous les officiers ; qu'il suppliait son excellence de ne point s'arrêter à ces faits particuliers ; mais de considérer l'ensemble de la conduite des Assiégés, et surtout la justice de leur cause ; que les Réformés n'avaient point transgressé l'édit ; qu'ils vivaient dans la paix et la sécurité, lorsque les massacres avaient eu lieu ; qu'eux en particulier n'avaient évité la mort qu'en se sauvant à Sancerre ; qu'ils y étaient restés plus de six semaines tranquilles, et qu'ils n'avaient pris les armes que lorsqu'on les avait attaqués.

Cette réponse du ministre, en ce qui concernait la Saint-Barthélemy, était sans réplique ; aussi La Châtre convint que les Sancerrois étaient excusables de s'être soustraits aux massacres. « Mais ces violences, continua-t-il, ont eu leur terme, et, lorsqu'ils ont su que l'ordre était rétabli, leur refus de se soumettre est-il excusable ? Leur obstination n'a-t-elle pas causé la ruine du pays à douze lieues à la ronde ? Comment enfin concevoir leur refus des offres que leur a faites M. de Saint-Pierre ? A cette époque la crainte que j'avais que Sancerre ne fût compris dans la capitulation de La Rochelle, et que je ne fusse obligé de lever le siège, et le désir que j'avais d'accompagner le duc en Pologne m'auraient engagé à vous accorder une capitulation plus avantageuse que celle d'aujourd'hui. »

Jean de Leri répliqua : que les Sancerrois ignoraient toutes ces circonstances ; que leur manière d'agir avait été la conséquence de la conviction où ils étaient qu'on ne leur ferait aucune grâce, et qu'on voulait exterminer tous ceux qu'on appelait *huguenots*. Il termina en suppliant M. le gouverneur de pardonner leur erreur, de leur continuer ses bonnes volontés, et d'adoucir, autant que cela dépendrait de lui, les mesures de rigueur.

La Châtre, charmé de l'esprit, de la politesse et urbanité du langage et des manières de ce ministre, lui promit sa protection et le fit reconduire à Sancerre.

Le 17 août, les députés et deux échevins de la ville, munis des pouvoirs de l'assemblée générale, retournèrent à Saint-Satur, et représentèrent au général l'impossibilité où ils étaient de payer la somme de soixante mille livres et le supplièrent de la modérer. La Châtre réduisit cette somme à celle de quarante-deux mille livres, savoir : trente-six mille livres pour la solde de son armée, et le reste pour indemniser les soldats mutilés et estropiés ; il leur déclara que c'était sa dernière volonté, et qu'il ne leur accordait que quatre heures pour s'expliquer.

En même temps, on ne négligeait aucun moyen d'amener les Sancerrois à une prompte capitulation. M. Gassot de Deffends de Bourges (1), officier et commandant sous La Châtre, apprenait au

---

(1) « Cette famille noble, déjà ancienne à cette époque, « existe encore avec honneur dans le Berry, sous le nom de « *Gassot de Fussy, Gassot de Champigny*. L'arrondissement « de Sancerre a même en ce moment pour Sous-Préfet un

capitaine Martignon : que le gouverneur du Berry avait reçu ordre d'accompagner le roi de Pologne, et que le commandement de l'armée serait remis à M. de Sarrieu, dont les intentions étaient moins favorables aux Sancerrois. Personne ne fut dupe de cet avis ; mais il était un motif bien plus urgent de capitulation, c'était la famine qui augmentait à chaque instant.

Le 18 août, le conseil général, forcé par les circonstances et voulant prévenir le sac de la ville, accorda la contribution demandée. Lorsqu'il fallut répartir cette somme, il s'éleva une difficulté. Les anciens habitans voulaient que les réfugiés en payassent le tiers. Ceux-ci soutenaient que cette mesure était injuste, puisque la contribution avait pour objet de racheter le pillage des meubles des habitans, et qu'eux avaient perdu les leurs en fuyant de leur ancien domicile. L'assemblée décida que la contribution frapperait sur chacun en proportion de sa fortune, et choisit une commission pour en opérer la répartition. Cette commission n'ayant pu s'accorder, le bailli Johanneau, considérant l'urgence, opéra lui-même cette répartition suivant sa volonté et son désir de soulager les anciens habitans, ce qui mécontenta un grand nombre de réfugiés.

Enfin le 19 août, la capitulation, signée des fondés de pouvoir de la ville, fut présentée à M. de

> des descendans de cette ancienne famille, M. le vicomte
> Gassot de Fussy, Député du Cher.

La Châtre. Poupard nous a conservé le texte de la capitulation, qu'il dit avoir copiée sur l'original existant aux archives du château de la Grange-Chaumont. Les principaux articles sont d'ailleurs conformes à ceux que rapporte Jean de Leri.

CAPITULATION DE SANCERRE.

« Sur l'humble Requeste présentée au sieur de La Chastre, Chevalier de l'Ordre du Roy, Conseiller en son Conseil, premier Capitaine de cinquante hommes d'armes des Ordonnances de Sa Majesté, Gouverneur et son Lieutenant-Général à Bourges, pays et duché de Berry, et commandant pour Sa Majesté au camp et armée estant devant la ville de Sancerre en l'absence du roy de Pologne, par les habitans, habituez et réfugiez, capitaines et soldats estant de présent dans ladicte ville de Sancerre, tendante à ce qu'il plût audict sieur les recevoir à grâce et miséricorde, et ne leur imputer les fautes passées par eulx commises à l'encontre du Roy, lequel ils recognoissent pour leur Souverain et naturel Seigneur, désirant que sa bonté et clémence s'étende sur eulx, qui ont plus failli pour la crainte de leur vie, que pour aucune sinistre affection qu'ils eussent à l'endroit de sadicte Majesté; lequel estant asseuré de la bonté naturelle de Sa Majesté, a accordé sous le bon plaisir d'icelle ce qui suit :

» I. Que ceulx de dedans la ville de Sancerre, tant habitans, que habituez et réfugiez, capitaines et soldats estrangers, pourront jouyr et exercer la religion Prétendue Réformée, tout ainsi et selon la forme et manière qu'il est permis et accordé pour la généralité tenant le parti de ladicte religion Prétendue Réformée, par l'édict faict par Sa Majesté sur la pacification des troubles de son royaulme, dernièrement donné au chasteau de Boulogne au mois de juillet, au présent, et autres subséquens, si aucun y en a.

» II. Sa Majesté pardonnera et remettra l'offensé à elle

» faicte par lesdits habitans, habituez et réfugiez, capitaines
» et soldats qui ont esté dans ladicte ville de Sancerre durant
» que le siége y a esté et séjourné, et même depuis le 24 aoust
» dernier 1572, et sans que, pour raison des port d'armes et
» exploicts faicts par iceulx, ils puissent estre recherchez, in-
» quiétez ni molestez en aucune manière que ce soit; et, en
» ce faisant, sadicte Majesté recevra à sa clémence, miséri-
» corde et bonté accoutumée les dessus dicts à la salvation de
» leur vie, qu'ils tiendront par grâce spéciale faicte par icelle
» Majesté, par laquelle seront aussi conservées et tenues les
» femmes et filles en toute seureté de leur honneur, pudicité
» et intégrité de leurs personnes, sans que par aucuns, ni
» pour quelque raison et occasion que ce soit, il leur soit faict
» violence, force ni attenté en aucune manière.

» III. Rentreront les dessus dicts en la propriété et jouys-
» sance de leurs biens immeubles et héritages patrimoniaulx,
» tout ainsi qu'ils faisoyent auparavant les troubles, sans que
» iceulx soyent subjects à confiscation; et, où sadicte Majesté
» en auroit faict aucun don prétendant icelle, sera ledict don
» révoqué et de nul effect et valeur.

» IV. Et pour le regard des meubles desdicts habitans,
» habituez et réfugiez, capitaines et soldats estant dedans
» ladicte ville, ledict sieur de La Chastre a esté requis par
» iceulx, pour éviter au sac et désordre qui se pourroit com-
» mettre, donnant licence aux soldats estant dans ladicte
» ville, qu'il se voulust contenter de la somme de quarante
» mille livres, à payer dedans le vingt-cinquiesme du présent
» mois, ou plustost s'il se peut; pour icelle estre distribuée et
» despartie par forme donatifve aux capitaines et soldats
» blessez et autres qui ont demouré durant le siège dudict
» Sancerre, selon et ainsi que ledict sieur de La Chastre
» verra estre bon et raisonnable, selon le mérite de chascun;
» ce que ayant accepté ledict sieur, sera loisible et permis
» ausdicts habitans, habituez et autres de vendre, aliéner,
» oster, enlever, faire mener, charroyer et disposer de leurs-
» dicts biens meubles, ainsi que bon leur semblera, sans
» que pour ce, il leur soit besoing avoir autre passeport de
» sadicte Majesté ou dudict sieur de La Chastre.

» V. Et pour rendre les présents articles plus auctorisez et en pleine valeur, a promis ledict sieur de La Chastre, faire ratifier et avoir agréable au Roy ce qui est contenu cy-dessus; et cependant, pour asseurance, ont esté signés dudict sieur de La Chastre et des Seigneurs et Chevaliers de l'Ordre, estant près de lui à ce appelés, par l'advis et conseil desquels ledict sieur s'est conduit.

» VI. Et moyennant ce que dessus, ont lesdicts habitans, habituez et réfugiez, capitaines et soldats de ladicte ville de Sancerre, promis et promettent audict sieur de La Chastre lui rendre et remettre ladicte ville en ses mains et possession pour y entrer avec telles forces qu'il advisera et bon lui semblera, sitost et incontinent que ladicte ratification de sadicte Majesté leur sera présentée et exhibée par escript et signée d'elle, laquelle attendant, et que ledict sieur de La Chastre leur a promis bailler et fournir dedans le vingt-quatre du présent mois d'aoust, accorde une suspension et cessation d'armes, sans entreprendre les uns sur les autres, demourans chascuns ès termes et limites où ils sont de présent, sans que les soldats de cette armée se puissent approcher plus près de ladicte ville qu'ils ont accoutumé; et de même ne sera loisible à ceulx de Sancerre de descendre plus bas qu'ils ont accoutumé, sans permission dudict sieur de La Chastre.

» VII. Et pour ôtages sur l'accomplissement desdic s articles et contenu d'iceulx, sera envoyé par eulx, dedans demain midi, douze des habitans et habituez de ladicte ville par lui esleus et nommés, de leur consentement, à sçavoir : Loys de Martignon, grenetier, Jehan Guischard, François Guischard, Pierre Bourgoing, Samuel Dorival, Michel Monier, Jehan Leveillé, Jehan Crochet, Claude Lalande, Pierre Joffrenet, Pierre Spaux et Jehan Née, pour demourer en ceste armée près dudict sieur de La Chastre, jusques à la response et déclaration de la volonté de sadicte Majesté : demoureront néantmoins tenus et obligez à l'exécution et entretenement du contenu cy-dessus les députez et nommez cy-après.

» VIII. Aussi, pour seureté de toutes choses promises,

» ont esté réciproquement signez les présents articles d. dict
» sieur de La Chastre, lieutenant-général susdict, du sieur
» de Sarrieu, mestre-de-camp et commandant à l'infanterie,
» estant dans ladicte armée; des sieurs de Menou, de Mon-
» tigny, de Vitry et Bailly de Berry, chevaliers de l'Ordre de
» Sa Majesté; des sieurs de Parassis, de Maupas, Vauvrille,
» de Menetou, de Pesselières, de Bonnault, enseigne dudict
» sieur de La Chastre, d'une part; et desdicts habitans,
» habituez et capitaines de ladicte ville; maistre André
» Johanneau, gouverneur par élection, Loys Martignon le
» jeune, commandant aux habitans de ladicte ville; Laurent
» de Buisson, commandant à une compagnie de gens de
» pied; Nicolas Dargent et Pierre Marinier, eschevins de
» ladicte ville; maistre Robert Mynot, Jacques Guesdin,
» Charles Johanneau aussi habitans de ceste ville; Jehan
» Merlan et Macé Duchesne, habituez, d'autre part; tous
» députez et déléguez par la communauté de ladicte ville,
» comme il est apparu par procuration spéciale d'iceulx du
» dix-huitiesme jour d'aoust 1573, laquelle est demourée ès
» mains dudict sieur de La Chastre

» Faict au camp estant devant ladicte ville de Sancerre,
» le 19⁰. d'aoust 1573. »

Le gouverneur Johanneau donna, le 20 août, à l'assemblée générale lecture de l'acte de capitulation, et il engagea les ôtages désignés à se rendre volontairement au quartier-général à Saint-Satur, et chacun d'eux s'empressa d'obéir. Le même jour, on commença d'apporter des vivres dans la ville.

Les 21 et 22 août se passèrent en repas que les officiers du camp de Saint-Ladre donnèrent à Jean de Leri et aux principaux officiers de la ville. Les Sancerrois se promenaient tranquillement dans ce camp au milieu des soldats. « Que vous en semble, Messieurs, leur dit le commandant de Sarrieu, vous attendiez-vous à un pareil traitement ? » — « Non, répondit Jean de Leri, et je voys en cela les merveilles de Dieu, qui a tellement besongné que ceux qui estoyent venus en espérance de nous tuer et esgorger, nous sont comme pères nourriciers, après la dure et aspre famine que nous avons soufferte. » — « Comme vous le voyez, repartit en riant M. de Sarrieu, mes soldats et moi ne sommes pas aussi mauvais qu'on nous faisoit. » Langage d'un vrai militaire, sans rancune après le combat et la paix. Et en effet, les soldats étaient étrangers aux crimes de la Saint-Barthélemy. L'armée Royale avait éprouvé la bravoure des Sancerrois ; elle ne pouvait qu'admirer l'héroïque constance de Français, dont le seul crime était de s'être soustraits aux massacres, et d'adorer Dieu d'une autre manière que le plus grand nombre.

Jean de Leri rendit, le 24 août, visite au gouverneur du Berry, et lui présenta une copie du journal du siège de Sancerre. M. de La Châtre le remercia, et l'assura de nouveau de sa protection. Et, pour lui témoigner d'une manière non équivoque sa bienveillance, il l'engagea à sortir de la ville, et à choisir dans son gouvernement un endroit où il serait plus en sûreté. Jean de Leri accepta cette proposition. Et le lendemain, ayant obtenu la permission et pris congé du bailli Johanneau, il descendit au quartier-général de M. de La Châtre, qui le fit conduire par le capitaine Fontaine à Blet, résidence qu'il avait choisie, et d'où il se retira en Suisse.

Le 28 août, les capitaines Buisson, Chailloux et Montauban, à la tête de cent vingt soldats, défilèrent l'arme au bras et enseignes déployées devant l'armée du camp Saint-Ladre, qui les salua. Ayant remis leurs drapeaux au gouverneur du Berry, et prêté le serment de ne jamais porter les armes contre le roi, ils se retirèrent à Châtillon-sur-Loire, quartier qui leur avait été assigné.

Le 31 août, l'acceptation et la ratification de la capitulation furent lues et publiées à Sancerre. Le même jour, M. de La Châtre fit son entrée dans la ville, précédé de deux compagnies du régiment de Sarrieu, escorté de ses gendarmes, et suivi de la noblesse du pays et d'un corps de cavalerie, au bruit de la mousqueterie et des instrumens guerriers. Des ecclésiastiques des villages voisins le reçurent à la porte Oison, et le conduisirent en chantant le *Te Deum* à son logement proche des Halles. Là Blaise Gevry, conseiller du roi et son avocat au grenier à sel, lui adressa, au nom des catholiques restés pendant le siège, le discours suivant.

« MONSEIGNEUR,

» Le plaisir que nous ressentons aujourd'hui de
» retourner sous l'obéissance de notre souverain
» Seigneur et Maître Charles IX, par la force et les
» armes de votre courage, apporte la joie dans tous

« les cœurs des bons Catholiques, Apostoliques et Romains ici présens, qui m'ont fait l'honneur de me choisir pour vous supplier, Monseigneur, d'assurer notre bon Roi (à qui Dieu donne vie et postérité), de la fidélité de vous ses bons et fidèles sujets, et nous pardonner la faute (si aucune y a de notre part) d'avoir pris malgré nous les armes contre notre Roi. Je ferois un plus long discours, Monseigneur, pour vous prouver la fidélité de tous les bons Citoyens Catholiques de la ville de Sancerre, si je ne croyois que vous en êtes assez persuadé. »

J'ai cru devoir vous rapporter ce discours, que Poupard a inséré dans son Histoire de Sancerre, d'après celle des Jacobins de Bourges, non comme monument d'éloquence, mais comme monument historique. Ce discours prouve la modération des habitans ; il établit que non-seulement plusieurs Catholiques étaient restés à Sancerre pendant le siège ; mais qu'ils se joignirent aux Réformés pour défendre la ville. Dans ces guerres malheureuses, l'histoire ne reproche aux Sancerrois que deux voies de fait : la première est la destruction des églises et chapelles et l'expulsion des ecclésiastiques, et encore est-ce plutôt l'ouvrage du picard de Mouchy ; et la seconde est la violence exercée contre le tambour de M. de La Châtre. Au milieu des horreurs de la Saint-Barthélemy, entourés de réfugiés, que la mort de leurs parens et la perte de leurs biens avaient exaspérés, les

Catholiques restèrent paisibles à Sancerre. Le discours de Gévry n'accuse les Réformés d'aucune vexation envers leurs concitoyens Catholiques. Honneur à nos ancêtres, en défendant leur vie, de n'avoir point usé de représailles.

Ce siège mémorable dura huit mois. Les habitans eurent quatre-vingt-quatre hommes tués, et cent trente-neuf blessés. On a lieu d'être étonné d'une perte aussi légère, lorsqu'on considère le grand nombre des attaques et des sorties. Plus de cinq cents personnes périrent des suites de la famine. L'armée Royale perdit, outre ses blessés, douze cents hommes et plusieurs officiers.

ÉVÉNEMENS
QUI ONT SUIVI LE SIÈGE,
JUSQU'A NOS JOURS.

Le gouverneur du Berry était enfin au comble de ses vœux : la ville de Sancerre était en sa possession. D'après la capitulation de La Rochelle, le sort de cette ville était remis au comte son seigneur. A peine entré, M. de La Châtre assembla les paysans de dix lieues à la ronde ; il leur donna ordre de brûler les portes, de renverser les murailles et tours et de combler les fossés. Le château seul fut épargné, et il y plaça une garnison de trente hommes aux dépens des habitans ; les cloches et l'horloge furent transportées à son château de Nançay.

La Mort tragique du bailli Johanneau vint augmenter la désolation qui régnait dans la ville, où il était singulièrement aimé et estimé. Le 12 septembre 1573, vers les neuf heures du soir, des archers du prévôt vinrent de la part de M. de La Châtre inviter Johanneau à se rendre à son hôtel. Il fit allumer un fallot et les suivit. Parvenus dans la ruelle du château, ses assassins lui déclarèrent que sa dernière heure était arrivée. Sans s'étonner, Johanneau les pria de lui permettre de demander pardon à Dieu et de faire sa prière; ce qu'ils lui accordèrent. Il mit tant d'onction dans cette dernière prière, que les satellites du prévôt en furent touchés. Mais cette émotion fut passagère; ils se jetèrent sur lui, le percèrent de coups, et le précipitèrent dans le puits des Halles, où il fut trouvé le lendemain. Cependant son épouse, alarmée de l'absence de son mari, va se prosterner aux pieds de M. de La Châtre, lui demanda son mari et lui offrit tout son bien pour rançon. Celui-ci lui répondit : qu'il ne savait ce qu'il était devenu; qu'il était probable qu'il était échappé, et qu'il aurait dû se fier davantage à sa parole. Quelques heures après, elle apprit le triste sort de son époux.

Différens bruits ont couru sur la mort du bailli Johanneau et les motifs de cet assassinat. Les uns disent qu'il fut tué par les seigneurs du pays, irrités de la dévastation de leurs terres, dont ils le regardaient comme l'auteur. Cette opinion n'est point probable. A l'époque de ce meurtre, ces gentilshommes étaient retirés. D'autres attribuent sa mort à la haine que lui avaient vouée les Sancerrois, qui lui reprochaient leurs longues souffrances. Cette opinion n'est point vraisemblable : Johanneau fut toujours vénéré et aimé de ses concitoyens. Le bruit général et le plus accrédité est que sa mort fut l'effet de la vengeance de M. de

La Châtre. Celui-ci ne lui avait jamais pardonné la mort de son tambour, et avait juré de la venger. Johanneau l'avait offensé, pendant le siège et avant, par des railleries piquantes. Le caractère de Johanneau et les talens militaires de La Fleur avaient singulièrement contribué à prolonger un siège, que de La Châtre s'était vu à la veille de lever.

Lorsque l'on rassemble les circonstances suivantes : la mort du capitaine La Fleur, que M. de La Châtre avait fait conduire à Bourges, la présence des archers du prévôt, l'heure, la réponse même faite à la veuve, il est difficile de douter que la mort de Johanneau ne fût l'exécution d'un ordre secret.

En quittant Sancerre, M. de La Châtre y avait laissé pour gouverneur le bailli du Berry, et pour commandant de la garnison le capitaine Durbois, fait prisonnier à l'affaire de Chavignol. Ceux-ci pillèrent et vendirent aux habitans de Cosne et autres lieux voisins non-seulement les meubles des maisons vacantes, mais encore de celles que la crainte des vexations força les habitans d'abandonner. On accabla les Sancerrois d'une taille énorme de douze mille livres, dont la malheureuse veuve de Johanneau supporta seule treize cents livres.

C'était ainsi qu'on exécutait ou plutôt qu'on violait la capitulation. A cette époque désastreuse, les édits, les traités, les capitulations, les promesses, les sermens, rien n'était sacré.

Charles IX était mort le 30 mai 1574, à l'âge de vingt-quatre ans et sans postérité.

A cette nouvelle, Henri III, son frère, abandonnant secrètement le royaume de Pologne, où il était à peine depuis trois mois, vint prendre possession du trône de France, que son frère lui laissait. L'expérience lui avait appris combien sont affreuses les guerres civiles et religieuses ; mais il semble qu'un mauvais génie jette un voile sur le passé et efface de la mémoire les utiles leçons qu'il fournit. A son passage en Allemagne, l'empereur et les Vénitiens lui avaient conseillé d'imiter Charles-Quint; d'accorder aux Réformés de France le libre exercice de leur religion, et de les traiter avec douceur. Loin de suivre ce conseil de la sagesse, à peine arrivé en France, Henri III employa contre eux les voies et les moyens de rigueur. Une nouvelle guerre civile éclata. Le duc d'Alançon, son propre frère, se déclara le chef des Réformés. Le roi de Navarre et le prince de Condé se joignirent à eux. Ce que le roi devait faire volontairement et politiquement il fut forcé de le faire. L'édit de pacification de Nérac de 1576 accorda aux Réformés le libre exercice de leur religion.

C'est alors que se forma cette association dangereuse, trop connue sous le nom de *Sainte Ligue*, dont le prétexte était de défendre la religion catholique, et dont le véritable but était de placer la famille des Guises sur le trône, à l'exclusion du roi de Navarre; que la mort du duc d'Alançon avait rendu présomptif héritier de la couronne. Le roi, au lieu d'abattre cette hydre naissante, non-seulement la laissa croître, mais encore lui donna de la force en s'en déclarant le chef. Il ne prévoyait pas qu'il se donnait des maîtres d'autant plus dangereux qu'ils étaient fanatiques, et que de leurs rangs sortirait un assassin qui lui percerait le flanc.

Ici la ville de Sancerre va changer de rôle, quoique les motifs de la conduite de ses habitans fussent toujours les mêmes. Sous Charles IX et ses prédécesseurs, elle fut l'asile des proscrits, des persécutés, des malheureux échappés au glaive de la Saint-Barthélemy. Sous les rois Henri III et Henri IV, les Sancerrois, fidèles à la cause Royale, combattirent sous les drapeaux de ces deux rois. De La Châtre au contraire, si zélé partisan de la royauté, devint ligueur forcené. Craignant d'être arrêté à Blois, il se retira subitement dans son gouvernement, leva des troupes et se déclara ouvertement pour la Ligue contre son légitime souverain.

La France était donc encore une fois en proie aux horreurs de la guerre civile. L'histoire vous retracera les désordres et les brigandages auxquels se livraient les deux partis. On ne voyait que combats, sièges, prises et reprises de villes et châteaux, pillage, dévastation, et partout un peuple ruiné et malheureux.

Depuis la soumission, La Châtre avait toujours entretenu une garnison dans le château de Sancerre. Les Sancerrois, privés de leurs murailles, n'osaient remuer. Le sieur de La Grange, seigneur d'Arquian, antagoniste de La Châtre, séduisit Valérius, commandant du château, et son lieutenant, nommé Martin, s'empara de cette forteresse le 15 février 1589, et délivra les Sancerrois du joug de la Ligue.

La Châtre avait donc levé l'étendard de la révolte, dans le gouvernement même que lui avait confié le roi. Par les lettres données à Tours, le 30 avril même année, le roi lui ôta le gouvernement du Berry, et chargea d'Arquian de la garde et surveillance de Sancerre, et lui ordonna de courir sus à l'ancien gouverneur et à ses adhérans.

Alors Sancerre devint encore place d'armes. Et, comme si la fortune semblait l'avoir destiné à servir d'asile à tous les opprimés, ceux qui redoutaient les fureurs de la Ligue vinrent s'y réfugier. L'archevêque de Bourges, Regnault de Beaune, fidèle au roi, abandonna sa métropole, se retira à Sancerre, et de là à Tours, où était la cour. Le présidial et le baillage de Bourges, la justice royale de cette ville imitèrent l'exemple du prélat et furent installés sur la montage.

Les Sancerrois ne se bornèrent pas à donner un asile aux fidèles sujets du roi. Conduits par les sieurs d'Arquian et de Montigny, ils ne cessèrent de harceler de La Châtre et ses Ligueurs, et souvent osèrent les attaquer jusque sous les murs de Vierzon et de Bourges.

Henri III tomba enfin victime de la Ligue. Le

premier jour d'août 1589, le poignard d'un jacobin fanatique termina ses jours. Henri IV, le légitime héritier du trône de Saint-Louis, lui succéda.

La fin des malheurs de la France n'était pas encore prochaine. La Ligue, sous le prétexte de la religion de ce prince, ne devint que plus fanatique et plus audacieuse. Le roi d'Espagne et les papes appuyèrent ses séditieuses prétentions, et peut-être que si les Réformés de France ne se fussent réunis autour de leur souverain, ne lui eussent prodigué leur vie et leur fortune, une dynastie étrangère eût remplacé celle des Bourbons. Il lui fallut lutter quatre ans et contre ses sujets égarés.

Les Sancerrois restèrent fidèles à leur prince, et dévoués à sa cause. De La Châtre au contraire, zélé soutien de la Ligue, suivit avec persévérance le parti qu'il avait embrassé. Sancerre, misérable, démantelé, en ruines, osa encore lui faire tête et résister à ses efforts.

Il est presque maître de toute la province ; mais les succès qu'il obtient lui sont, pour ainsi dire, indifférens si Sancerre n'est pas en son pouvoir. La valeur de ses habitans, la vigilance de d'Arquian qui la commande lui ôtent l'espoir d'enlever de vive force cette place ; il essaye de s'en emparer par surprise. Il séduit quelques Sancerrois, qui lui promettent de lui ouvrir la porte du château. Comptant sur ces promesses fallacieuses, il part de Bourges, le 17 octobre 1589, à la tête de trois cents hommes de cavalerie et de sept cents fantassins. Tout était concerté et préparé pour le recevoir de la même manière qu'il avait reçu les Sancerrois à l'attaque de la grosse tour de Bourges. Il se présente à la porte du château. Tout-à-coup, un feu soutenu de mousqueterie l'accueille et écrase ses soldats. Saisis de frayeur, il prennent la fuite et se sauvent d'une ville qui leur a fait éprouver tant d'échecs.

Je ne vous retracerai pas les différentes courses des Sancerrois et les petits combats qu'ils soutinrent contre les Ligueurs, depuis l'avènement de Henri IV au trône, jusqu'à son entrée dans Paris, le 22 mars 1594. Quel intérêt vous présenterait le récit de la prise et de la reprise de quelques châteaux, d'attaques et de combats, sans autre résultat que la dévastation des campagnes et la ruine du peuple? Enfin de La Châtre se soumit au roi et la province fut pacifiée. La Châtre, au mépris de la capitulation, avait ruiné les Sancerrois qui avaient défendu leur vie et leur religion. Le roi pardonna sincèrement à La Châtre, ligueur forcené, qui avait porté quatre ans les armes contre lui, dévasté la province du Berry, lui conserva son gouvernement et lui donna le bâton de maréchal de France; mais aussi quel prince que Henri IV! Quelle grandeur d'âme! Quelle noblesse de sentimens! Non-seulement il pardonna à ceux qui, sans motif, s'étaient déclarés contre lui; mais il oublia qu'ils furent ses ennemis. S'il perdit le souvenir des injures, il n'oublia point ses serviteurs. L'édit de Nantes, du 2 mai 1598 fut autant l'ouvrage d'une sage et prudente politique que de la reconnaissance. Peut-être son noble auteur eût-il pu se borner à la liberté pleine et entière du culte, à ne faire aucune différence entre les sujets Catholiques et Réformés et ne point accorder à ceux-ci des places de sûreté ; mais il n'avait pas oublié le passé et se méfiait de l'avenir.

Nous avons vu que le cinquième des articles particuliers de l'édit portait : que l'exercice de la religion réformée serait continué à Sancerre de même qu'il l'était au moment de la publication, sauf à l'établir dans la ville, si le seigneur du lieu y consentait; que les Sancerrois, se conformant à cette loi, bâtirent un temple hors des murs, près de la porte Oison, où ils célébrèrent leur culte pendant onze ans. En 1609, ils obtinrent de Jean VI de Bueil la permission d'en construire un autre dans l'intérieur de la ville.

Tandis que ces événemens de peu d'importance avaient lieu, un attentat affreux couvrait la France de deuil. Un monstre exécrable immola le meilleur des rois. Les Catholiques de Sancerre, porfitant de la consternation des Réformés, s'emparèrent du château. Cette action ne produisit aucune sédition ; les Réformés ne furent point troublés dans l'exercice de leur religion et restèrent paisibles.

On ne peut se dissimuler, en lisant l'histoire de l'époque, que, malgré les dispositions de l'édit de Nantes, les Réformés ne fussent souvent tracassés, et qu'à Sancerre le zèle du curé Fargent et après lui du curé Gouru ne fût peut-être porté au-delà des bornes de la justice. Il est difficile que le zèle religieux, poussé à une certaine intensité, ne devienne persécuteur. Le désir du grand Henri ne fut pas rempli : il voulait oubli du passé ; liberté pleine et entière des cultes ; tolérance universelle ; fusion des citoyens.

Onze ans après sa mort, les Réformés se plaignaient de toutes parts de la violation des dispositions de l'édit de Nantes, et que, hors des places de sûreté, ils étaient en butte aux persécutions et aux vexations. L'édit de Louis XIII, qui réunissait le Béarn à la France, et ordonnait la restitution aux Catholiques des églises dont les Réformés jouissaient, et que Henri IV leur avait conservées, porta l'alarme parmi eux. Ils se rassemblèrent à La Rochelle, malgré les défenses du roi. Le duc de Rohan se mit à leur tête et la guerre fût allumée de nouveau.

Les mêmes motifs qui avaient fait agir les Sancerrois, dans les guerres précédentes, décidèrent un grand nombre d'habitans à prendre part à celle-ci. Mais ils n'avaient ni la même force ni la même unité de volonté. Les Catholiques occupaient le château ; on ne pouvait rien entreprendre sans secours étrangers.

David Perrinet était alors, comme échevin, à la tête des affaires de la ville. C'était un homme aussi courageux que sage et prudent. Témoin du dernier siège, il voulait épargner à ses concitoyens les horreurs d'un second. Après avoir mis en usage tous les moyens de calmer les esprits ; voyant ses efforts impuissans et la révolte prête à éclater, il donna au prince de Condé, Henri de Bourbon II, alors gouverneur du Berry, avis de la situation des choses, et l'invita à prendre de promptes mesures pour prévenir et arrêter le mal. Ce prince partit sur-le-champ avec huit cents hommes et du canon, marcha sur Sancerre et établit son quartier à Saint-Satur.

Vatteville, officier du parti Réformé, homme hardi et entreprenant, instruit de cet événement, se porte de Gergeau au secours de Sancerre, et, trompant la vigilance du prince de Condé, il pénètre dans la ville avec cent soixante soldats, et se joint à la partie Protestante de la garnison. L'arrivée de Vatteville alarma un grand nombre d'habitans, qui, redoutant un nouveau siège, abandonnèrent leurs maisons et s'éloignèrent. Les plus sages et les plus prudens des Réformés aperçurent avec effroi les conséquences d'une rébellion contre leur souverain, fils de leur bienfaiteur. L'échevin Perrinet sait profiter de ces réflexions, et les engage à rester fidèles au roi. Il leur représente : que l'édit de Nantes existe ; que la liberté de conscience n'est point en danger ; qu'ils s'exposent aux plus grands dangers en favorisant l'aggression de Vatteville. Convaincus de la justesse de ces observations, ils se réunissent à la partie Catholique de la garnison. Attiré dans une maison particulière, Vatteville y est enfermé. David Perrinet, que n'intimidèrent point les clameurs et les menaces des soldats, eut le courage de ne point relâcher son prisonnier.

Alors, les Sancerrois, qui avaient pris part à la révolte de La Rochelle, réfléchissant sur les dangers de leur position, convaincus de l'impossibilité de soutenir le siège dont ils étaient menacés, surtout lorsqu'un grand nombre de Réformés embrassaient ouvertement la cause du roi, vinrent supplier leur échevin d'intervenir auprès du gouverneur du Berry, et d'en obtenir une capitulation. Le prince de Condé avait ordre de pacifier plutôt que de combattre : il profita de l'occasion d'éviter un siège, et accorda, le 29 mai 1621, aux Sancerrois la capitulation suivante, que Poupard rapporte et qu'il avait copiée sur l'original déposé aux archives du château de la Grange.

CAPITULATION DE SANCERRE,
Du 29 mai 1621.

« I. Monseigneur le Prince sera supplié d'entretenir la parole qu'il a donnée aux Habitans de la ville de Sancerre, qui est de ne les contredire ni molester en l'exercice de leur Religion, et de leur en laisser le libre exercice en ladite ville, et les conserver tant en leur vie qu'en leur bien et honneur. (Accordé.)

» II. Sera aussi très humblement supplié de ne laisser aucune garnison en ladite ville, et que les Habitans jouiront des armes qu'ils ont en leurs maisons, et autres commodités, d'autant que lesdites armes sont pour le service du Roi et de mondit Seigneur. (Sera exécutée en cet article la volonté du Roi.)

» III. Sera aussi supplié de donner un mois de retraite à ceux qui se sont acheminés avec armes en cette ville, soit

» avec le sieur de Vatteville ou autres, pour jouir du libre
» exercice de leur Religion; partie desquels se retirant, soit
» en troupe ou en particulier avec leurs armes, chevaux et
» bagages, jusqu'à ce qu'ils soient en lieu de sûreté; avec
» même liberté aux Habitans qui les voudroient suivre; pour
» sûreté de leur retraite, sera ledit Seigneur supplié de leur
» donner six gentilshommes pour escorte pendant ledit tems,
» pourront vivre modestement par les champs, sans être re-
» cherchés par les Prévôts des Maréchaussées et les Juges des
» lieux. (Se pourront retirer et auront sauf-conduit et escorte,
» si besoin est.) Monseigneur est supplié d'accorder l'article
» entier.

» IV. Sera aussi ledit Seigneur supplié très humblement de
» permettre à ceux qui se trouveroient en chemin pour se
» retirer en ladite ville, soit pour l'exercice de leur Religion
» ou de retraite, se puissent retirer en ladite ville ou ailleurs
» que bon leur semblera, sans qu'ils puissent être arrêtés,
» ni retenus par quelque personne que ce soit, et que ceux
» qui ont été arrêtés, savoir, la Floride, Cuton, Mynot,
» Picq et autres, seront relâchés, et conduits en ladite ville
» avec toute sûreté. (Accordé.)

» V. Que ceux de l'ancienne garnison s'y pourront aussi
» retirer, particulièrement un nommé Dunois, qui a com-
» mandé aux soldats de ladite garnison, sous l'autorité des
» Échevins de ladite ville; pour se retirer auront le tems d'un
» mois, sans que leur soit donné aucun empêchement. (Ac-
» cordé.)

» *Signé* HENRI DE BOURBON, PERRINET, *Échevin*, au nom
» de tous les Habitans.

» *Supplément.* — Ledit Seigneur est supplié d'accorder
» aux Habitans, outre le contenu ci-dessus, d'approuver et
» avoir agréable l'administration des Échevins de cette ville,
» et encore de ceux qui leur ont conseillé dans tout ce qui
» s'est passé jusqu'à présent de quelque chose que ce soit,
» sans qu'il en soit fait mention à l'avenir.

» Fait et arrêté au camp de Saint-Satur, le 29 mai 1621.

» *Signé* PERRINET, *Échevin*, au nom de tous les Habitans. »

Le prince de Condé, à la suite de cette capitulation, entra le 30 mai dans Sancerre à la tête de son armée, et prit possession de la ville et du château. Il désarma ensuite les habitans, changea la garnison et nomma Montaret commandant. Pendant les guerres de la Ligue, les murailles et les forts de la ville avaient été relevés en partie, et d'ailleurs la position de Sancerre offrait toujours un point assez important de défense. Le gouverneur du Berry appela des villes et villages voisins des ouvriers pour démolir et raser les murs et les fortifications ; la ville seule de Bourges fournit treize cents travailleurs. Ces ouvriers firent une telle diligence, qu'à la fin de juin Sancerre fut entièrement démantelé, et réduit à l'état où nous le voyons aujourd'hui.

Réduire et démanteler Sancerre placé au centre du royaume, soumettre à l'obéissance du roi les places de sûreté accordées aux Réformés était un acte de saine politique. Il était extraordinaire, en effet, qu'une partie des sujets du roi eussent des garanties contre la fidélité de leur souverain à remplir ses promesses et que ces garanties fussent des places fortes. Si le malheur des temps avait forcé le grand Henri à accorder cette garantie, elle ne devait pas être éternelle. On accusait les Réformés d'avoir le projet d'établir une espèce de république fédérative, dont La Rochelle eût été la métropole. Si ce projet eut été mis à exécution, c'était un coup fatal porté à l'unité de la France et à la puissance royale. Dès l'instant que les Réformés avaient le projet de former un corps indépendant dans l'État, il fallait les prévenir, leur ôter leurs places de sûreté et c'est ce que fit le cardinal de Richelieu. Mais la dissolution du corps politique opérée, il fallait respecter la religion ou plutôt agir comme s'il n'y eut pas eu diversité de religions en France, en les rendant toutes également libres.

Avant de retourner à Bourges, le prince de Condé continua aux Réformés de Sancerre la permission qu'ils avaient obtenue du comte de Bueil, de célébrer leur culte dans le temple qu'ils avaient construit, en 1609, dans la ville. Il est probable qu'à cette époque il n'avait pas encore abandonné la doctrine réformée. Mais en 1641, lorsqu'il eut acquis la terre de Sancerre, alors catholique et devenu persécuteur, il défendit l'exercice du culte protestant dans l'étendue de la ville, et le vieux temple fut fermé.

Le temple de porte Oison était tombé de vétusté ; les Réformés Sancerrois, privés d'édifices religieux, étaient forcés, pour la célébration des baptêmes, mariages et de la communion, d'aller ou à Henrichemont ou à La Charité. En 1645, ils dressèrent près de la porte Oison, hors des murs, une hutte ou espèce de tente destinée aux actes religieux. Ce ne fut qu'en 1652 que Louis XIV leur permit de rétablir le temple de porte Oison.

Pendant environ trente ans, notre ville n'offrit aucun événement important. Les Réformés, à l'exception de quelques tracasseries, jouirent assez tranquillement de leur temple. Mais vers la fin d cette période, l'édit de Nantes n'était plus qu'un vain nom ; on cherchait, par tous les moyens, à anéantir la réforme. Les emplois, les grâces et les faveurs étaient le partage de ceux qui abjuraient cette croyance ; ceux qui y persistaient étaient rejetés, dépouillés des privilèges du citoyen et abreuvés d'humiliations. Ces humiliations opérèrent précisément le contraire de ce que l'on voulait. Quelques ambitieux, quelques hypocrites abjurèrent ; mais la masse des Réformés n'en fut que plus fervente. Alors on eut recours à la force, et le 22 octobre 1685, parut le fatal édit qui révoqua celui de Nantes, œuvre de le sagesse de Henri IV.

Cet édit contenait abrogation des privilèges accordés aux Réformés ; interdiction absolue de l'exercice public de leur religion ; injonction à tous les ministres de sortir de la France dans les quinze jours ; promesse de récompenses à ceux qui abjureraient ; privation des cimetières ; incapacité de remplir aucune fonction publique ; ordre de démolir les temples.

Quels pouvaient donc être les motifs de ces rigueurs ?

La confédération politique des Réformés n'existait plus, le cardinal de Richelieu l'avait détruite ; en le faisant, il n'avait suivi que les conseils d'une sage politique ; mais cinquante ans s'étaient écoulés depuis la prise de La Rochelle et les mœurs des Réformés étaient changées. Il est constant ue, sur la fin du ministère de Richelieu, et pendant celui du cardinal Mazarin, ils ne prirent aucune part aux événemens politiques, aux factions de la Fronde et aux guerres civiles de la minorité de Louis XIV. Contens de la liberté qu'on leur laissait, ils s'adonnèrent au commerce, aux arts et à l'agriculture. Éblouis par la gloire de leur roi, ils le servirent avec autant de zèle que les Catholiques. Turenne avant son abjuration fut-il moins fidèle qu'après? Duquesne, qui n'abjura point, se battit-il avec moins de courage et de loyauté? Ceux que Colbert employa dans les arts, la marine et les manufactures abusèrent-ils de la confiance qu'il leur avait accordée? Comme français et comme sujets que pouvait-on alors leur reprocher?

Quelles furent donc les causes de la révocation de l'édit de Nantes et des mesures acerbes qui la suivirent? Voltaire nous l'apprend dans son histoire du siècle de Louis XIV. « Louis XIV, dit-il,
» était animé contre les Réformés par les remon-
» trances continuelles de son clergé, par les insi-
» nuations des jésuites, par la cour de Rome, et
» enfin par le chancelier Letellier et Louvois, son
» fils, tous deux ennemis de Colbert et qui vou-
» laient perdre les Réformés comme rebelles,
» parce que Colbert les protégeait comme des su-
» jets utiles. Louis XIV, nullement instruit d'ail-
» leurs du fond de leur doctrine, les regardait,
» non sans quelque raison, comme d'anciens ré-
» voltés soumis à peine. »

On égara donc la grande âme de Louis ; on l'entoura de préventions contre une partie de ses sujets. On se servit du prétexte de la religion pour opprimer et persécuter le douzième de la population de la France.

Vous connaissez les mesures d'exécution et leurs suites fatales. Cent mille familles émigrèrent. Les Réformés les plus riches sortirent de France. Ils portèrent chez nos voisins, qui les reçurent avec empressement, les arts, le commerce et les manufactures. La France perdit cinq cent mille habitans industrieux, qui enrichirent la Hollande, l'Angleterre et l'Allemagne. La France fut appauvrie, et c'est de 1685 que doit dater le commencement de la décadence du règne de Louis XIV.

Mais au moins la religion réformée a-t-elle été abolie dans le royaume ? Non. Cent ans d'oppression et de persécution ont été inutiles. La masse des Réformés, en opposant une simple force d'inertie, a paralysé tous les efforts. En ce moment même, la France contient encore, y compris les Évangélistes d'Alsace, près de deux millions d'habitans séparés de la communion de Rome.

Des mesures de rigueur avaient précédé dans Sancerre la révocation de l'édit de Nantes. Dès le 30 août 1685, on avait notifié aux Réformés l'ordre de démolir leur temple et au ministre Pierre Gantois celui de sortir du royaume. Cette mesure était prématurée; elle ne fut pas mise alors à exécution.

L'édit du 22 octobre 1685 fut publié. Lisons

dans Poupard la manière dont il fut exécuté à Sancerre.

« La ville de Sancerre, dit-il, offrit à toute la
» province du Berry un spectacle bien sérieux. —
» Cette nouvelle fut comme un coup de foudre
» pour les Calvinistes Sancerrois, qui ne parurent
» pas cependant d'abord disposés à la soumission.
» L'archevêque de Bourges, Phelipeaux de La
» Vrillière, arrive à Sancerre le 20 octobre avec
» six dragons, et fait citer tous les Religionnaires
» de la ville à l'assemblée générale qui devoit se
» tenir le lendemain. Ils viennent, l'archevêque
» leur fait un long discours pour les engager à
» rentrer dans l'église catholique, où tous leurs
» pères avoient été baptisés et étoient morts, il
» n'y avoit pas encore un siècle et demi, ils le re-
» fusèrent d'une voix unanime.

» Ce refus n'avoit pas été bien médité; les San-
» cerrois n'étoient pas en état de résister à la puis-
» sance de Louis XIV, comme ils avoient résisté
» à Charles IX. Le jeudi 25, Serancour, inten-
» dant du Berry, et de Gaucour, lieutenant du
» roi dans la province, arrivèrent avec l'ordre de
» démolir les temples. Dès le lendemain on com-
» mença, et l'on ne finit qu'au 17 novembre sui-
» vant, qu'il ne resta plus que la place de ces
» temples. Les deux chaires en furent brûlées, et
» les matériaux dissipés en partie; ce qui en resta
» servit dans la suite à la construction de l'église
» des religieuses.

» L'archevêque de Bourges ne quitta point San-

» cerre pendant tout ce tems-là, dans l'espérance
» qu'il pourroit vaincre l'obstination des Calvi-
» nistes. En effet, ceux-ci voyant que cette affaire
» devenoit sérieuse de plus en plus, demandèrent,
» dès le commencement de novembre, à faire ab-
» juration. Après les instructions préliminaires,
» le 4, plus de six cens personnes la firent en
» présence de l'archevêque, qui fit prononcer un
» discours avant et un autre après la cérémonie,
» et qui distribua de la part du roi cinq cens livres
» à plusieurs de ces nouveaux Catholiques, et
» une moindre somme à d'autres.

» Comme l'archevêque avoit des affaires qui
» l'appeloient à Bourges, il chargea le curé Voille
» de recevoir les autres abjurations. Il s'en fit
» tout de suite, dans la même année, deux cens
» cinquante. Le curé Heuillard, qui succéda à
» Voille, en reçut encore beaucoup; ils furent ai-
» dés dans ce travail par des prédicateurs carmes
» que l'archevêque envoyoit à Sancerre; par les
» augustins de la ville, et Almain, curé de Saint-
» Satur.

» Il est vrai que quelques-uns moururent relaps.
» — Malgré ces abjurations, il resta encore à San-
» cerre un certain nombre de ces Religionnaires.
» — Au mépris des édits du roi, ils tenoient des
» assemblées. — Le lieutenant-général de Bourges
» et le procureur du roi en firent enlever quel-
» ques-uns par la maréchaussée, le 17 juin 1686.
» — Cet acte de sévérité n'arrêta point les Calvi-
» nistes de Sancerre; ils continuèrent leurs as-

« semblées, et leur obstination là-dessus alla si
» loin, que, pour les contenir dans le devoir, on
» envoya à Sancerre quarante dragons verds qui
» furent mis à discrétion chez les plus mutins.

» Un traitement si rigoureux fit rentrer enfin
» les Religionnaires dans l'obéissance, sans les
» convertir et ils restèrent tranquilles pendant
» long-tems. »

Ce qui avait lieu dans toute la France arriva à Sancerre. Les familles riches prirent la fuite et se retirèrent en Angleterre, en Hollande et en Suisse. La ville perdit une partie de sa population et de sa population aisée. Une fabrique de draperie et bonneterie assez considérable fut presqu'anéantie. Toutes ces rigueurs continuées pendant quatre-vingts ans ne détruisirent point la réforme. Aujourd'hui un cinquième de la population de la ville, composé de marchands, artisans et cultivateurs, presque tous propriétaires, professe encore cette religion. Et par une de ces dispensations de la providence, qui semble se jouer des vains projets des hommes, les Réformés célèbrent leur culte dans cette même église des religieuses, bâtie avec les débris des temples de leurs ancêtres.

Sancerre s'est long-temps ressenti des guerres de religion et des persécutions. Pendant plus de cinquante ans, cette ville présenta l'aspect d'un village misérable, fut dans l'impossibilité de reconstruire son église paroissiale et d'entretenir son cimetière; elle était entourée de ruines et presque sans police intérieure.

En 1720, les échevins Renouard de La Bussièr et Minot arrangèrent la place de Porte-César et plantèrent d'Ormes.

En 1769, jusqu'en 1772, les sieurs Corsange, Grangier, subdélégué, Buchet, avocat, Perrin de Vallière et le curé Poupard firent planter parti des arbres existant sur les remparts.

Les seigneurs de Sancerre, depuis la ruine du château, n'eurent d'autre demeure que celle de leur régisseur. M. d'Espagnac, ayant acquis en 1777 le comté de Sancerre, acheta tous les terreins qui entouraient le château entre la ville et les chemins de porte César et porte Oison, échangea contre d'autres terreins l'ancien cimetière des Réformés, que Louis XIV avait donné à la cure le 24 avril 1695, fit entourer le tout de murs, forma le parc que nous avons parcouru, principal ornement de la maison actuelle de M. Roy.

Le sort des Réformés s'adoucit. Les mesures de rigueur devinrent de jour en jour moins acerbes. On toléra les assemblées dans les maisons particulières. Enfin l'infortuné Louis XVI, suivant tout à la fois les conseils d'une sage philosophie et les préceptes de l'évangile, accorda par l'édit de 1787 l'existence civile à ses sujets du culte réformé, et dès-lors cessa, et espérons-le pour toujours, ce système barbare et anti-chrétien de persécution et d'oppression.

Nous voici parvenus à une époque à jamais trop mémorable, celle de la révolution de 1789. Vous avez été témoin de son commencement, de ses excès, de ses crimes, de ses guerres, de ses victoires, des malheurs de la Famille Royale et de son heureuse restauration.

Dans cette effroyable tempête, notre ville n'a aucun crime à se reprocher. Les habitans suivirent sans doute le torrent révolutionnaire; mais ils le firent sans graves excès et sans se souiller d'aucune action atroce. Personne ici, ni même dans l'arrondissement, n'a perdu la vie pour raison de ses opinions politiques. Les emprisonnemens furent rares; les mesures violentes prescrites par les représentans du peuple ou par leurs délégués, trouvèrent des adoucissemens dans le caractère de ses habitans ou ne furent pas exécutées à la rigueur.

Les habitans de la Nièvre, plus agités que nous, et que leurs routes exposaient davantage aux visites des proconsuls, cherchèrent souvent dans nos murs et dans nos paisibles campagnes un asile contre la persécution. M. de Choiseul, ancien ambassadeur à Turin, et sa fille y trouvèrent pendant plusieurs mois la paix et la tranquillité.

Cependant alors même nous étions menacés du plus grand des malheurs, la guerre civile.

La situation de notre ville, celle des cantons environnans, remplis de défilés et entrecoupés de haies vives, offraient un théâtre propre à une guerre de partisans.

Les chefs de la Vendée, vivement attaqués, cherchaient à étendre l'insurrection et à faire une diversion favorable en en portant le foyer au centre de la France. Le point intermédiaire des départemens de l'ouest avec Lyon était le département du Cher et particulièrement le district de Sancerre, que sa position rendait maître du cours de la Loire, et dont il était facile de fortifier le chef-lieu en peu de temps.

Déjà différens cantons de l'Indre, Buzançois et Paluau, s'étaient insurgés.

Les circonstances paraissaient favorables à ce projet. Le Sancerrois comptait un grand nombre de partisans de la cause Royale. La réquisition de 1793 avait aigri les esprits. Une multitude de déserteurs s'étaient réfugiés dans les bois du canton de Vailly.

Phélipeaux, officier du plus grand mérite, et qui a terminé sa carrière au siége de Saint-Jean-d'Acre, fut chargé de l'exécution du projet d'insurrection. Trois mois furent employés à gagner des partisans et à réunir les armes nécessaires. Tout fut conduit avec tant de secret, que le gouvernement ne fut instruit que peu de jours avant l'exécution.

Le noyau de l'armée d'insurrection consistait en une cinquantaine d'étrangers et trois à quatre cents déserteurs du pays; mais on attendait des secours de la Vendée et d'Orléans. Son arsenal était composé de fusils, pistolets et sabres de fabrique étrangère; les poudres furent envoyées d'Orléans.

Le 13 germinal an 4 (2 avril 1796), avait été choisi pour l'exécution du projet. Cependant, comme les secours promis n'arrivaient pas, Phélipeaux voulait remettre à quinze jours. Mais l'administration du département était instruite du rassemblement. Le général Desenfans, ayant dissipé celui de Paluau, accourait au secours de Sancerre. Plusieurs brigades de gendarmerie avaient reçu ordre de se rendre en cette ville. Il fallait agir ou renoncer désormais à un projet, dont le parti espérait les plus grands avantages.

Le 13 germinal, le tocsin sonne dans les communes environnantes. Le mouvement commence à Jars. Les arbres de la liberté sont abattus et les registres de la municipalité brûlés. Les Royalistes se dirigent sur les communes de Ménetou-Râtel, Verdigny et Sury-en-Vaux ; ils emmènent avec eux quatre Sancerrois, que leurs affaires appelaient à Jars et qui ont été arrêtés. Grossie de tous les paysans qu'elle rencontre, et forte d'environ quinze cents à deux mille hommes, l'armée Royaliste arrive au bas de la montagne.

La garde nationale avait pris les armes et s'était mise en état de défense avec deux canons.

Phélipeaux envoie un parlementaire sommer la ville de se rendre.

Cependant la division était parmi les habitans. Les uns voulaient se défendre, et les autres, partisans secrets de l'insurrection, apportaient des entraves. L'autorité municipale gardait le silence. Les bourgeois étaient armés, mais n'avaient pas de munitions de guerre. La résistance paraissait impossible et elle pouvait occasionner de grands malheurs. La majeure partie de la garde nationale se replia sur Bourges. Les autres habitans se retirèrent dans la Nièvre.

L'armée Royale fit son entrée tambour battant et enseignes déployées. Un *Te Deum* fut chanté en actions de grâces de cet heureux succès. L'arbre de la liberté fut abattu et le drapeau blanc arboré au haut du clocher. Les caisses publiques furent fouillées et les registres de la municipalité déchirés et incendiés. Du reste, il faut rendre justice aux chefs, les maisons particulières ne furent point pillées, et aucune vexation grave ne fut commise contre les personnes, même contre les Réformés.

Comme cette insurrection pouvait avoir des suites funestes au système républicain, des mesures sérieuses avaient été prises pour l'étouffer à sa naissance. Le département de la Nièvre, craignant que sa tranquillité ne fût troublée, avait fait un appel à ses habitans, et sur-le-champ les principaux passages de la Loire avaient été occupés et une batterie de deux pièces de dix-huit avait été placée à La Roche, vis-à-vis St.-Thibault.

On n'était pas moins actif à Bourges. Les troupes arrivaient de tous côtés. Le général de division Canuel, ayant sous ses ordres les généraux Desenfans et Devaux, fut chargé de reprendre Sancerre et de pacifier le pays, et il fixa l'attaque au 20 germinal an 4.

Voici quel fut son plan.

Une colonne, composée d'un corps de troupes de ligne, sous les ordre de M. Chalons, commandant de la garde nationale de cette ville, et des canonniers de Bourges devait déboucher par Aubigny, Vailly et Sury-en-Vaux; la colonne du centre, composée d'un détachement de la garde nationale de Sancerre, d'un bataillon de la quatre-vingt-seizième demi-brigade, et d'un escadron du vingt-unième de chasseurs, et commandée par le général Desenfans, devait se porter sur Ménétou-Sallon, Henrichemont et Sens-Beaujeu.

La colonne de droite, commandée par le général en chef Canuel, et composée d'un autre détachement de la garde nationale de Sancerre, de la gendarmerie du département, et d'un corps de troupes de ligne, suivait le chemin de Bourges à Sancerre par Azy.

En même temps, les volontaires de la Nièvre, commandés par Pauper, devaient traverser la Loire.

Toutes ces troupes avaient ordre de se trouver le 20 germinal, à huit heures du matin, au pied de la montagne et de donner l'assaut sur tous les points.

Cependant l'armée Royale diminuait chaque jour. Le général Phélipeaux, privé des secours promis, abandonné à ses propres forces, ne pouvait avec de si faibles moyens soutenir l'attaque des Républicains. Craignant d'être enveloppé, il résolut de gagner les bois et les champs couverts du canton de Vailly, et, à la faveur des localités, d'y faire une guerre de partisans. Il évacua en conséquence Sancerre le 19 germinal, et il porta son quartier au bourg de Sens-Beaujeu, le même jour que l'armée Républicaine sortait de Bourges.

Le général Desenfans apprit au bivouac d'Henrichemont, qu'un corps de deux cent cinquante à trois cents Royalistes était stationné à Sens-Beaujeu ; il fit ses dispositions pour l'attaquer.

Le 20 germinal, à minuit, sa colonne s'ébranle ; mais égarée par un guide elle prend le chemin des Poteries de Neuilly au lieu de suivre celui de Sens-Beaujeu. L'avant-garde seule, composée du détachement de la garde nationale de Sancerre et des grenadiers de la quatre-vingt-seizième et de sept chasseurs, arrive à quatre heures du matin au bourg de Sens, croyant être suivie par la colonne. Elle est reçue à son entrée par une vive fusillade. La charge sonne, les Républicains abordent à la bayonnette, prennent d'assaut la maison de M. Gressin de Boisgirard où était le quartier, tuent ceux qui leur résistent et mettent les autres en fuite.

L'avant-garde, inquiète du retard de la colonne, et craignant au jour d'être enveloppée, resta en bataille sur la place, et ne poursuivit pas les fuyards. Enfin la colonne arriva, alors le bourg fut fouillé ; les canons, le drapeau, les armes, les bagages, les munitions tombèrent au pouvoir des vainqueurs.

Vingt-huit Royalistes, au nombre desquels les deux fils de M. Rosticelly de Sury-en-Vaux, périrent à cette action et une cinquantaine furent blessés. M. Buchet, curé de Jallognes, voulant porter les secours spirituels aux mourans, fut tué par un grenadier de la quatre-vingt-seizième. Madame Gressin de Boisgirard reçut à la prise de sa maison un coup de feu dont elle mourut quelques jours après. La garde nationale eut à regretter Ignace Bardoulat et Jean-Baptiste Gressin, le premier, receveur de l'enregistrement, était célibataire, le second, receveur du district, était époux et père.

Le mouvement fut exécuté avec précision. Les volontaires de la Nièvre arrivèrent à Saint-Satur à l'heure fixée. Les colonnes de gauche et de droite débouchèrent en même temps. Devaux chargea au galop à la tête de la gendarmerie vers la porte Saint-André, mais il ne trouva aucun ennemi. Les habitans seuls vinrent à sa rencontre, et les troupes Républicaines entrèrent dans une ville amie et soumise.

Heureusement cette insurrection n'a point laissé de souvenirs amers et de haines durables. Ceux de nos concitoyens que leur attachement à la Royauté avait portés à y prendre part ne commirent aucun excès, et ne se permirent aucune des vexations trop ordinaires en pareil cas.

Depuis ce temps, la paix n'a pas cessé de régner dans cet heureux pays. Les deux cultes, qu'avait frappés ensemble la frénésie révolutionnaire, se sont relevés ensemble lorsqu'il fut permis de servir Dieu à sa manière; les Catholiques et les Réformés, fidèles à la croyance de leurs pères, ne forment plus qu'une seule famille.

Enfin l'époque marquée par la providence pour la restauration de l'Auguste Famille de Saint-Louis arriva. Plus heureux que les autres Français, si nous entendîmes les clairons des étrangers, si nous vîmes la fumée de leur camp, la Loire fut leur barrière.

Notre ville, siège d'une Sous-Préfecture et d'un Tribunal de première instance, trouve dans ces établissemens des moyens de prospérité. Les maisons s'embellissent; de nouvelles s'élèvent, et les ruines disparaissent.

O mes concitoyens! s'écria l'habitant de Sancerre en terminant, la charte a proclamé la liberté des cultes; le temps des discordes religieuses est passé. La charte a proclamé les libertés civiles; le temps des révolutions est également passé. Que les leçons de l'histoire vous rendent sages à jamais. Les malheurs de vos pères leur acquirent une malheureuse célébrité; soyez désormais heureux au sein de l'obscurité. Ecoutez cette voix solennelle qui sort des débris de vos antiques murailles et vous crie : Les discordes religieuses et les révolutions sont le fléau et la ruine des peuples. Aimez vos Rois et soyez leur fidèles; servez et adorez Dieu suivant vos rites et en paix, et laissez au Suprême Auteur de toutes choses, qui tolère nos erreurs, le droit de nous juger.

FIN.

NOTES SUPPLÉMENTAIRES

A

L'HISTOIRE DE SANCERRE.

L'histoire d'un pays intéresse particulièrement ses Habitans. Les moindres circonstances ne leur sont point indifférentes ; nous avons pensé que les Notes suivantes ne seraient pas inutiles.

§ Ier.

Lieutenans-Généraux ou Baillis de Sancerre.

Guillaume Surde, en 1470.
Jean de La Barre, en 1478.
Guillaume Girard, en 1495.
François Estenart, seigneur de la Grange, en 1506.
Nicolas de Gaunay, seigneur d'Azy, en 1514.
Noël Benier, en 1539.
Claude Duperier, en 1556.
Guillaume Johanneau, frère du bailli, en 1568.
André Clément, en 1572.
Pierre Flagy, en 1574.
Alexandre Flagy, en 1590.
Gilbert Michel, en 1615.
Alexandre Flagy, en 1625.
David Perrinet, en 1627.
Étienne Millet des Brosses, en 1632.
Étienne Millet, seigneur de Gardefort, en 1663.
Louis-Joseph Bernot de Charant, en 1685.
Gilbert Coquelin, en 1689.
Thibault Nizon, en 1692.
François-Marie Desbans, en 1747.
Dagoret, en 1789.

Tribunal du District, en 1790.
M. Buchet du Pavillon, *président.*

Tribunal d'Arrondissement, en l'an 8.
M. Remy Albert, *président.*
M. Anselme Danjou, *président actuel.*

§ II.

Curés de Sancerre.

Jean Affort, en 1270.
Jean Declox, en 1432.
Giles Pelhard, en 1437.
Étienne Jacquelin, en 1572.
Catharin Roussel, en 1589.
Jean Mercier, en 1590.
Durand Fargent, en 1596.
Mathieu Fargent, en 1647.

Guillaume Gouru, en 1648.
Pierre Voille, en 1662.
François Heuilhard, en 1688.
Jean Deschamps, en 1702.
Jacques Bouvier, en 1705.
Gabriel-Pierre Melin, 1715.
Aubin Brillon, en 1724.
Michel Serais, en 1725.

M. Poupard, en 1762.
M. Bourgeois, curé actuel, depuis la révolution.

§ III.

Ministres de l'église réformée de Sancerre.

Delamare de Claireau, 1573.
Garnier, en 1580.
Dorival, en 1598.

P.-P. Alard. J. Gantois, 1617.
Pierre Gantois, en 1667.
Lombard Lachaux, en 1789.

MM. Abraham-François Malfuson, en 1791.
Darnaud, en l'an 7.
David Combes, en l'an 12.
Jalaguier, ministre actuel.

§ IV.

Église de Saint-Jean.

Cette église n'était dans le principe qu'une chapelle rentée, desservie par plusieurs vicaires qui formèrent une société d'ecclésiastiques, connue sous le nom de *Communauté des Vicaires de Notre-Dame de Sancerre.*

Cette église fut seule conservée pendant les guerres de religion, et fut rendue au culte catholique après la prise de Sancerre.

En 1650, cette église menaçait ruine, et le curé Gouru entreprit d'en bâtir une nouvelle à ses dépens. A cet effet, il acheta, en 1658, trois petits jardins de Claude Garnier, de Pierre Pellault et d'Étienne Gaucher, et en outre des bénédictins d'Orléans les matériaux du monastère de Saint-Martin.

En 1659, l'archevêque de Bourges posa la première pierre, le 8 septembre; mais alors on ne fit que les fondemens, qui restèrent cachés en terre jusqu'en 1754.

L'église de Saint-Jean fut interdite en 1715.

Le 18 décembre 1725, l'aiguille du clocher tomba sur la voûte et l'écrasa.

En 1754, l'ancienne église fut démolie et l'on n'en conserva qu'un caveau, qui se trouve aujourd'hui à l'entrée de l'allée collatérale à gauche. La nouvelle église fut construite par les soins d'un ingénieur de Bourges; mais comme la charpente était trop plate, cette église fut inhabitable; on fut obligé de faire une nouvelle couverture.

Enfin la dédicace de cette église eut lieu le 18 octobre 1762, et depuis cette époque elle a toujours servi aux exercices du culte catholique.

§ V.

Vins de Sancerre.

Si la ville de Sancerre est célèbre par le siège qu'elle a soutenu, ses vins ne lui donnent pas moins de renommée, en même temps qu'ils sont la source principale de l'aisance de ses habitans, et la branche la plus étendue de leur commerce.

Les vins de Sancerre étaient déjà connus au commencement de la dernière race de nos rois; leur bonté et leur qualité ne le cèdent à aucun autre du royaume; les vins blancs particulièrement sont excellens.

Parmi les vins rouges, on distingue :

1°. Dans la commune de Sancerre, ceux de *Fricambault*,

des *Rabauts*, des *Caillery*, du *Thou*, du *Pavé*, de *Champrasle*, *Chavignol* et *Amigny*.

2°. Dans la commune de Saint-Satur, celui dit de la *Plante des Religieux*.

3°. Dans la commune de Bué, celui de *Chêne-Marchand*.

4°. Dans celle de Crézancy, ceux de *Champtin*, des *Roulotes de Régny*, du *Briou*, et de la *Roche*.

Les meilleurs vins blancs du Sancerrois sont ceux des côtes de *Bouffans*, *Chavignol*, *Boisraffin*, *l'Épée*, *Saint-Martin* et *Chasseigne*, commune de Sancerre.

La *Perrière*, commune de Verdigny.

Chêne-Marchaand, commune de Bué.

Des *Rois* et de la *Roche*, commune de Crézancy.

Pris avec modération, ces vins entretiennent la santé et la gaîté.

Au reste, dans tous ces vins, il y a beaucoup de choix à faire.

La majeure partie est transportée à Paris et livrée au commerce de cette ville.

Les bons vins du Sancerrois se gardent cinq à six ans; plus vieux, ils deviennent amers et se décomposent.

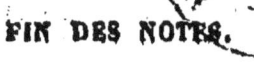

FIN DES NOTES.

A COSNE, IMPRIMERIE DE GOURDET.

www.ingramcontent.com/pod-product-compliance
Lightning Source LLC
Chambersburg PA
CBHW071600170426
43196CB00033B/1502